Meinolf Zurhorst

M DEMI OORE

Lady und Vamp

W0235924

Originalausgabe

WILHELM HEYNE VERLAG

MÜNCHEN

HEYNE FILMBIBLIOTHEK
Nr. 32/248

Herausgegeben von Bernhard Matt
Redaktion: Rolf Thissen

BILDNACHWEIS

Bildarchiv Engelmeier 9, 19, 29, 35, 37, 41, 43, 49, 58, 78, 86, 89, 91, 93, 97,
109, 111, 114, 119, 123, 127, 135, 136, 142, 147, 151, 153, 160, 163, 167, 179,
181, 191, 193, 203, 227, 233; Interfoto 7, 11, 13, 25, 27, 32, 46, 51, 53, 55, 57,
61, 67, 69, 73, 75, 77, 83, 101, 103, 113, 115, 117, 137, 155, 165, 171, 173,
177, 183, 186, 199, 201, 205, 208, 211, 219, 221; Interfoto/Lu Wortig 95

Copyright © 1997 by Wilhelm Heyne Verlag GmbH & Co. KG,
München
Printed in Germany 1997
Umschlagfoto: Bildarchiv Engelmeier, München
Rückseitenfoto: Interfoto, München
Umschlaggestaltung: Atelier Ingrid Schütz, München
Herstellung: H + G Lidl, München
Satz: Fotosatz Völkl, Puchheim
Druck und Verarbeitung: Ebner Ulm

ISBN 3-453-11858-8

Inhalt

Danksagung

Zu danken habe ich vor allem meinem Lektor Bernd Matt für
seine unendliche Geduld. Das gilt auch für Ida Martins, die
außerdem für mich durchs Internet surfte und mich dabei auch
schon mal mitnahm. Karsten Prüßmann und Horst Schäfer habe ich für ihre Hilfsbereitschaft in Materialfragen zu danken.
Für Ansichtskassetten bin ich Kerstin Hinze von Columbia Tri-
star Home Video zu Dank verpflichtet.

Einleitung

Als sich Außerirdische in den fünfziger Jahren das Kaff Roswell im US-Bundesstaat New Mexico zur Landung aussuchten und sich dabei beobachten ließen, war noch nicht abzusehen, dass die Kleinstadt auch in einem anderen Zusammenhang immer wieder auftauchen würde – als Geburtsort einer gewissen Demetria Gene Guynes, weithin bekannter als Demi Moore.

1996 wurde das Jahr der Demi Moore. Ein Jahr voller Merkwürdigkeiten. Dieses Jahr eins nach dem hundertsten Geburtstag des Kinos sah sie mit 12,5 Millionen Dollar als den bis dahin höchstbezahlten weiblichen Hollywood-Star. Für eine Rolle, die – wie wohl jeder zugeben wird – mehr körperlichen Einsatz als darstellerische Leistung verhieß. STRIPTEASE, so der Titel des Films, versprach eine sensationelle Enthüllung: einen Holly-

›Ghost – Nachricht von Sam‹ (1990)

wood-Star, der die Hüllen fallen lässt. Doch, wie der mäßige Erfolg des Films in den USA zu beweisen schien, reichte das allein nicht, die Zuschauer Demi Moore wegen ins Kino zu locken. Ihre schauspielerischen Fähigkeiten, durchaus vorhanden, wie einige ihrer anderen Filme beweisen, scheinen ebenfalls nicht attraktiv genug, die Zuschauer in Scharen ins Kino zu treiben, nimmt man den finanziellen Misserfolg ihrer letzten Werke wie THE SCARLET LETTER *(Der scharlachrote Buchstabe)* oder THE JUROR *(Nicht schuldig)* zum Maßstab. Was also macht Demi Moore zum Star? Ist sie überhaupt einer?

Im Hollywood-System ist eigentlich nur der ein Star, dessen Filme ein Vielfaches ihrer Produktionskosten wieder einspielen. Und ein Star – so eine simple Weisheit der kalifornischen Traumfabrik – ist immer nur so gut wie das *Box Office*, das Einspielergebnis seines letzten Films. Welches Demi Moore 1996 nur scheinbar auf der Verliererseite zeigte. Denn auf unnachahmliche Weise gelingt es ihr immer wieder, Schlagzeilen zu liefern und durch extreme Verhaltensweisen und Auftritte für Aufsehen zu sorgen. Demi Moore ist in den neunziger Jahren vermutlich der meistdiskutierte und meistgenannte weibliche Hollywood-Star; sie ist eine clevere Geschäftsfrau und Marketingstrategin, deren Karriere in diesem Jahrzehnt durch gezielte Provokationen einer prüden (amerikanischen) Gesellschaft einen beispiellosen Aufschwung nahm und sogar für gesellschaftlichen Gesprächsstoff sorgte.

Etwa zum Thema sexuelle Belästigung am Arbeitsplatz. In DISCLOSURE *(Enthüllung)* war die Frau nicht das Opfer, sondern die Täterin: Demi Moore trat als aggressive Chefin mit pikanten Sexualpraktiken und als erste Frau im Kino auf, die einen Mann fast vergewaltigt. Oder zum Thema Sex gegen Geld. In INDECENT PROPOSAL *(Ein unmoralisches Angebot)* erklärt sich Demi Moore bereit, für eine Million Dollar mit einem Millionär (allerdings in der attraktiven Person von Robert Redford) zu schlafen und so dem eigenen Mann aus der finanziellen Klemme zu helfen. In dem Kostümfilm THE SCARLET LETTER *(Der scharlachrote Buchstabe)* zeigt sich Demi als überstarke Frau und aufrechte Bürgerin inmitten einer bigotten Sekte, die sie vergeblich zu zwingen versucht, den Vater ihres unehelich geborenen Kindes preiszugeben.

›Striptease‹ (1996)

In den frühen neunziger Jahren hatte Demi Moore nicht nur ihre bislang größten Erfolge an der Kinokasse, mit Filmen wie A FEW GOOD MEN *(Eine Frage der Ehre)* oder GHOST, sondern sie machte auch weltweit Schlagzeilen, zum Beispiel mit Aktfotos der besonderen Art. So war sie hoch schwanger auf dem Titelblatt des Hochglanzmagazins *Vanity Fair* zu sehen, und ein Jahr später ein weiteres Mal, diesmal nach der Geburt mit wieder perfekter Figur in einem direkt auf den Körper gemalten Anzug. »The Last Pin-up« titelte *Esquire* nicht zu Unrecht über Demi Moore, die in der Tat die Nachfolge von Stars wie Rita Hayworth oder Marilyn Monroe, Gina Lollobrigida oder Sophia Loren in den Männerspinden und Glamourzeitschriften angetreten hat.

Neben ihren provokanten Auftritten in der Öffentlichkeit und der – zur Verblüffung vieler – ruhigen Ehe mit dem Action-Star Bruce Willis ist es wohl ihre ausgeprägte Körperlichkeit, die Demi Moore zur Medienpersönlichkeit macht. Eine Körperlichkeit, die von ihr mit Stolz und Selbstbewusstsein gelebt wird und, wie ein Blick auf ihre Biografie zeigen wird, erst antrainiert werden musste.

Das Leben der Demi Moore ist im Übrigen ziemlich unspektakulär. Alle Schlagzeilen und vermeintlichen Skandale sind Teil einer ausgeklügelten Marketingstrategie und verbergen nur die harte Arbeiterin, die die Darstellerin Moore in Wirklichkeit ist. Ihr ist nichts in den Schoß gefallen, sie kann sich nicht auf ein überragendes Talent berufen, sie dominiert nicht durch einen natürlichen, bezaubernden Leinwandcharme wie ihre Kolleginnen Julia Roberts oder Sandra Bullock, und deshalb ist ihre berufliche Laufbahn mehr durch Flops geprägt als durch Erfolge. Ihre Filmografie zeigt, wie hart es ist, an die Spitze der Traumfabrik zu kommen und dort zu bleiben. Demi Moore ist ein Symbol des Kampfes – mit sich selbst, ihrem Image, ihrem Anspruch, der Außenwelt und dem System. Sie hat bittere Niederlagen erfahren müssen und glückliche Momente erleben dürfen. Ihr Leben gleicht dabei einer Achterbahn und sie selbst einem Stehaufmännchen. Keine Frage, dass sie dabei geteilte Reaktionen hervorruft, dass Menschen sie mögen und ihre Stärke bewundern, andere sie ablehnen und ihre schauspielerischen Fähigkeiten bezweiflen.

›Striptease‹ (1996)

Demi Moore macht es keinem leicht. Sie lässt sich nicht in eine Schablone pressen, denn dafür setzen sich Leben und Karriere aus zu vielen Mosaiksteinchen zusammen; sie sind das gelebte

Patchwork eines Hollywood-Stars, der sich nur in dem Zusammenfügen seiner Facetten verstehen lässt. Immer wieder wirft sie sich in neue Posen, erfindet sich regelmäßig neu. In ihren Filmen ebenso wie auf zahlreichen Fotos, die sie mal mit wilder Lockenpracht und Paillettenkleid zeigen oder mit einem Bodypainting oder eben ganz ohne Kleider hingestreckt auf einem Waldboden. Demi Moore – eine Karriere von A bis Z.

Eine Karriere von A bis Z
A wie attraktiv

Demi Moore zählt heute zu den zweifelsfrei attraktivsten Erscheinungen auf der Leinwand. Dabei ist sie nicht schön in einem klassischen Sinne. Ihr Äußeres ist nicht zu vergleichen mit dem der Super-Models der neunziger Jahre oder dem anderer Stars. Doch besitzt sie eine Präsenz, die geprägt ist von einem eisernen Willen und dem Stolz auf die eigene Erscheinung. Ihr bereitet es keine Mühe, sich einer Rolle entsprechend zu verändern. Ob als Stripperin in STRIPTEASE mit einem durchtrainier-

Attraktivität über das Äußere hinaus: Aktfoto aus dem Jahr 1996

ten Körper oder als Soldatin in G. I. JANE mit glattrasiertem Schädel. Ob als selbstbewusste Frau unter den Frömmlern in Neuengland vor zweihundert Jahren oder als Dorfpomeranze im Kampf gegen schleimige Monster wie in PARASITE – Demi Moore bewahrt sich eine Erotik, die sich paradoxerweise durch Freizügigkeit und Hilfsbedürftigkeit definiert.

Ihre Attraktivität rührt dabei weniger aus Äußerlichem. Sie selber hält sich im Übrigen für zu stämmig, doch das ist nur eine Nebensächlichkeit. Demi Moore wirkt attraktiv, weil sie die moderne Frau verkörpert. Eine Frau, die ihr Leben in die eigenen Hände nimmt und die sich von der Männerwelt nur wenig vorschreiben lässt. Die Entschlüsse, die von Moores Charakteren getroffen werden, sind nicht aufgezwungen, sondern entsprechen der Situation. Ihre Figuren sind nicht schwach, sondern aktiv, sie brauchen manchmal Hilfe, doch sie bleiben unabhängig. Immer aber fasziniert Demi Moore dabei durch ihr ausgeprägt körperliches Spiel. Ekstatischer Tanz, geballte Aggressivität, sensuelle Anschmiegsamkeit, erotisierende Schutzbedürftigkeit oder die liebenswerte Erscheinung des einfachen Mädchens von nebenan – Demi Moore versteht es auf der ganzen Bandbreite physischer Darstellung zu spielen und die Sympathien des Zuschauers für sich zu gewinnen. Es fällt leicht, sich mit ihr zu identifizieren. Dies scheint das ausschlaggebende Kriterium ihrer Rollenwahl zu sein; es prägt jedenfalls fast alle ihre Figuren. Vor allem durch ihr Angebot zur Identifikation charakterisiert sich der Star Demi Moore und bezieht daraus auch seine unzweifelbare Attraktivität, die über das Äußere hinausreicht.

A wie ABOUT LAST NIGHT
(Noch mal so wie letzte Nacht, 1986)

Debbie (Demi Moore) ist das liebenswert-harmlose amerikanische Mädchen von nebenan. Sie arbeitet in einer Werbeagentur in Chicago und radelt in ihrer Freizeit mit ihrer Freundin und Wohnungsgenossin Joan (Elizabeth Perkins) durch den Park. Doch die Harmlosigkeit, die aus Debbies Erscheinung spricht, täuscht nicht darüber weg, dass sie normale sexuelle Bedürfnisse hat und diese auch auslebt. So hat sie ein Verhältnis mit ihrem Chef Steven (Robin Thomas), mehr aus Langeweile denn aus Karriereehrgeiz, und wirft den Männern, denen sie im Park begegnet, interessierte Blicke zu. Bis sie den attraktiven Danny Martin (Rob Lowe) entdeckt, der sich mit einigen Freunden im Park zu einem Baseballspiel getroffen hat. Debbie und Joan setzen sich ins Gras und sehen zu. Debbies anerkennender Blick gilt dabei nicht dem Sportler, sondern dem Mann, der ihr augenscheinlich gefällt.

Obgleich Demi Moore hier noch ein wenig pummelig wirkt, versteht sie es, auf elektrisierende Weise von ihrer scheinbaren Harmlosigkeit mit anzüglich-intensiven Blicken abzulenken und somit ihr Interesse eindeutig zu formulieren. Gegen ihr entschlossenes Auftreten wirkt Danny geradezu schüchtern. Es kommt zu einer ersten Begegnung noch im Park, man geht gemeinsam in eine Bar, in der Debbie den aktiveren Part übernimmt und Danny geradeheraus anmacht. Der wirkt nicht abgeneigt und so verwundert es nicht, dass sich beide in Dannys Wohnung wiederfinden, mit sehr klaren Absichten zum dann auch vollzogenen One-Night-Stand.

ABOUT LAST NIGHT ist der erste Kinospielfilm des Regisseurs Edward Zwick, der 1995 mit LEGENDS OF THE FALL *(Legenden der Leidenschaft)* einen weltweiten Erfolg hatte. Beide Filme weisen eine Gemeinsamkeit auf: Es sind romantische Liebesgeschichten. Allerdings drückt Zwick in LEGENDS OF THE FALL (mit Brad Pitt, Julia Ormond und Aidan Quinn) gehörig auf die Tränendrüsen und kann manches Mal eine etwas überbordende Sentimentalität nicht vermeiden. In ABOUT LAST NIGHT gibt es dagegen keinen verklärten Romantizismus. Die Taschentücher bleiben unbenutzt. Das ist vor allem der Vorlage zu verdanken. »Sexual Perversity in Chicago« ist ein Einakter von David Mamet, der einen Blick wirft auf die Singles in den achtziger Jahren und ihre Furcht, eine feste Beziehung einzugehen. Seine Schauplätze sind die Single-Bars und sein eigentlicher Protagonist (in der Bühnenversion) ist Dannys Freund Bernie, im Film gespielt von Jim Belushi. Bernie ist ein Angeber, ein Macho, der mit seinen (unwahren) Frauengeschichten prahlt und Danny drängt, es ihm gleichzutun. Bernie und sein Verhältnis zu Frauen dienen Mamet zur Darstellung der teilweise offenen Feindschaft im Kampf der Geschlechter, dem zweiten und eigentlichen Anliegen des Autors. Edward Zwick und seine Autoren Tim Kazurinsky und Denise DeClue verlagern im Film den Akzent allerdings auf die Figuren von Danny und Debbie und deren Beziehung.

Wenig später verabschiedet sich Debbie und kehrt in ihre Wohnung zurück. Dort beginnt sie über die Ereignisse der vergangenen Nacht nachzudenken, und ihr Gesicht bekommt einen leicht verklärten Ausdruck. Offensichtlich hat ihr dieser One-Night-Stand besonders gut gefallen und, so spielt es Demi Moore, ein Gefühl in ihr ausgelöst. Beide versuchen sich anzurufen, um ein weiteres Treffen vorzuschlagen, und wie es die moderne Telekommunikation will, begegnen sich beide in der gleichen Leitung. Dieser dramaturgisch etwas unbeholfene Versuch, der bei beiden gleichzeitig aufkommende Wunsch nach einer Wiederbegegnung, verkürzt immerhin unnötige Wartezeit. Debbies Chef sieht mit Erstaunen den neuen Glanz in den Augen seiner Angestellten und Liebhaberin, und man ahnt schon, dass Debbies Verhältnis ein baldiges Ende nehmen wird. Demi Moore lässt in ihrer Darstellung das Gefühl von Neugier und unruhiger Erwartung angesichts einer möglichen Beziehung erfahrbar werden. Man kann ihr förmlich das Kribbeln im Magen und die mühsam unterdrückte Vorfreude auf das abendliche Rendezvous im Gesicht ablesen. Eigentlich zum ersten Mal in ihrer damals noch jungen Karriere beweist Demi Moore in ABOUT LAST NIGHT ihre darstellerischen Feinheiten, ihre Fähigkeit, nuancenreich zu spielen und einer geschriebenen Figur ein eigenständiges Leben zu geben. Die Körperlichkeit der späteren Jahre spielt hier noch keine Rolle, und es überrascht, zu welcher Sensibilität Demi Moore am Anfang ihrer Karriere schon fähig ist. Danny nimmt seinen besten Freund und Debbie ihre beste Freundin als Anstandsbegleitung mit in die Bar. Bernie und Joan sind sich gleich unsympathisch und produzieren im weiteren Verlauf der Geschichte auch einige Lacher. In diesen beiden Nebenfiguren spiegelt sich jener Kampf der Geschlechter, der die amerikanische Yuppie-Gesellschaft in den achtziger Jahren bestimmt. Der Barbesuch endet für Debbie und Danny im Bett. Dieses Mal bleibt sie über Nacht, die Beziehung baut sich auf, beide erzählen sich aus ihrem Leben.

Aus der flüchtigen Begegnung ist inzwischen mehr geworden. Verliebt bummeln beide durch die Stadt, gehen nicht zur Arbeit, versetzen Freunde, vor allem Joan und Bernie. Die Freunde sind es auch, die Misstrauen säen. Debbie und Danny sind ganz plötzlich einander fremd geworden, fallen zurück in ihr vorheriges Leben. Debbie trifft sich wieder mit ihrem Chef, schläft dann aber nicht mit ihm, gesteht verlegen, aber auch selbstbewusst, jemand anderen zu treffen. Eigentlich ist es eher ihr Wunsch, denn in Wirklichkeit hat sie von Danny nichts mehr gehört. So entschließt sie sich, zu seiner Wohnung zu gehen, unentschieden, ob es wirklich das Richtige ist oder nicht. Die Wiederbegegnung ist zunächst geprägt von gegenseitiger Distanz, doch Debbies Zurückhaltung ist nur gespielt. Sie möchte von Danny zum Bleiben aufgefordert werden, was dieser durch Küsse dann auch zum Ausdruck bringt. Sex unter der Dusche, erste Liebesgeständnisse, die diesmal ernst gemeint sind.

Die Liebesszenen in ABOUT LAST NIGHT sind von erstaunlicher Intensität und Demi Moore ist so freizügig wie selbst in ihrem vermeintlichen Skandalfilm STRIPTEASE nicht. Dem interessierten Beobachter bleibt dabei nicht verborgen, dass die Aufnahmen noch vor ihrer physischen Veränderung stattgefunden haben, die aus der etwas stämmigen, leicht pummeligen jungen Frau eine enorm durchtrainierte und wohlproportionierte Actrice werden ließ.

Schon kurz darauf zieht Debbie in Dannys Wohnung, obgleich sie den feministischen Anschauungen ihrer Freundin Joan eigentlich Recht gibt. So aber beginnt sie das Dasein einer jeden Frau, die mit einem Mann Leben und Wohnung teilt. Danny muss Platz machen für Debbies Sachen, wobei sich erste Probleme zeigen. Von Beginn an ist Debbie in der Defensive, denn es ist nicht ihre Wohnung. Jeden Zentimeter muss sie sich erkämpfen, muss sich abfinden mit den unbekannten Eigenarten ihres Freundes. So trinkt er zum Beispiel Kaffee, während sie Tee bevorzugt. Wenn sie einen bestimmten Gegenstand umräumt, reagiert er nahezu hysterisch, während es für sie eine Banalität ist. Obwohl beide in dem Wunsch geeint sind, zusammen zu leben, leidet ihre Beziehung zunehmend unter den nicht kompatiblen Verhaltensweisen. Beide versuchen angestrengt zu lernen, auch im alltäglichen Detail miteinander umzugehen und ihren durch langes Alleinleben entwickelten Individualismus durch Kompromissfähigkeit zu ersetzen.

Joan und Bernie, die Freunde, verhalten sich in dieser schwierigen Paar-Phase alles andere als hilfreich. Beide tragen mit ihren Sticheleien dazu bei, dass Debbies und Dannys Beziehung in eine im Grunde unnötige Krise gleitet. Deutlich aber ist zu spüren, dass die Chemie zwischen beiden nicht mehr zu stimmen scheint, denn als Danny Ärger in seinem Beruf als Großhändler für Küchen- und Restaurant-Einrichtungen bekommt, kann er sich nicht dazu überwinden, Debbie davon zu erzählen. Allmählich merkt Debbie, dass sie ihren Lebensgefährten gar nicht kennt, dass dieser junge Mann in ihrem Leben zwar attraktiv, aber auch fremd ist. Sie drängt darauf, nicht nur eine Wohnung zu teilen, wie sie es mit Joan gemacht hatte, sondern eine wirkliche Beziehung aufzubauen. Danny ist einverstanden, und so kommt es zu Liebesszenen, gemeinsamem Spaghettikochen und anderen häuslichen Freuden. Endlich scheint der Wunsch nach einer wirklichen Paar-Beziehung realisiert werden zu können. Doch die Probleme lassen sich nicht verbergen.

Debbies Regel verspätet sich, und Danny ist alles andere als glücklich über die Perspektive, eventuell Vater zu werden. Zudem macht ihm sein Job immer weniger Spaß, ständig hat er Ärger mit seinem Chef. Am liebsten würde er kündigen und einen langgehegten Traum verwirklichen, die Einrichtung eines eigenen Restaurants. Die gutverdienende Debbie, die ihre Enttäuschung über Dannys Reaktion auf ihre mögliche Schwangerschaft gerade erst überwunden hat, bietet ihm finanzielle Unterstützung an, was indes seinen männlichen Stolz verletzt. So

Publicity-Foto zu ›St. Elmo's Fire‹ (1985)

bleibt vieles zwischen beiden unausgesprochen und nagt unterschwellig an ihrem Verhältnis. Danny ist sauer auf sich, weil er
entgegen seinen Absichten zurück an seine Arbeit gegangen ist
und er das Gefühl hat, nachgegeben zu haben. Er streitet mit
Bernie, weil dieser ihm vorhält, nur noch zu Hause zu hocken.
So geschieht es, dass sich zu Thanksgiving Bernie und Joan bei
Danny und Debbie einfinden, obgleich Debbie lieber allein gefeiert hätte. Einmal mehr kommt es zwischen ihnen zu einem
Krach, die Beziehung kriselt immer offensichtlicher, was Bernie

und Joan mit ihren Einflüsterungen auch noch unterstützen. Unvermeidlich also die Trennung. Wenig später allerdings versöhnen sie sich wieder. Als Debbie bei der Weihnachtsfeier ihres Büros von ihrem Chef angemacht wird, wird sie wütend über dessen Verhalten.

Sie liebt Danny, ist sich aber unsicher, ob ihre Gefühle erwidert werden. In ihrem Gesicht spiegeln sich Angst und Unsicherheit, Zweifel und doch auch Hoffnung wider, und einmal mehr in diesem Film beweist Demi Moore ihre darstellerische Fähigkeit, von der man spürt, dass sie nicht erlernt ist, sondern instinktiv entwickelt. Erstaunlich zu sehen, wie sie den psychologischen Reifungsprozess von Debbie vermittelt, ohne in die schauspielerische Trickkiste zu greifen. Möglicherweise haben persönliche Erfahrungen in dieser Zeit zu ihrer so verständnisvollen Darstellung beigetragen. Bei den Dreharbeiten ihres vorherigen Films, ST. ELMO'S FIRE, hatte sie ihren Kollegen Emilio Estevez kennen- und liebengelernt und sich mit ihm verlobt. Immer wieder wurde eine Hochzeit angekündigt, immer wieder aber auch verschoben. Die Beziehung zu Estevez kriselte dann immer stärker und dauerte bis zur Premiere von dessen Film STAKEOUT (*Die Nacht hat viele Augen*, 1987, Regie John Badham), bei der sie Bruce Willis kennenlernte.

Regisseur Edward Zwick bestätigte in einem Interview, dass persönliche Erfahrungen seiner Hauptdarstellerin in den Film eingeflossen sind. »Demi wurde sehr erwachsen, in der Hinsicht, dass sie Verantwortung übernahm für die Details ihres Lebens, wie man das als Mittzwanzigerin eben macht. Sie war bereit, mich an einigen persönlichen Dingen ihres Lebens teilnehmen zu lassen, um im Film den Geschehnissen die Wirkung zu geben, die sie meiner Meinung nach besitzen.« (Abramowitz)

Dannys und Debbies Beziehung steckt in einer tiefen Krise. Es hat sich nämlich Routine eingeschlichen, sie haben sich nichts mehr zu sagen. Sie leben nebeneinander statt miteinander. Stumm sitzen sich beide am Silvesterabend gegenüber. Debbie hätte es gerne romantisch, während Danny am liebsten mit seinem Freund Bernie in einer Bar gefeiert hätte, unter möglichst vielen Menschen. Debbie spürt die Abwesenheit ihres Freundes und schlägt vor, zu den anderen in die Kneipe zu gehen. Dort ist inzwischen auch Joan mit ihrem neuen Liebhaber eingetroffen und amüsiert sich prächtig. Debbie aber muss mit ansehen, wie Danny mit einer anderen Frau, die ihn heftigst anmacht, nicht nur tanzt, sondern sie auch küsst. Jetzt reicht es ihr. Als sie dann auch noch von der in Tränen aufgelösten Joan hört, sie habe gerade erfahren, einen verheirateten Mann zum Liebhaber zu haben, lässt sie den verdutzten Danny einfach stehen und fährt mit Joan nach Hause. Danny versteht nicht, warum sie ausgerechnet am Silvesterabend ihrer Freundin den Vorzug gibt.

In der darauffolgenden Nacht kommt es zum Streit. Danny eröffnet ihr stockend, sie nicht mehr zu lieben. In Wirklichkeit hat er Angst vor einer dauerhaften Bindung und dem teilweisen Verlust seiner Individualität. Weinend packt Debbie ihre Sachen. Ihr Verhalten zeigt, dass sie enttäuscht ist von Dannys Vorwänden, die beweisen, dass er immer noch Anfang Zwanzig ist, während sie selbst in den zurückliegenden Monaten an Reife und Erfahrung gewonnen hat und plötzlich sehr erwachsen wirkt.

Die Trennung ist vollzogen. Beide gehen wieder ihrem früheren Leben nach, treffen andere, ohne wirklich Freude daran zu haben. Debbie tröstet sich irgendwie über den Schmerz hinweg, obgleich sie lieber eine richtige Beziehung hätte, während Danny versucht, sein Single-Leben zu genießen. Doch er weiß nicht recht, was er mit sich anfangen soll. Je weniger ihm die flüchtigen Beziehungen etwas geben, desto stärker spürt er den Verlust von Debbie in seinem Leben. Er muss sich eingestehen, dass er sie immer noch liebt und am liebsten wiedersehen würde. Er ruft Debbie an, ja fleht sie an, sie treffen zu können, doch Debbie lehnt kühl ab. Für sie – das ist ihrer Miene zu entnehmen – hat es keinen Sinn, Danny zu sehen, solange er seine Unreife nicht überwunden hat. Danny folgt ihr, lauert ihr jetzt auf, beschwört sie zurückzukommen und gesteht, sie zu lieben. Wütend wirft Debbie ihm im strömenden Regen auf der Straße vor, die Liebe bereits besessen und sie dennoch nicht angenommen zu haben. Dann lässt sie ihn durchnässt stehen. Dieser junge Mann interessiert sie nicht mehr. Ihre abweisende Körperhaltung macht dies überdeutlich. Danny ist verzweifelt. Bei seinen Auslieferungen entdeckt er ein leerstehendes Restaurant und entschließt sich, es neu zu eröffnen und seinen Job zu kündigen. Mit großer Energie macht er sich daran, seinen Wunschtraum zu verwirklichen und ein eigenes *Diner* einzurichten. Bernie, der inzwischen Joan etwas nähergekommen ist, hilft ihm dabei.

Es ist wieder Sommer. Im Park haben sich die Männer zu Bier, Würstchen und Baseball getroffen, auch Bernie und Danny. Joan und Debbie radeln vorbei. Als Debbie Danny sieht, hält sie an. Sie sprechen miteinander, entschuldigen sich und stehen sich ein wenig verlegen gegenüber. Ein Gespräch, das geprägt ist von der Hoffnung, dass die verschütteten Gefühle füreinander wieder freigelegt werden können. Debbie spürt, dass Danny inzwischen reifer geworden ist, doch sie bleibt vorsichtig. Ein Rendezvous möchte sie jetzt noch nicht, doch sie lehnt es auch nicht endgültig ab. Ihr Gesicht drückt Hoffnung, ja Bitten aus, während ihre Haltung eher Abwehr signalisiert. Ein Gefühl des Widerspruchs zwischen rationaler Ablehnung und emotionaler Anziehung. Als sie dann davonradelt, verlässt Danny das Spielfeld und läuft hinter ihr her. Ein Happyend deutet sich an. Der Kampf der Geschlechter ist vorbei, jetzt beginnt die Zeit des konstruktiven Aufbaus.

ABOUT LAST NIGHT zählt zu den präzisesten Filmen über eine Beziehung. Natürlich nicht im Vergleich zum europäischen Kino, doch Mitte der achtziger Jahre gab es im Hollywood-Kino kaum Filme, die sich allein auf ihre Dialoge und Darsteller verließen und auf Spezialeffekte verzichteten. Rob Lowe, als berüchtigter Brat-Packer bekannt, und Demi Moore zeigten, dass ihre Generation auch schauspielerisch zu beeindruckenden Leistungen fähig ist. Das wurde bei den sogenannten Brat-Packern wie Lowe, Estevez, Sean Penn, Andrew McCarthy und anderen häufig bezweifelt.

Edward Zwick ermöglichte seinen jungen Hauptdarstellern, gerade mal Mitte Zwanzig, ein psychologisch nuanciertes Spiel, indem er ihnen eine Fülle von lebensnahen Szenen schuf – Szenen, mit denen sich Darsteller wie Zuschauer identifizieren konnten. Jeder wird die Wut kennen, die still im Inneren keimt, wenn mal wieder vom anderen die Socken in eine andere Schublade als die, in der sie immer waren, gelegt wurden. Lowe und Moore gelang es, solche Emotionen nachvollziehbar zu machen, unterstützt auch von intelligent geschriebenen Dialogen, die sowohl realistisch wie auf sensible Weise komisch sind. Das war im Grunde der Vorlage zu verdanken, die aus dem Jahre

1974 stammte, aber dennoch nichts von ihrer Gültigkeit in ihrer Aussage über das Leben in der Großstadt verloren hatte, als mehr als zehn Jahre später die Verfilmung entstand. Allerdings machten Zwick und seine beiden Autoren aus dem Theaterstück vor allem einen Liebesfilm. Und wie bei allen Liebesfilmen gibt es nur wenig Variationen in der Geschichte, die immer vorhersehbar bleibt. Getragen durch seine beiden Hauptdarsteller aber gewinnt ABOUT LAST NIGHT einen anderen Ton. Wie sich Demi Moore bewegt, wie sie redet mit ihrer dunklen rauchigen Stimme, die Erotik pur vermittelt, wie sie im Verlauf der Liebesgeschichte langsam erwachsen zu werden scheint, wie sich ihre Blicke ändern, das macht Zwicks Film zu einer durchaus ansehbaren romantischen Komödie, die ein auffälliges Gespür für die Dinge des Alltags aufweist.

ABOUT LAST NIGHT wurde kein großer Erfolg. Ihn als Misserfolg zu bezeichnen, wäre aber nicht gerecht. Für Demi Moore indes war es die Chance, ihre darstellerischen Qualitäten, die sich in ST. ELMO'S FIRE schon andeuteten, in einer Hauptrolle auch zu beweisen. Für ihre Karriere bedeutete der Film schließlich einen gewissen Wendepunkt, von der Mitwirkung in drittklassigen Streifen hin zu besser ausgestatteten und renommierteren A-Filmen unter der Regie von renommierten Filmemachern und an der Seite von berühmten Kollegen.

.

B wie Biographie

Geboren wurde Demi Moore am 11. November 1962 in dem Kaff Roswell in New Mexico. In manchen Quellen wird sie gelegentlich ein Jahr jünger gemacht, doch im Grunde spielt das keine Rolle bei einer Frau, die es glänzend versteht, sich nicht durch ihre Person, sondern durch ihr ständig wechselndes Image neu in Szene zu setzen und dabei die Persönlichkeiten zu wechseln wie normale Sterbliche ihr Hemd. Ihr eigentlicher Name lautet Demetria Gene Guynes, wobei sich ihre Mutter Virginia Guynes, bei der Geburt selbst fast noch ein Teenager, zu dem Namen durch ein Shampoo anregen ließ. Ihr Vater Danny Guynes zog als Anzeigenvertreter für eine Zeitung durch die Region, und so kam es, dass Demi und ihr jüngerer Halbbruder Morgan Dutzende Male den Wohnort wechselten und sich immer wieder in anderen Städten wiederfanden. Zu dieser Zeit wusste Demi nicht, dass ihr leiblicher Vater in Wahrheit ein anderer und sie das Resultat eines Seitensprungs ihrer Mutter war. Erst Jahre später erfuhr sie, dass ihr leiblicher Vater ein gewisser Charles Harmon ist, ein ehemaliger Angestellter der US Air Force mit schweren Alkohol- und Drogenproblemen, der immer wieder wegen kleinerer Delikte ins Gefängnis musste. Anfangs hat Demi Moore ihm noch zu helfen versucht und Kautionen und Entziehungskuren bezahlt. Vergeblich offenbar.

Der ständige Wohnortwechsel zwang Demi in permanent wechselnde Rollen. Um sich den immer neuen Umgebungen anzupassen, wurde sie eine Art Persönlichkeits-Chamäleon, wurde auf diese Weise aber auch einer normalen Entwicklung beraubt, die ein Kind seine eigene Identität und seine Wurzeln finden lässt. »Bei der ganzen Umzieherei verlor ich das Gefühl für mich und das, was ich mochte. Ich hatte überhaupt keine Vorstellung davon. Immer musste ich mich anderen anpassen.« (Abramowitz)

Demi Moore entschied sich dafür nicht aufzufallen. Schon früh lernte sie, weil sie Anschluss finden wollte bei all den neuen Bekannten, in neue Rollen zu schlüpfen – ein instinktiver Lernprozess, der ihr die Fähigkeit verlieh, in andere Charaktere zu schlüpfen. Für die spätere Schauspielerin, aber mehr noch für die spätere Medienfrau war dies keine schlechte Voraussetzung.

Schon als Kind also erfand sich Demi Moore immer wieder neu, wurde zu jener Person, die überall hineinpasste und sofort Kontakt zu ihrer Umwelt bekam. »Ich wählte mir eine Gruppe, mit der ich in Kontakt kommen wollte und sagte mir: ›Mal sehen, wie schnell das geht.‹« (Anderson)

Publicity-Foto zu ›The Juror – Nicht schuldig‹ (1995)

Abgesehen von dieser steten Unbeständigkeit berichtete Demi Moore später nie von einer unglücklichen Kindheit, obwohl die Entwicklung ihrer Familie dazu allen Anlass geboten hätte. Denn als sie zwölf Jahre alt war, trennten sich ihre Eltern. Demi zog für eine gewisse Zeit zu ihrer Großmutter Marie King, einer starken, resoluten Frau, die bleibenden Eindruck auf ihre Enkelin machte und Stabilität in deren Leben brachte. »Sie war die verlässlichste Person, die ich in meinem ganzen Leben kennengelernt habe. Ich hatte keine Ahnung, dass man zum Beispiel jeden Mittwoch immer nur eins machte. Jeden Mittwoch immer nur dasselbe? Zum ersten Male existierten solche grundlegenden Dinge in meinem Leben und ich lernte, dass es auch einen anderen Lebensstil gab.« (Abramowitz)

Die emotionale Bindung zu ihrer Großmutter zählte zu den angenehmen Ausnahmen in ihrer Kindheit und Jugend. Demi Moore bewunderte diese Frau, die zahlreiche Kinder großziehen und dabei auch noch für deren Lebensunterhalt sorgen musste, selbst für Demis erwachsene Mutter. Die Stärke der Großmutter findet sich später in der Enkelin wieder, die im Alter von fünfzehn Jahren einen grundlegenden Entschluss fasste. Sie verließ ihr Elternhaus, das ohnehin kaum je bestanden hatte, und wurde »erwachsen«.

Dafür musste sie ihren Lebensunterhalt selbst verdienen. Zunächst schlug sie sich mit der Arbeit für ein Inkasso-Unternehmen, dann als Fotomodell durchs Leben. Für die Zeitschrift *Oui* posierte sie hüllenlos. In dieser Zeit lebte sie in einem Apartmentkomplex in West Hollywood und besuchte die Fairfax High School nur noch sporadisch. Einen Abschluss machte sie nie. »Es war mein eigener Entschluss. Es war zu dieser Zeit die beste Entscheidung. Aber es war sicherlich auch ein Element der Unsicherheit für mich.« (Wilkinson)

Anstatt zur Schule zu gehen, blätterte sie lieber in Filmzeitschriften oder lauschte den Erzählungen ihrer aus Europa stammenden, umgangssicheren Nachbarin, die bereits auf eine Schauspielerkarriere zurückblickte und jetzt in Hollywood Fuß zu fassen suchte. »Ich schlug mich so durchs Leben. Ich schielte und war unbeholfen, ein hässliches Entlein«, so Demi Moore später. »Und da gab es diese weltgewandte, gescheite junge Frau, deren Karriere begann. Mir wurde einfach nur klar, dass

Anfänge in billigen Streifen: ›Parasite‹ (1982)

ich dasselbe haben wollte. Ich wusste nicht, was das war, aber ich wollte es herausfinden.« (Pacheco)

Die besagte junge Schauspielerin war keine Geringere als Nastassja Kinski, deren Karriere allerdings nicht den wohl erhofften Schwung bekam. Als die Kinski dann fortzog, verloren sich beide aus den Augen. »Nastassja war so erwachsen und realistisch, und es gab eine Menge Aufregung um sie herum. Ich wollte das auch.« (Wilkinson)

Kurz vor ihrem achtzehnten Geburtstag veränderte sich Demis Leben. Ihr Vater Danny verübte Selbstmord. Der Tod des Mannes, der ja gar nicht ihr leiblicher Vater war, ging dem Teenager damals allerdings nicht sehr nahe. Schließlich hatte Danny

Guynes schon einige Jahre zuvor seine Familie verlassen und Demi ihn aus dem Gedächtnis gestrichen. »Ich erinnere mich nicht mehr, ob es schwierig war oder nicht. Offensichtlich war es ein schmerzhafter Schock, weil er noch so ein junger Mann war … Aber damals musste man damit irgendwie klarkommen, damit fertig werden und zu einem normalen Leben zurückfinden. Ich glaube, es trifft mich jetzt mehr, dass ich ihn nicht mehr bei mir habe oder wenigstens diese Vaterfigur in meinem Leben«, erklärte sie Jahre später (Abramowitz).

Nach dem Tod von Danny Guynes änderte sich das Leben von Demi grundlegend. Sie heiratete. Der dreißigjährige, nur lokal bekannte Rockmusiker Freddy Moore bot ihr vielleicht eine Art Vaterersatz, denn sie war, als sie ihn 1981 wenige Monate nach dem Tod ihres Vaters ehelichte, gerade mal achtzehn Jahre alt. Doch auch beruflich tat sich etwas. Kurze Abstecher in eine Schauspielschule blieben zunächst ohne greifbaren Erfolg, doch dann ergatterte sie ihre ersten Rollen in billigen Streifen wie CHOICES und PARASITE, die heute zu Recht vergessen sind.

Die Ehe schien von vornherein zum Scheitern verurteilt zu sein. Nicht wegen des Altersunterschieds, sondern vor allem auf Grund von Demis wachsenden beruflichen Erfolgen. Denn sie hatte einen Glückstreffer gezogen, die Rolle der Reporterin Jackie Templeton in der Soap Opera GENERAL HOSPITAL. »Der Sender war anfänglich ganz begeistert von ihr«, erinnerte sich die Produzentin Gloria Monty. »Die Stimme, die ich mochte, war ihnen gleichgültig – sie hatte eine Blues-Qualität. Aber ich war ihr gegenüber unerbittlich. Demi hatte ein herausforderndes Benehmen. Sie trug einen flotten Hut bei einer Probe – einen Stetson über ein Auge gezogen.« (Millea)

Die Begeisterung des Senders für Demi Moore – sie hatte inzwischen den Familiennamen Freddys angenommen – kühlte allerdings rasch ab, obwohl sie zu den Publikumslieblingen der TV-Serie zählte. Offenbar gefiel den Verantwortlichen des Senders ihr Privatleben nicht, das in der Tat auf eine gefährliche Bahn geriet. »Es waren wilde Zeiten. Demi bedeutete eine Menge Spaß, das kann ich Ihnen sagen«, beschrieb der Schauspieler Tony Geary, der in der Serie die Rolle des Luke Spencer ausfüllte, jene Jahre. »Aber es war klar, dass der kleine Bildschirm sie nicht festhalten würde.« (Millea)

Nach den Dreharbeiten begleitete Demi ihren Mann zu seinen nächtlichen Auftritten, figurierte einmal selbst auf einem seiner Plattencover. Für ihre Karriere aber bedrohlicher war Demis Bekanntschaft mit Alkohol und Drogen. »Gegen Ende unserer Beziehung hatte Demi ein Problem mit dem Trinken. Sie brauchte nur ein Bier und war eine völlig andere Person«, äußerte sich Freddy Moore (Lavin).

Zu diesem Zeitpunkt waren die Probleme überwunden: Demi Moore in ›The Seventh Sign – Das siebte Zeichen‹ (1988)

Obgleich dies zu einem gewissen Zeitpunkt hätte fatal werden können, wie das Beispiel ihrer Mutter zeigen sollte, bereut Demi Moore diese Phase ihres Lebens nicht. »Ich ziehe es vor, dies gelebt und erlebt und gesehen und gefühlt zu haben, als mich später zu fragen, was ich vermisst hätte.« (Wilkinson)

Ihr erster Ehemann Freddy Moore blieb als Musiker im Übrigen unbedeutend und unbekannt. Heute erinnert man sich seiner nur noch als »Namengeber« von Demi Moore. Die Ehe brach endgültig auseinander, als Demi zu Dreharbeiten in Rio de Janeiro weilte, für den Film BLAME IT ON RIO, und ihr Alkohol- und Drogenkonsum sie in die Zeitungen brachte. Fast hätte sie ihre Karriere völlig ruiniert, als sie 1985 mit Drogen oder Alkohol vollgepumpt zu einer Kostümprobe für den Film ST. ELMO'S FIRE erschien, woraufhin die Produzenten sie sofort feuern wollten. »Ich hatte keine Ahnung, wer ich war oder was meine Vorstellungen wirklich waren. Ich kam zu den Drogen, weil ich jung war und nicht sicher, wie ich mit dem plötzlichen Ruhm umgehen sollte. Ich wusste nicht, wie damit fertig werden, und ich konnte nicht nein sagen. Ich wollte einfach nur dazugehören.« (Lavin)

Regisseur Joel Schumacher ist es zu verdanken, dass sie eine zweite Chance erhielt. Doch es war in erster Linie Demi Moore selbst, die mit eigener Kraft ihre Abhängigkeit überwand und in einer Entziehungskur trocken wurde. Das warnende Beispiel ihrer Mutter, die immer tiefer im Alkoholstrudel versank, hatte sie dabei vor Augen. Wenn man so will, war die Entziehungskur eine Art Neugeburt von Demi Moore. Von nun an zeichnete sich ihr Leben aus durch eine enorme Willenskraft und durch die Planung ihrer beruflichen Laufbahn.

Ihre Rolle als überdrehte, kokainschnupfende Jules in ST. ELMO'S FIRE profitierte vielleicht von persönlichen Erfahrungen, brachte ihr aber auch den ersten großen Erfolg. Die Presse sprach von Demi Moore als der eigentlichen Entdeckung des Films, mit ihrer rauchigen, erotischen Stimme und ihrer überbunten, auffälligen Kostümierung, die ihre natürliche Schönheit in den Hintergrund zu rücken drohte. Für den Journalisten Jack Kroll verkörperte Moore das Sinnbild der traurigen und komischen Yuppie-Schlampe (*Newsweek*, 1.7.1985). In dieser Zeit lernte sie auch Emilio Estevez, ihren Kostar aus ST. ELMO'S

FIRE, privat näher kennen. Der Sohn des Schauspielers Martin Sheen (APOCALYPSE NOW) war vielleicht im Unterschied zu den anderen jungen Schauspielern des Films vor allem auf seine Karriere versessen. Er litt darunter, dass das sogenannte Brat Pack einen Ruf als frivole, leichtsinnige Bande hatte, deren Professionalismus nicht sehr hoch eingeschätzt wurde. Rob Lowe, der romantisch-gebrochene Held von ST. ELMO'S FIRE, war sicherlich derjenige, der das zwiespältige Image des Brat Packers am ehesten verkörperte.

Demi Moore wurde damit allerdings weniger identifiziert, und das wohl überhaupt nur, weil sie nach dem Film mit Emilio Estevez zusammenlebte und die baldige Hochzeit ankündigte. Eine Hochzeit, die nie stattfand. Fast drei Jahre dauerte die Beziehung, in deren Verlauf Demi Moore eine Hauptrolle in Estevez' Regiedebüt WISDOM übernahm. Nach dem Erfolg von ST. ELMO'S FIRE aber stagnierte ihre Karriere. Ihre nächsten Filme spielten an den Kinokassen kaum Geld ein, und Demi Moore sah sich nach WISDOM zu einer fast zweijährigen Pause genötigt. Dafür hatte sie endlich privat Erfolg. 1987 lernte sie bei einer Premiere des Films STAKEOUT *(Die Nacht hat viele Augen)* von John Badham mit Estevez und Richard Dreyfuss den Schauspieler Bruce Willis kennen, und eine ungewöhnliche Hollywood-Romanze nahm ihren Lauf.

Im November 1987 erfolgte eine Blitzreise nach Las Vegas und eines der vermeintlich skandalumwittertsten und schrillsten Paare gab sich das Jawort. Dabei wollte der harte Bruce Willis, der durch die Serie MOONLIGHTNING *(Das Model und der Schnüffler)* zum Star wurde und wegen seiner Alkoholeskapaden zum berüchtigten Macho abgestempelt worden war, bevor er durch DIE HARD *(Stirb langsam)* 1988 zum Superstar wurde, eigentlich nur einen Boxkampf sehen. Die Hochzeit von Willis und Demi Moore machte Schlagzeilen, ihrer Ehe wurde kein langer Bestand vorausgesagt. Doch alle Pessimisten wurden eines Besseren belehrt. Das Ehepaar Willis-Moore bekam drei Töchter und lieferte keinerlei Skandale mehr. Alle Schlagzeilen sind geschickt lanciert, die Auftritte in der Öffentlichkeit wohl kalkuliert; sie dienen in erster Linie der eigenen Imagebildung.

Beruflich aber sollte es für Demi Moore noch einige Jahre dauern, bis sich wieder ein größerer Erfolg einstellte. GHOST hieß

Der künftige Ehemann: Bruce Willis in ›Die Hard – Stirb langsam‹ (1987)

der Film, der 1990 Demis Karriere auf ungeahnte Höhen katapultierte und sie trotz einiger anschließender Misserfolge 1996 zur bis dahin höchstbezahlten Schauspielerin werden ließ. Spätestens seit GHOST aber vermengt sich ihre darstellerische Karriere mit ihren inszenierten Auftritten in der Öffentlichkeit; heraus schält sich das Bild einer ehrgeizigen Frau, die keine Mittel zu scheuen scheint, ihre ungewöhnliche und untypische Stellung im Hollywood-System weiter auszubauen.

B wie BLAME IT ON RIO
(*Schuld daran ist Rio, 1984*)

Es ist die Fantasie eines alten Mannes. Stanley Donen, sechzig
Jahre alt, als er diesen Film drehte, hatte den Zenit seiner Karriere bereits überschritten und die sentimentale Leichtigkeit
seiner Meisterwerke wie SINGIN' IN THE RAIN (1952) oder CHA-
RADE (1963) verloren. Ihm gelang es nicht, den Stil und den
Geist seiner frühen Filme wiederzufinden. BLAME IT ON RIO ist
zudem kein Original, sondern eine Neuverfilmung der ohnehin
nur mäßig geglückten französischen Komödie UN MOMEMT
D'EGAREMENT (*Aller Anfang macht Spaß*, 1977, Regie Claude
Berri). Dementsprechend farblos ist denn auch, trotz aller Far-
bigkeit seines exotischen Schauplatzes Rio, der Film BLAME IT
ON RIO. Die Fantasie eines alten Mannes deshalb, weil es darin
um das »erste Mal« einer Siebzehnjährigen geht, die zugleich
die Tochter des besten Freundes des Mannes ist.

Matthew Hollis (Michael Caine) hat sich mit seiner Frau Karen
(Valerie Harper) ein wenig auseinandergelebt. Ihm kommt der
Vorschlag seines Arbeitskollegen und Freunds Victor (Joseph
Bologna), gemeinsam mit den halbwüchsigen Töchtern Ferien
in Rio zu machen, gerade recht. Doch Karen möchte lieber nach
Bahia und lässt Mann und Tochter Nicole (Demi Moore) allein
fahren.

Nicoles Freundin Jennifer (Michelle Johnson) ist wohlgebaut
und wirft von Beginn an lüsterne Blicke auf Matthew, der dies
zunächst gar nicht bemerkt. Denn er leidet immer noch unter
der Trennung von Karen, findet aber bald zusammen mit Victor
Ablenkung am Strand von Rio. Dort laufen die meisten jungen
Frauen barbusig über den heissen Strand und lenken die Blicke
der beiden reiferen Herren auf sich, obgleich in dem körperkul-
turbewussten Brasilien barbusige Frauen am Strand eigentlich
nicht zu finden sind. Oben ohne holen sich auch Jennifer und Nicole ihr Eis, was die beiden Väter zu überraschtem Stirnrunzeln
veranlasst. Bei Demi Moore verdeckt das lange braune Haar
dezent entscheidende Stellen.

Später werden Matthew, Victor, Nicole und Jennifer zu einer
Strandparty mitgenommen, bei der es jede Menge singende und

tanzende Brasilianer zu sehen gibt, die jedes touristische Klischee so recht erfüllen. Jennifers erste Aufforderung zum Tanz lässt Matthew noch unbeantwortet, doch kann er nicht verhindern, dass sich Jennifer immer intensiver an ihn heranmacht. Es ist Nacht, die Menschen gehen schwimmen. Auch Jennifer zieht sich die Bluse aus und lockt den verdutzten Matthew ins Wasser, wo es zum ersten Kuss kommt. Jennifers aufdringlichen Verführungskünsten kann der mittelalte Matthew nicht länger widerstehen, unbemerkt beobachtet von seiner Tochter.

Auftritte wie dieser, stets am Rande, allenfalls als Stichwortgeberin, kennzeichnen die Mitwirkung von Demi Moore in diesem Film. Es war keine Rolle, in der sie ein Profil zeigen konnte. Sie wirkt zwar attraktiv, aber schauspielerisch alles andere als vielversprechend. Nach diesem Auftritt wäre die Vorhersage ihrer erfolgreichen Karriere pure Spekulation gewesen.

Am Strand kommt es dann zwischen Matthew und der drängenden Jennifer zum Liebesakt, von dem er am nächsten Morgen am liebsten nichts mehr wissen möchte. Doch Jennifer lässt nicht locker, bleibt hartnäckig, während Matthews Fleisch schwach ist. Nicole reagiert verstimmt, als sie von ihrer Freundin die Nacht erzählt bekommt. Eigentlich sollte die Tochter eines verheirateten Mannes entsetzt oder verstört sein, wenn dieser mit ihrer besten Freundin schläft, doch Demi Moore schaut nur verwundert, bevor sie aus dem Bild verschwindet. Das ist sicher nicht ihre Schuld, sondern lag vermutlich eher daran, dass dies in ihrer Rolle nicht vorgesehen war. Später dann taucht sie wieder auf, als sie aus Ärger über die dreiste Anmache ihrer Freundin und das allzu willige Nachgeben ihres Vaters aus dem Haus läuft und sich einer Gruppe lokaler Jugendlicher anschließt, sehr zum Missfallen ihres Vaters.

Während eines gemeinsamen Essens erfährt Matthew von Victor, dass dieser seiner Tochter die Pille verboten und zugleich das Versprechen abgenommen hat, über jede ihrer Affären zuvor informiert zu werden. Dennoch lässt sich Matthew, als alle außer Haus sind, erneut mit Jennifer ein. Die glaubt inzwischen, ihn zu lieben. Ihrem Vater erzählt sie, mit einem Mann geschlafen zu haben, der das gleiche Alter wie er besäße und außerdem verheiratet sei. Der erzürnte Victor bittet den schlotternden Matthew um Mithilfe bei der Suche und legt ihm seine Tochter

(V. l. n. r.) Valerie Harper, Michelle Johnson, Demi Moore, Joseph Bologna und Michael Caine in ›Blame It on Rio – Schuld daran ist Rio‹ (1983)

zur Überwachung ans Herz. Natürlich traut sich Matthew nicht, die Wahrheit zu sagen, woraus im Folgenden einige harmlose Gags resultieren. Eine Nacht später taucht auch Nicole wieder auf, lässt sich aber von ihrem Vater keine Vorwürfe machen, weiß sie doch um dessen Schwäche und wirkt überhaupt erwachsener. Sie hält ihren Vater schlicht für feige. Nicht zuletzt durch ihre tiefe, rauchige Stimme wirkt Demi Moore in dieser Szene älter als ihre Rollenfigur, eigentlich schon zu erwachsen für eine Siebzehnjährige. Doch Stanley Donen hält sich nicht weiter damit auf und beendet die Szene abrupt.

Beide Väter versuchen gemeinsam, den geheimnisvollen Liebhaber Jennifers zu finden. Als Victor auf jeden losstürmt, der seine Tochter anschaut, gesteht ihm Matthew bei Blitz und Donner, der Gesuchte zu sein. Natürlich will er sofort das Verhältnis beenden, für das er Rio die Schuld gibt. Die kluge Nicole ruft derweil ihre Mutter an und bittet sie zu kommen. Es stellt sich heraus, dass Victor und Karen seit langem eine Liebesbeziehung haben, die inzwischen etwas abgekühlt ist.

Währenddessen unternimmt Jennifer einen halbherzigen Selbstmordversuch und lernt im Krankenhaus einen jungen Mann kennen. Als der sie nach Hause bringt, hat sie Matthew schon vergessen und alles löst sich in Wohlgefallen auf. Karen, die Victor den Laufpass gegeben hat, fordert ihren Mann auf, mit nach Bahia zu kommen, weil sie zwanzig Jahre Ehe nicht einfach aufgeben will. Jennifer und Nicole dürfen dagegen noch eine Weile allein in Rio bleiben.

Die eigentliche Hauptrolle neben Michael Caine spielte die junge Michelle Johnson, aus der ihre Produzenten eine neue Bo Derek machen wollten. BLAME IT ON RIO war ihre erste richtige Leinwandrolle, bei der sie zwar eine wohlgefällige Erscheinung abgab, die die Kamera immer wieder ins Bild rückte, bei der sie aber darstellerisch nicht überzeugen konnte. In den darauf folgenden Jahren übernahm sie nur noch kleinere Rollen in überwiegend zwei- und drittrangigen Filmen. Ihre häufigen freizügigen Szenen am Strand oder in der prachtvollen Ferienvilla erregten das Wohlgefallen mancher Kritiker, die ihr ein freundliches, einnehmendes Wesen und sexuelle Attraktivität attestierten; sie waren ihrer Karriere anschließend aber eher hinderlich.

Ganz anders Demi Moore, deren Auftritte in RIO zwar nur sehr spärlich waren, dafür aber weder in positiver noch negativer Hinsicht auffielen. Sie fiel auf andere Weise auf. Es war eine wechselvolle Zeit in ihrem Leben. »Ich war überall mit dabei, damals, als man bereitwillig Partys feierte. Es ist besser, gefährlich zu leben als gar nicht« (Burke), äußerte sie sich zu ihrem frischen Ruhm durch die TV-Serie GENERAL HOSPITAL, von dem sie noch zehrte. Von ihrem Ehemann Freddy Moore lebte sie bereits getrennt, in Drogen hatte sie neue Begleiter. Das hatte sich offenbar unter Produzenten herumgesprochen, denn Demi bekam kaum noch Angebote und verschwand für mehr als ein Jahr von der Leinwand. Ihr attraktives Äußeres, zu dieser Zeit noch vor der Phase des Körpertrainings, verhalf ihr nicht zu Rollen. Es war ein Jahr, in der die Karriere von Demi Moore höchst gefährdet schien. Eine letzte Chance bot sich ihr in dem Film ST. ELMO'S FIRE, für den sie vorsprach. Regisseur Joel Schumacher, zunächst eingenommen von der Leinwandpräsenz der jungen Schauspielerin, bemerkte ihre persönlichen Probleme und stellte sie vor die Alternative: die Rolle zu bekommen und dafür alle Anstrengungen zu unternehmen, nüchtern zu werden, oder aber gefeuert zu werden. Demi Moore entschied sich für eine Entziehungskur. Es sind wohl diese persönliche Stärke und ihre Willenskraft, die sie dann zum Star der neunziger Jahre werden ließen.

BLAME IT ON RIO aber blieb nur eine unwichtige Episode auf dem Weg dorthin. Für Regisseur Stanley Donen war es sein letzter Spielfilm, dessen US-Einspielergebnis immerhin über 18 Millionen Dollar betrug, was angesichts der verkrampften Moral und der bigotten Prüderie einigermaßen verwunderlich ist. Aber wahrscheinlich lag das an den barbusigen Mädchen, und vor allem an Michelle Johnson, die nicht nur Michael Caine, son-

Die Damen blieben im Hintergrund: Demi Moore neben Michelle Johnson hinter Michael Caine und Joseph Bologna in ›Blame It on Rio‹

dern vielleicht auch manchen männlichen Zuschauer ins Schwitzen gebracht haben mag. »Es ist«, schrieb die Kritikerin Pauline Kael, »als wäre die Doris-Day/Rock-Hudson-Komödie der frühen Sechziger auf einmal hüllenlos.« Tatsächlich lässt der Film keine Peinlichkeit aus und kann sich seines Lolita-Themas nur auf schlüpfrige Weise nähern.

Für Demi Moore war der zeitliche Abstand zu ihrem nächsten Film eher ein Segen, konnte sie dadurch doch ihre Karriere neu definieren und ihr frischen Schwung geben, was sie endlich mit erfolgreichen Regisseuren und interessanten Stoffen in Berührung brachte.

B wie THE BUTCHER'S WIFE
(Der Mann ihrer Träume, 1991)

Noch profitierte Demi Moore von dem überraschenden Erfolg der romantischen Komödie GHOST (1990) von Jerry Zucker, weshalb der finanzielle Misserfolg von NOTHING BUT TROUBLE *(Valkenvania)* und vor allem ihrer ersten eigenen Koproduktion MORTAL THOUGHTS *(Tödliche Gedanken)* bislang nicht auf ihre frische Starqualität abgefärbt hatte. Doch allmählich musste ein weiterer Erfolg an der Kinokasse eintreten, wollte sie nicht ihren Marktwert wieder verlieren. Eine Liebesgeschichte mit komischen Tönen und einer Portion Mystik, das Erfolgsrezept von GHOST, sollte ihren Ruhm mehren und beweisen, dass sie die Zuschauer in die Kinos bringen würde. THE BUTCHER'S WIFE lebt von ähnlichen Bezügen wie die Zucker-Komödie, doch gerieten die Figuren zu Klischees und konnten letztlich nicht überzeugen.

Schon als Kind spürt Marina übersinnliche Fähigkeiten, die sie als junge Frau ganz auf ein Ziel gerichtet hat: den Mann ihres Lebens zu finden. Marina – Demi Moore mit langen blonden Haaren (!) und Locken – sieht eines Tages auf Ocracoke Island, North Carolina, merkwürdige Zeichen im Sand und am Himmel, die ihr die nahe Ankunft des Mannes ihrer Träume signalisieren. An den Strand geschwemmt wird Leo Lemke (George Dzundza), ein korpulenter Schlachter und Junggeselle aus Lower Manhattan, der sich überrascht von dem stürmischen Empfang zwei Tage darauf mit Marina verheiratet wiederfindet. Als das frisch getraute Paar nach Manhattan zurückkehrt, in jene friedlichen Straßen, deren Anwohner jede Änderung sofort erkennen, macht die Nachricht von Leos wunderlicher Rückkehr schnell die Runde, und die verschiedensten Personen aus den anliegenden Häusern besuchen seine Metzgerei. Marinas erste Bekanntschaft ist Robyn (Margaret Colin), eine TV-Schauspielerin und Freundin des lokalen Psychiaters Dr. Alex Tremor (Jeff Daniels). Dieser bemerkt sofort Marinas ungewöhnliche Gabe der Vorhersehung, die vor allem seine Patienten betrifft und völlig verändert. So erfährt Robyn, als sie Marina die Hand geschüttelt hat, dass sie den ersten Schritt machen muss, um endlich die Person ihrer Träume zu finden. Kaum zu Hause, macht sie Alex einen Heiratsantrag, den dieser, überrascht von dem plötzlichen Sinneswandel, nicht beantworten kann. Robyn erzählt ihr von Marinas Weissagung.

Ihr Mann Leo beobachtet Marinas Gaben mit gemischten Gefühlen. So sagt sie die Verspätung einer Fleischlieferung und die Ursache (eine gebrochene Achse) exakt voraus. Ebenso weiß sie von der Bestellung einer anderen Kundin, die kurz vor Ladenschluss einen Haufen Koteletts kaufen wird. Doch noch ist Leo ihr ganz ergeben, auch als sie den vorbestraften Eugene (Max Perlich) einstellt. Alex, bei dem sich auch Eugene behandeln lässt, kommt in Leos Metzgerei, um darüber zu diskutieren, welchen Einfluss die Arbeit auf seine Therapie habe. Dabei lernt er zum ersten Mal Marina persönlich kennen und kann sich ihrer Ausstrahlung nicht entziehen. Auch andere glauben ihr alles, was sie vorhersagt. Etwa die Boutiquebesitzerin Grace (Frances McDormand), der sie eine baldige Bindung prophezeit, oder die schüchterne Stella (Mary Steenburgen), Leiterin des Kirchenchores, der sie Mut zuspricht und Erfolg vorhersagt bei ihrem Versuch, in einer Bar den Blues zu singen. Leo wird es allmählich immer unheimlicher. Als seine Frau ein Küken als Geschenk annimmt, hält er sie für verrückt. Dr. Tremor ist einverstanden, Marina in Behandlung zu nehmen, wozu die junge Frau aus Verpflichtung Leo gegenüber dann auch bereit ist. Ihr Auftritt in der Praxis trägt nicht zu Tremors Sicherheit bei, denn sie versteht es, ihn mit seinem ganzen Wissen ziemlich dämlich aussehen zu lassen.

Allerdings muss man sich die Frage stellen, was ihre Ausstrahlung hier ausmacht, denn Demi Moore wirkt nicht nur in dieser Szene eigentümlich fremdartig mit ihren blond gefärbten, gelockten Haaren und einem langen Rüschenkleid. Eigentlich bewegt sie den gesamten Film über kaum eine Miene, zeigt vielmehr einen irgendwie naiven, dennoch ausdruckslosen Blick, der nichts von der Ausstrahlung spüren lässt, die Marina auf die anderen Personen ausübt, die aber vom Zuschauer offensichtlich nicht empfunden wurde.

Während sie mit Alex Rollschuh fahren geht, wobei der Psychiater seine Patientin besser kennenlernen will, entdeckt Leo in der den Blues singenden Stella jene Frau, die er im Grunde

*Die Metzgersgattin und der Psychiater: Demi Moore und Jeff Daniels in
›The Butcher's Wife – Der Mann ihrer Träume‹ (1990)*

begehrt. So beginnt jeder sich in jemand anderen zu verlieben.
Alle kennen einander, und keiner weiß zunächst von der Beziehung zum anderen. Nachts in der Bar ist Leo ein begeisterter
Zuhörer der Bluessängerin Stella, erzählt ihr von seinen Problemen mit seiner Frau, während Marina mit Alex auf dem nächtlichen Dach ihres Hauses über das Leben philosophiert und dabei verliebte Blicke austauscht. Um die eigene Schuld zu mindern, versucht Marina ihren Mann mit einer anderen Frau zu
verkuppeln, ohne von Stella zu wissen. Mitten in der Nacht dann
läuft sie zu Alex, der mit Robyn noch einmal im Bett liegt, zieht
ihn in seine Praxis und gesteht, in ihrem Traum den Mann ihres
Lebens gesehen zu haben. Ein Kuss besagt, um wen es sich
handelt.

Alex ist von Schuldgefühlen geplagt, denn er darf sich nicht in
eine Patientin verlieben, die er in Marina noch sehen muss. So
drängt er Stella, die ebenfalls seinen Rat sucht, dazu, sich zu Leo

zu bekennen, was diese sofort in die Wirklichkeit umsetzt. Sie besucht Leo in dessen Kühlraum und tauscht heiße Küsse aus. Als Marina von Alex erfährt, dass Leo sie schon betrügt, beschließt sie, auf ihre Insel zurückzukehren. Unklar bleibt, weshalb sie ausgerechnet Leos Verhalten nicht vorhersehen konnte. Der Psychiater ist inzwischen ein nervliches Wrack. Trost versucht er bei Robyn zu finden, doch die ist inzwischen eine Beziehung mit der Boutiquenbesitzerin Grace eingegangen, so wie es Marina vorausgesagt hatte. Völlig verzweifelt, aber jetzt auch sicher, Marina zu lieben, fährt Alex ihr auf die Insel nach. Sie wartet bereits, wusste sie doch, wer kommen würde. So sind am Ende alle, die Marina begegnet sind, zufrieden mit der Wendung, die ihr Leben genommen hat.

Mit der Wendung, die THE BUTCHER'S WIFE nahm, konnte Demi Moore keineswegs zufrieden sein; der Film wurde ein weiterer Misserfolg in ihrer Karriere. Der britische Regisseur Terry Hughes, der bislang nur Fernsehfilme, unter anderem mit Monty Python, gedreht hatte, verstand es nicht, die Schwächen des Buches auszugleichen. Nicht nur, dass die magischen Fähigkeiten Marinas zu keiner Zeit angemessen inszeniert wurden, bereits die Grundidee leidet an Überzeugungskraft. Denn wenn Marina ihre eigene Zukunft vorhersehen kann, bleibt die Frage unbeantwortet, warum sie zunächst Leo als den Mann ihrer Träume entdeckt und nicht sofort den Psychiater. Das geht einher mit einem häufigen Wechsel der Akzente in diesem Film. Nicht die Beziehung von Marina und Alex steht im Vordergrund, sie ist ohnehin »vorhersehbar«, sondern das Verhältnis von Leo und Stella gewinnt im Lauf des Films zunehmend an Bedeutung. Marina verliert in gleichem Maße an Stringenz, wird immer uninteressanter und konfuser.

Demi Moore zeigte sich dabei nicht in der Lage, ihre Figur als identifizierbare Persönlichkeit zu gestalten, schien sich vielmehr aus dem Film förmlich zurückzuziehen und behielt dabei einen Gesichtsausdruck ständiger romantischer Abwesenheit bei, der dann doch irgendwie störend zu wirken begann. THE BUTCHER'S WIFE bildete 1991 den Auftakt einer Reihe von kommerziellen Misserfolgen wie MORTAL THOUGHTS (Tödliche Gedanken) und NOTHING BUT TROUBLE (Valkenvania), was darauf hindeutet, dass Demi Moore allein möglicherweise nicht ausreichend at-

Träumen davon Männer? Demi Moore in ›Der Mann ihrer Träume‹

43

traktiv ist, Zuschauer in die Kinos zu ziehen. Erst im folgenden Jahr erzielte sie mit A FEW GOOD MEN *(Eine Frage der Ehre)* wieder überzeugende Resultate, einem Film, in dem sie an der Seite männlicher Stars wie Tom Cruise und Jack Nicholson reüssierte.

THE BUTCHER'S WIFE ist wohl auch in anderer Hinsicht typisch für Demi Moore. Ihr ehrgeiziges Bestreben nach schauspielerischer Vielfalt und thematischen Wechseln, alles darauf ausgerichtet, als Darstellerin universell zu sein, stößt doch immer wieder auf Grenzen. Ihr darstellerisches Potential, das sie nie in einer Schule vermittelt bekommen hat, zeigt sich in Terry Hughes' Film begrenzt. Das mag zum einen am Regisseur liegen, zum anderen aber an Demi Moore. Man wird das Gefühl nicht los, dass das, was sie unter Umständen als transzendental begreift, in Wirklichkeit eine unbewusste Distanz bildet. Demi Moore tendiert als Schauspielerin dazu, Rollenklischees anzunehmen, zu interpretieren, sie auch zu hinterfragen, anstatt sich in eine Rolle einzuleben und sie identifizierbar zu gestalten. Sie macht es dem Zuschauer nicht leicht, denn ihr ständiger Rollenfachwechsel erschwert die Identifikation mit ihren Charakteren. Das galt in ähnlichem Maße auch für die Rolle in ihrem anschließenden Film MORTAL THOUGHTS, dem ersten, den sie koproduzierte in dem richtigen Gespür, an Kontrolle und in Alan Rudolph einen wirklichen Schauspieler-Regisseur zu gewinnen.

C wie Charakter

Man kann Demi Moore vieles nachsagen, nur keine Charakterschwäche. Gezielt baut sie sich als Filmstar auf und leistet sich dabei auch manche Allüren. Doch was ihr häufig als Zickigkeit vorgeworfen wird, ist nicht Teil ihrer Persönlichkeit, sondern dient allein ihrer ständigen Imagepflege, die sie auf erstaunlich zielstrebige Weise betreibt. Nachrichten aus ihrem häuslichen Leben gibt es keine, obwohl die Paparazzi immer lauern. »Mehreren Menschen aus meiner Umgebung wurden von Zeitungen bis zu 150 000 Dollar angeboten für Informationen über unser Privatleben. Was kann ich da machen?«, beklagt sie sich zu Recht (d'Yvoire). Die Stärke ihres Charakters zeigte sich am besten vielleicht Mitte der achtziger Jahre, als Drogen und Alkohol ihre Karriere nachhaltig zu beschädigen drohten. Mit eigener Kraft zog sie sich aus dem Sumpf, aus dem ihre Mutter sich nicht befreien konnte, obwohl sie zusammen die Entziehungskur unternahmen. Es muss eine Erfahrung gewesen sein, die sie dazu veranlasste, die Kontrolle über ihr Leben und ihren Körper nunmehr in den eigenen Händen zu halten.

Davon kann auch mancher Regisseur berichten, mit dem sie über die Konzeption eines Films streitet. »Ich bin sicher, dass die Leute manchmal das Gefühl haben, ich sei schwierig, und vielleicht bin ich das auch. Es gibt immer einen Moment, an dem jemand nicht einverstanden ist oder mitmacht. Aber wenn alle auf ein gemeinsames Ziel hin arbeiten, geht es nicht um dich als Individuum«, beschreibt sie ihre Philosophie (Millea).

Die Art und Weise, in der sich Demi Moore in der Männerwelt Hollywoods durchgesetzt hat, nötigt nicht nur Respekt und Bewunderung ab, sondern zeugt von einem starken und ausgeprägten Ego, das vielleicht manches Mal in Selbstverliebtheit und Egomanie umschlägt. Ihre extrovertierten Auftritte in der Öffentlichkeit finden nicht bei jedem Gegenliebe, erzeugen bei manchen nur Häme, doch Demi Moore scheint sich dadurch nicht beirren zu lassen. Konsequent setzt sie ihren Weg fort, als starke Mutter dreier Töchter und als Schauspielerin, mit ständig neuen Überraschungen. Verbiegen lässt sie sich dabei offenbar nicht und hat sich als Vorbilder Katharine Hepburn und Susan

Nervensäge oder Perfektionistin? Demi Moore mit Regisseur Adrian Lyne bei den Dreharbeiten zu ›Indecent Proposal – Ein unmoralisches Angebot‹ (1992)

Sarandon gewählt, zwei Stars, die ebenso konsequent ihren Weg gingen und gehen, privat und auf der Leinwand.

»Ich bin mit Bette Davis einer Meinung. Wenn ein Mann seine Meinung sagt, wird er als guter Typ wahrgenommen. Wenn eine Frau die ihre sagt, ist sie eine Nervensäge. Ich bin eine Perfektionistin und ich sage gerne meine Meinung. Ich bin nicht da, um dem Regisseur zu sagen, wohin er seine Kamera stellen soll, ich frage mich nur über meine Figur. Ich fühle mich von dem betroffen, was ein Film in seiner Gänze darstellt, und es ist wichtig für mich, dass meine Vorschläge und Ideen als nachdenkenswert betrachtet werden.« (Chaillet)

C wie CHOICES (1981)

Demi Moores erste Spielfilmrolle dauert insgesamt nur wenige
Minuten. Angeblich basiert die Geschichte von CHOICES auf einer wahren Begebenheit. Im Mittelpunkt steht der junge John
(Paul Carafotes), der zwei Talente und eine Vorliebe vorzuwei-
sen hat. Er spielt Geige im Schulorchester, ist der Quarterback
der schulischen Football-Mannschaft und hat ansonsten nur
Mädchen im Kopf. Seine Lehrer und sein Großvater drängen
ihn, sich für eine Sache zu entscheiden, doch John möchte sich
nicht einengen lassen. Demi Moore spielt Cori, seine Mitschülerin und Mitspielerin im Schulorchester. Gleich ihr erster Auftritt
ist prägnant. Sie bringt ihm mit einem wissenden, verschmitzten
Lächeln das Kondom, das er bei einer Freundin hat liegen lassen. Zum ersten Mal ist ihre rauchige, tiefe Stimme zu hören, die
ihr Erotik verleiht, selbst in eher unauffälligen Nebenrollen.
Als sich ein Gehörschaden bei John herausstellt, wird er auf
Grund einer ärztlichen Untersuchung aus der Football-Mannschaft geworfen und konzentriert sich zwangsläufig etwas mehr
auf seine musikalischen Fähigkeiten, ohne seine eigentliche
Vorliebe gänzlich zu vergessen. Mit im Orchester sitzt auch Cori, der er jetzt entsprechend vielsagende Blicke zuwirft, die sie
eher amüsiert zur Kenntnis nimmt. Durch seinen Rausschmiss
aus der Mannschaft verliert John zunächst den Boden unter den
Füßen. Er schließt sich einer Halbstarkengruppe an und hängt
mit ihr in den Kneipen rum. Dort aber entdeckt er seine Liebe
zu seiner Geige neu und beginnt, in der Country-Band einer Bar
zu spielen. Bei einem seiner Auftritte sieht er Cori wieder und
freundet sich mit ihr an. John nimmt sie mit auf einen seiner
Ausflüge mit seinen halbstarken Freunden. Zu beider Er-
schrecken beginnen diese, Autos aufzubrechen. Fast werden sie
von der Polizei erwischt. Cori ist nur gewillt, sich weiter mit John
zu treffen, wenn er sich von seinen vermeintlichen Freunden los-
sagt. Nach einer romantischen Bootsfahrt und einem Parkspa-
ziergang gibt es den ersten Kuss. Das hat Folgen, denn aus Wut
über Johns Rückzug verprügeln ihn seine angeblichen Rocker-
freunde.
Es ist der Tag des großen Spiels der Football-Mannschaft. John

sitzt mit seinen Eltern und Cori auf der Zuschauertribüne. Das Team ist auf der Verliererstraße. Da entscheidet sich der Trainer gegen den Willen des Schularztes, John ins Spiel zu nehmen. Cori wirkt stolz auf John, nachdem dank seiner Mithilfe das Spiel doch noch gewonnen wurde.

Der Kanadier Silvio Narizzano fiel durch zwei Filme einem breiteren Publikum auf, vor allem 1976 durch den sensiblen WHY SHOOT THE TEACHER? *(Warum schießen Sie auf den Lehrer?)* mit Bud Cort und 1978 durch THE CLASS OF MISS MAC-MICHAEL *(Die Klasse von Miss MacMichael)* mit Glenda Jackson und Oliver Reed. Er zählt weder zu den Regisseuren, denen Meisterwerke gelingen, noch erringt er größere Erfolge, doch seine Filme zeichnen sich aus durch ihre solide Inszenierung und gelungene Schauspielführung. Davon profitierte auch Demi Moore, deren frühe Rolle sie als das sympathische Mädchen von nebenan zeigte, ein bisschen pummelig noch, doch mit ihren nussbraunen Augen und dem sinnlichen Mund durchaus die erotischste Erscheinung im Film. Die Rolle ist zu klein, als dass sie wirklich Format hätte zeigen können. Im Grunde sind es nur vier Szenen, in denen sie zu sehen ist, doch zieht sie sich darin einigermaßen beachtlich aus der Affäre. Der Film blieb so unbekannt, dass er selbst in einigen ihrer Filmografien nicht aufgeführt ist. Kein Wunder, dass die Jungschauspielerin Moore zunächst nur wenigen Produzenten auffiel und sie in der Folge nur Angebote für Billigproduktionen erhielt – Filme wie PARASITE, in dem sie neben anderen Gegnern mit einem schleimigen Monster zu kämpfen hatte.

D wie DISCLOSURE
(Enthüllung, 1994)

Mit DISCLOSURE, der Verfilmung des gleichnamigen Bestsellers von Michael Crichton unter der Regie von Barry Levinson (RAIN MAN; GOOD MORNING, AMERICA) war Demi Moore nach INDECENT PROPOSAL *(Ein unmoralisches Angebot)* an einem weiteren »Skandal« beteiligt und wurde zum Schreckensbild des männlichen Hollywood – als erste Frau, die (im Kino) einen Mann gewissermaßen vergewaltigt beziehungsweise ihn als Vorgesetzte zum Sex befiehlt und ihn anschließend, nach dessen Weigerung, beruflich zu ruinieren versucht. Doch was die von Männern beherrschte Filmwelt möglicherweise noch stärker irritierte, war ihr aktiver, sexuell aggressiver Part. Wie INDECENT PROPOSAL wurde auch DISCLOSURE ein heftig diskutierter, weltweiter Erfolg und brachte Demi Moore wieder an die Spitze der

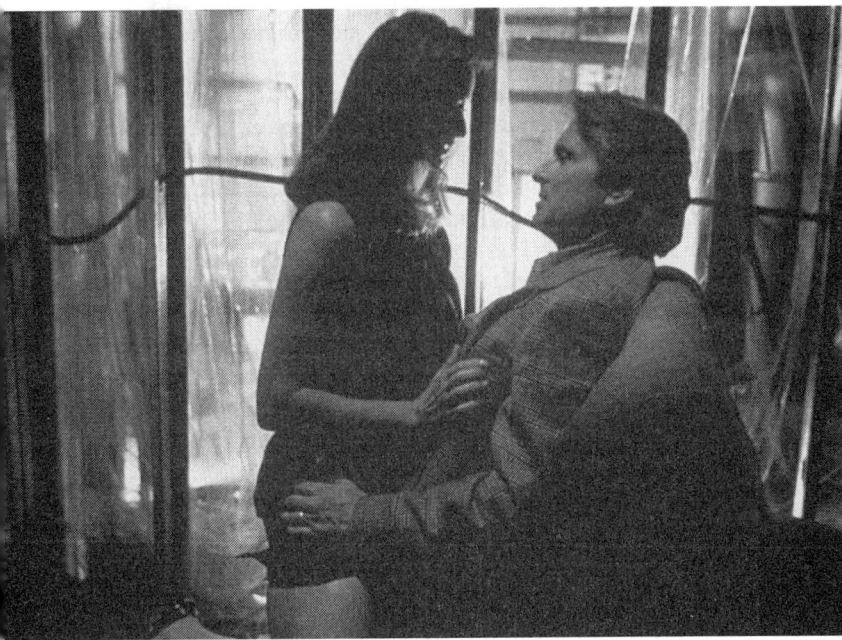

Sexuelle Belästigung im Beruf: ›Disclosure – Enthüllung‹ (1994)

49

weiblichen Hollywood-Stars, obgleich sie nicht die wirkliche Hauptrolle spielte.

Die verkörperte einmal mehr Michael Douglas, dessen Karriere sich durch ein schon als phänomenal zu bezeichnendes Gespür für Themen auszeichnet, die die amerikanische Gesellschaft bewegen. In FATAL ATTRACTION (*Eine verhängnisvolle Affäre*, 1987) ging es um die fast tödlichen Folgen eines Seitensprungs und die Wertigkeit einer intakten Familie, in FALLING DOWN (1993) um die Problematik einer zerrütteten Familie und eines Familienvaters, der seine eigene Unzulänglichkeit dem feindlichen Verhalten der Gesellschaft zuschreibt und einen Amoklauf beginnt. Auch DISCLOSURE thematisiert zwei Problempunkte der amerikanischen Gesellschaft: sexuelle Belästigung im Beruf, in den USA zu etwa zehn Prozent Männern gegenüber ausgeübt und vor Gericht gebracht, sowie die Machtverhältnisse und -kämpfe innerhalb eines Unternehmens, in dem die Mitarbeiter zu Schachfiguren eines undurchsichtigen Spiels geworden sind. Neu im Kino war auch die Intelligenz, mit der Barry Levinson die dramaturgischen Möglichkeiten der Computertechnologie nutzte, als Sujet und filmisches Mittel.

Tom Sanders (Douglas) ist Leiter der Entwicklungsabteilung des Computerunternehmens DigiCom im kalifornischen Seattle. Schon am Montag morgen findet er zu Hause auf seinem privaten Computer eine E-Mail-Nachricht. Das Verhängnis beginnt, als seine Frau Susan (Caroline Goodall, die Schindlers Frau in SCHINDLER'S LIST spielte) ihn bittet, beim Frühstück für die Kinder zu helfen. Dadurch wird er zu spät zur Arbeit erscheinen. Dabei soll es für ihn ein Morgen werden, der seine Zukunft sichert. Tom erwartet, zum Vizepräsidenten befördert zu werden und damit auch finanziell an der bevorstehenden Fusion mit dem New Yorker Verlag Conley-White zu partizipieren. Aber schon auf der Fähre, die ihn zur Arbeit bringt, sollte er das erste Warnzeichen erkennen. Denn er trifft einen Mann, der wie jeden Morgen zur Arbeit unterwegs ist, seinen Job bei IBM aber schon längst verloren hat und sich nun verbittert bemüht, die Fassade der Normalität aufrechtzuerhalten.

Kaum ist Tom in seinem Büro eingetroffen, nicht ohne zuvor einigen weiblichen Mitarbeiterinnen hinterhergeschaut zu haben, erfährt er vom Rechtsberater der Firma, Philip Blackburn (Dy-

Die neue Chefin

lan Baker), der sich als sein Freund versteht, dass die Position des Vizepräsidenten an jemanden aus der New Yorker Filiale vergeben wurde, an eine Frau aus der Marketing-Abteilung. Verblüfft nimmt Tom zur Kenntnis, dass es sich bei dieser Frau um Meredith Johnson (Demi Moore) handelt, mit der er früher, vor seiner Hochzeit, eine heiße Affäre hatte. Meredith entspricht dem Bild einer Karrierefrau: attraktiv, kühl, berechnend, abgeklärt. Leicht zynische Bemerkungen über ihre frühere Beziehung vor ihrem gemeinsamen Chef Bob Garvin (Donald Sutherland), der offensichtlich ganz von ihr hingerissen ist, verunsichern Tom ein wenig, lassen aber noch nicht erahnen, was ihm bevorsteht. Die anonymem E-Mails auf seinem Büromonitor nimmt er kaum zur Kenntnis.

Meredith bittet Tom, der nun ihr Untergebener ist, für den Abend in ihr Büro. Tom glaubt, es handele sich um ein berufliches Briefing, doch ihre Begegnung nimmt von Beginn an eine andere Wendung. Meredith spielt auf vergangene, gemeinsame Exzesse an und schlägt dabei verführerisch die Augen auf. Sie lässt sich von ihm die Schultern massieren, die von ihr intendierte sexuelle Spannung nimmt zu, als die Sekretärin hereinkommt und Zeugin der intensiven Massage wird. Im Buch von Crichton hatte sie ihre Chefin mit Wein und Kondomen versehen, im Film ist es nur noch der Wein. Tom ist sichtlich unangenehm berührt, kann aber nicht verhindern, dass sein Körper durch die aufreizend attraktive Meredith angeregt wird, obwohl sein Verstand dagegen steuert. Er telefoniert von seinem Handy und hinterlässt eine Nachricht, dass er später nach Hause kommen wird, als Meredith regelrecht über ihn herfällt. Tom wehrt sich anfangs, doch seine Begierde wird schließlich stärker und er lässt sich hinreißen von der sexuellen Aggressivität seiner früheren Freundin. Doch bevor es wirklich zum Geschlechtsverkehr kommt, bekommt Tom Gewissensbisse und flüchtet. Die hochgradig erregte Meredith droht ihm, ihn beruflich zu zerstören, falls er nicht sofort zurückkäme.

Tom ist zutiefst verunsichert und beschämt, wäre es doch fast zum Verkehr gekommen. Er fühlt sich belästigt und beleidigt, doch er findet nicht den Mut, seiner Frau von dem Zwischenfall zu berichten, und verbirgt vier Kratzer, die Meredith ihm beigebracht hatte. Seine Frau teilt ihm mit, dass Meredith angerufen und eine spätere Uhrzeit für ein Treffen hinterlassen habe, bei dem es um technische Schwierigkeiten beim Bau des CD-Rom-Laufwerkes unter Toms Leitung geht, das DigiCom als Technologieführer und damit attraktiven Fusionspartner etablieren soll. Doch als Tom am Dienstag morgen im Büro eintrifft, erfährt er, dass das Treffen von Meredith eine Stunde vorverlegt wurde. So muss er es hilflos über sich ergehen lassen, von Meredith vor versammelter Mannschaft regelrecht vorgeführt zu werden. Anschließend erzählt sie dem Rechtsberater Blackburn, von Sanders sexuell belästigt worden zu sein. Die Firmenleitung glaubt der cleveren Meredith und will Tom in eine Filiale abschieben, deren baldige Schließung beschlossen ist. Sanders weigert sich, weiß er doch, dass er damit nicht nur ein Vermögen, sondern auch seinen Job verlieren würde. Er entschließt sich zu kämpfen.

Die geheimnisvollen E-Mail-Botschaften scheinen ihn zu bestätigen. Tom engagiert die kampfeslustige Anwältin Catherine Alvarez (Roma Maffia), die in seinem Auftrag DigiCom verklagen will, worauf Bob Garvin Tom am liebsten sofort feuern möchte, gefährdet allzu viel Aufregung doch die bevorstehende Fusion. Noch hat Tom seine Frau, die im Roman während der juristischen Auseinandersetzung in eine andere Stadt geht, nicht informiert, was Meredith weiß und geschickt nutzt. Sie droht einmal mehr ihn fertigzumachen. Auf einer Party erzählt einer seiner Mitarbeiter Susan die Geschichte. Es kommt zum Streit. Susan verliert das Vertrauen in ihren Mann, will ihm die sexuelle Belästigung durch Meredith nicht glauben, wie alle anderen auch. Denn die sexuelle Belästigung eines Mannes durch eine

Demi Moore und Michael Douglas in ›Disclosure – Enthüllung‹

Vorgesetzte wird von den meisten nicht als solche erkannt und geglaubt. Die nächste E-Mail-Botschaft fordert Tom auf, das eigentliche Problem zu lösen.

Am Mittwoch kommt es zur ersten Verhandlung zwischen den Beteiligten und ihren Anwälten. Tom schildert seine Version der Vorfälle, die Meredith anschließend unter Tränen als Verdrehung der Tatsachen hinstellt. Mit pikanten Details aus ihrer gemeinsamen Vergangenheit untergräbt sie geschickt das Vertrauen in Tom, das am Ende nur noch seine Anwältin hat. Währenddessen werden Toms Mitarbeiter unter Druck gesetzt und müssen gegen ihn aussagen. Doch Catherine Alvarez ist eine geschickte Anwältin und gräbt einige Tatsachen aus, die Merediths Glaubwürdigkeit erschüttern. Durch einen Zufall entdeckt Tom, dass er an jenem verhängnisvollen Abend nicht bei sich zu Hause, sondern versehentlich bei einem Bekannten angerufen hat. Dieser ist tatsächlich noch im Besitz des Bandes. Am Donnerstag sieht es so aus, als habe Meredith verloren. Ihre Anschuldigung, Tom habe sie sexuell belästigt, ist nach Abhören des Bandes nicht mehr glaubhaft.

Obwohl dies keinen rechtlichen Beweis darstellt, zieht Bob Garvin seine Klage gegen Tom zurück, denn Catherine Alvarez hat gedroht, das brisante Material den Medien zuzuspielen. Und Aufsehen will Garvin zu diesem Zeitpunkt auf jeden Fall vermeiden. Meredith bleibt aber weiterhin seine Geheimwaffe. Zusammen mit Blackburn plant sie, Tom als beruflich inkompetent hinzustellen. Zufällig wird er Zeuge des Gesprächs und reagiert sofort. Da ihm der Zugang zu den Firmencomputern gesperrt ist, bricht er in das Hotelzimmer von Conley-White ein, in dem die DigiCom-Technologie und ihr virtueller Korridor zu Demonstrationszwecken installiert sind. So gelingt es ihm, sich in die Computerdokumente seiner Firma einzuschleusen. Doch er kann nicht verhindern, dass ihm in dieser virtuellen Welt Meredith begegnet und alle Spuren ihrer Sabotage, denn darum handelt es sich, löscht.

Diese Cyberspace-Szene, gestaltet durch die Special-Effect-Zauberer von Georges Lucas' *Industrial Light & Magic*, zählt zu den visuellen Höhepunkten im Film und ist ein faszinierendes Spannungsmoment auch für den Zuschauer, der kein Computerfan ist. Zwar sind nun alle Spuren gelöscht, aber Tom ent-

Pikante Details: Demi Moore und Donald Sutherland

deckt eine Sicherungskopie aller Videogespräche, die zwischen der Firma und ihrer Fabrik in Malaysia geführt wurden, wo das problematische CD-Rom-Laufwerk hergestellt wird.

Am Freitag soll Tom seine Entwicklung den Aktionären vorführen, was nach dem Komplott von Meredith, Blackburn und Garvin zur Demontage seiner Kompetenz werden soll. Doch Tom kann auf Grund seiner Recherchen eindrucksvoll beweisen, dass alle ihm zugeschriebenen technischen Schwierigkeiten der Sabotage Merediths zu verdanken sind, die daraufhin von Garvin umgehend gefeuert wird, dies aber gelassen hinnimmt. Dieses Spiel hat sie verloren, das nächste, sagt sie Tom, wird sie gewinnen. Sanders glaubt, dass er jetzt zum Vizepräsidenten berufen wird, doch wieder kommt es anders. Als neue Vizepräsidentin wird Stephanie Kaplan (Rosemary Forsyth) benannt, die Verfasserin der geheimnisvollen E-Mail-Botschaften, die Tom die ganze Zeit leiteten. Doch unter ihr ist er sicher.

In den USA kam es in den Kinos zu lautstarker Zustimmung bei jeder neuen Niederlage von Meredith Johnson, einer Figur, die vor allem das männliche Publikum offenbar nachhaltig erschreckte. Meredith ist die klassische *femme fatale*, die die Männer mit ihrem Körper und ihrer strategischen Intriganz manipuliert. Das hat Tradition im Hollywood-Film, und Demi Moore reiht sich nahtlos ein in die Riege jener Darstellerinnen wie Veronica Lake, Lana Turner oder selbst Marlene Dietrich, deren Sexualität und soziale Eigenständigkeit so ausgeprägt waren, dass es nach der Moral einer patriarchalischen Gesellschaft nur mit einer Niederlage enden konnte. Innerhalb der gläsernen Welt von DigiComs Bürogebäude wirkt Meredith von Anfang an wie ein Fremdkörper, durch ihre herausfordernde Attraktivität, durch die berechnende Kühle, mit der Demi Moore die sexuelle Aggressivität ihres Charakters ausspielt, und durch die Offensichtlichkeit, mit der sie in ihre Position gelangt ist.

Die Rolle bot Demi Moore wenig Gelegenheit zur Variation, war von Grund auf auch bewusst als Klischee angelegt und erforderte den Mut, einen klassischen Bösewicht zu spielen, was ihr vielleicht wichtiger war als das damit transportierte, antiquierte Bild von der Frau als Hexe oder Hure, die sie sein soll, sobald sie um jeden Preis Karriere macht und diese in den Vordergrund ihres Lebens stellt. Der Intention von Vorlage und Film entsprechend gestaltete Demi Moore die Figur der Meredith Johnson als einen reichlich eindimensionalen Charakter, der sich durch Machthunger und Gier definiert und alle negativen Gefühle auf sich vereinen soll. Immer perfekt gestylt, selbst als sie sich die Bluse herunterreißen lässt, mit einem Blick, der zwischen bewusster Ausdruckslosigkeit und dem Wissen um ihre eigene Wirkung wechselt, belässt sie es im Grunde doch bei der Eindimensionalität ihrer Rolle und kreiert innerhalb deren Grenzen das erschreckende Sinnbild eines auf Egoismus ausgerichteten (Firmen-)Mikrokosmos.

Außen vor bleibt dabei die Motivation, von der Meredith angetrieben wird, und deren Quelle. Demi Moore reißt dies in ihrer Mimik nur ganz kurz an. In einer Szene wie der letzten Begegnung mit Tom blitzt ein wenig von Merediths Motivation auf, ihr Wille, sich im Beruf zu beweisen und es in einer Männerwelt bis ganz nach oben zu schaffen. Das hat wenig mit Feminismus zu tun, ist vielmehr ein Charakteristikum der modernen Frau, die gleiche Rechte als selbstverständlich empfindet und nicht mehr dafür kämpfen möchte. Ihr Kampf ist allein individueller Natur, dient einzig ihren persönlichen Belangen und hat für sie auch einen gewissen Spielcharakter. Als Tom sie fragt, ob die Ereignisse nicht auch von ihm hätten inszeniert sein können, erscheint zum ersten Mal ein Moment der Verunsicherung auf ihrem Gesicht, bevor wieder ein glattes Lächeln erscheint, das von der eigenen Selbstsicherheit zeugt.

Natürlich muss Demi Moore die meiste Zeit im Film Verführerin und Biest sein, das war bereits in der Romanvorlage so angelegt. Doch innerhalb dieser Beschränkung ist sie durchaus überzeugend. Häufig genügen ihr ein Augenaufschlag, ein Blick oder eine Körperbewegung, um ihre Absichten zu verdeutlichen. In einer faszinierenden Kombination von gespielter Un-

Eindimensionaler Charakter: Demi Moore als Meredith Johnson in ›Disclosure – Enthüllung‹

Anti- und Sympathien: Demi Moore und Michael Douglas

schuld und raffiniertem Kalkül gelingt ihr eine der unheimlichsten Frauenfiguren im Kino der neunziger Jahre. Unheimlich, weil sie in einer normalen Situation agiert und keine Exotin ist wie häufig im Film der vierziger Jahre. Das Spielfeld von Demi Moores Meredith Johnson ist nicht der Nachtclub, sondern die moderne Büroetage und deren interne Machtstrukturen. Demi Moore gelingt es, hinter der unverdächtigen Fassade einer Geschäftsfrau psychologische Abgründe sichtbar werden zu lassen, das Recht auf eine eigene, aktive Sexualität auszudrücken und die innere Auseinandersetzung mit den gesellschaftlichen Konventionen darzustellen, die eben diese verhindern.

Der Erfolg des Films, der nicht nur auf den »Zeitgeist« seiner Sujets und die clevere Wendung, die Crichton seiner Story gegeben hat, zurückzuführen ist, beruht sicherlich auch auf seinen Hauptdarstellern. Die Sympathien zog dabei Michael Douglas auf sich, Demi Moore die Antipathien. Dieser Mut, nach dem zweiten Box-Office-Erfolg in Folge, zahlte sich für sie aus. Quasi über Nacht avancierte sie, nach mehr als zehnjähriger Karriere, zum heißesten weiblichen Star Hollywoods. Als eine Frau, deren Machtbewusstsein und Ehrgeiz innerhalb der Hollywood-Gemeinde offenbar gefürchtet sind, musste sie Vergleiche mit Meredith Johnson über sich ergehen lassen, doch Demi Moore nutzte die ihr zugewachsene (und erarbeitete) Position, um Projekte zu realisieren, in denen sie zum Teil die alleinige Hauptrolle übernahm – Projekte wie THE SCARLET LETTER oder NOW AND THEN, in denen es um die weibliche Variante bislang männlich dominierter Geschichten ging.

E wie Ehrgeiz

Demi Moore hat Ehrgeiz, und er ist ausgeprägt. Aber er ist nicht krankhaft, auch wenn offenbar manche Menschen in Hollywood Demi Moore für krankhaft ehrgeizig halten. »Die Leute haben Angst vor ihr«, sagt Regisseur Rob Reiner, der ihr in A FEW GOOD MEN einen ihrer darstellerischen Höhepunkte bescherte, »weil sie so clever ist. Wenn man mit Leuten arbeitet, die nicht so clever sind wie man selbst, bekommt man leicht den Ruf, schwierig zu sein.« (Wilkinson)

Demi Moores sicheres und energisches Auftreten ergibt sich aus ihrem Willen, ihre Karriere nach vorn zu treiben. Sie nimmt sie ernst, plant sie regelrecht. Selbstverständlich ist sie dabei ambitiös. »Wer ist das nicht? Der Unterschied ist, dass viele Leute das wollen, aber nur wenige unter ihnen den Willen haben, für das Erreichen ihrer Ziele zu arbeiten. Ich aber ja. Es fällt mir daher unter diesen Bedingungen schwer, Gelegenheiten vorbeigehen zu lassen, auf die ich mein ganzes Leben gewartet habe. Glücklicherweise erlaubt es mir mein Privatleben, gewisse Prioritäten beizubehalten und mich daran zu erinnern, dass die Arbeit nicht alles ist.« (Chaillet)

Ständig ist sie bereit, Risiken einzugehen und dabei Grenzen zu überschreiten. In STRIPTEASE war sie immerhin der erste große Hollywood-Star, der die Hüllen ausgiebig fallen ließ und dadurch zur bestbezahlten Schauspielerin wurde. »Das Wichtigste war, dass es passierte. Und es geschah, weil sie glaubten, dass mein Beitrag zum Film ihr Angebot wert war. Es war ein gleichwertiger Austausch. Man tat mir keinen Gefallen. Mit dem Tag, an dem mein Geschäft besiegelt war, wird sich die Bezahlung einer jeden Frau ändern. Wichtiger noch ist, dass sich die Wahrnehmung des Beitrags der Frau zu dieser Industrie änderte ... Ich sage nicht, dass es keine Streicheleinheit für mein Ego war, das war es natürlich.« (Anthony)

Sich ihren Status zu erarbeiten und zu sichern, führte bei Demi Moore zu einer eisernen Disziplin, vor allem in körperlicher Hinsicht. Inzwischen sind ihre Fitness-, Bodybuilding- und Jogging-Pläne Gegenstand entsprechender Magazine, dient sie als Vorbild auch für Freizeitsportler und Körperbewusste. Dieser Ehrgeiz, einen perfekt trainierten Körper zu haben, überträgt

Mal offen, mal bissig: Demi Moore in ›The Scarlet Letter – Der schar-lachrote Buchstabe‹ (1995)

sich auch auf ihre Rollen. Immer wieder versucht sie sich zu än-dern, sich selbst auf der Leinwand neu zu erfinden und ihrem Spiel andere Varianten abzuringen. »Wer ich heute bin, war ich noch nicht vor sechs Monaten. Das ist gut so, glaube ich. Wir sollten uns immerzu ändern. Einem Weg zu folgen, ist alles. Ich glaube nicht, dass wir jemals ans Ende kommen. Und wenn dem so wäre, wie traurig. Wie traurig, nirgendwohin mehr gehen zu können.« (Rhodes)

Nicht umhin konnte Demi Moore, die eigene Laufbahn mit der ihres Mannes Bruce Willis zu vergleichen. Anfangs galt sie nur als dessen schauspielernde Ehefrau, doch ließ sie sich dadurch nicht beirren und verfolgte gezielt die eigene Entwicklung. Inzwischen befinden sich die Karrieren des Ehepaars Willis-Moore etwa auf gleichem Niveau. »Aber es gilt immer noch der alte Bette-Davis-Ausspruch, den man mir in den Mund gelegt hat: ›Wenn ein Mann verlangt, was er möchte, ist er ein Mann. Wenn eine Frau das verlangt, was sie möchte, ist sie eine Schlampe.‹ In gewisser Weise ist das noch immer so«, äußerte sie sich etwas enttäuscht einem Journalisten gegenüber (Udovitch).

Ständig gegen Vorurteile anzukämpfen, mit denen sie in der Presse konfrontiert wird, hat nicht nur ihren Ehrgeiz angestachelt, es allen zu zeigen, sondern ihr auch den Ruf einer launischen, unberechenbaren Person eingebracht, die Ehrfurcht hervorruft, aber keine Sympathie. Roland Joffé, der Regisseur eines ihrer anspruchsvollsten und ehrgeizigsten Projekte, THE SCARLET LETTER, konnte einen genauen Blick auf seinen Star und seine Produzentin werfen. »Sehr häufig flattern Menschen, bei denen ein Elternteil Selbstmord begangen hat oder die aus einer zerrütteten Familie kommen, selbst zwischen zwei Extremen – außergewöhnlicher Umgangsfreundlichkeit und vollständiger Verschlossenheit. Es gibt Tage, an denen sie sich für wundervoll halten, und das macht sie sehr offen. Oder sie haben einen Tag, an dem ihre Selbstschätzung sehr niedrig ist, und das macht sie bissig und wütend. Das wäre meine Beobachtung von Demi, die ich sehr mag. Bei mir löste dies eine sehr große Zärtlichkeit ihr gegenüber aus.« (Millea)

Weniger respektvoll äußerte sich die deutsche Filmzeitschrift *Cinema*, die Demi Moores Entwicklung zu analysieren versuchte: »Drei Dinge, so mag sie sich auf ihrem Block notiert haben, braucht eine Frau, um in Hollywood ein Star zu werden. Erstens: eine traumhafte Figur. Zweitens: berühmte Filmpartner. Drittens: Allüren. Mit bemerkenswerter Disziplin ging Demi Moore daran, ihren Drei-Punkte-Plan zu verwirklichen, Schritt für Schritt generalstabsmäßig kalkuliert. Sie ließ ihren Körper mit chirurgischer Hilfe nach ihren Vorstellungen umbauen (…). Ebenso zielstrebig verfolgte sie Punkt zwei auf ihrer Liste: Mit sicherem Instinkt hängte sich Demi Moore an erfolgversprechende Co-Stars, statt sich wie bisher auf ihre eigene bescheidene Berühmtheit und Kollegen zu verlassen, die nur minimal prominenter waren als sie selbst (…). Punkt drei auf Demis Liste erledigte sich im Zuge wachsender Berühmtheit wie von selbst. Sie kultivierte ihre Allüren, machte ihre Sonderwünsche zur Regel und arbeitete zielgenau und erfolgreich darauf hin, zur gefürchteten, aber respektierten Mega-Zicke zu avancieren, über die die Presse regelmäßig mit einer Mischung aus Ehrfurcht und Abscheu berichtet.« (K.-H. Schäfer)

E wie Eltern

Wie so viele Hollywood-Stars kann auch Demi Moore auf keine sonderlich harmonische Kindheit zurückblicken. Ihre Mutter Virginia, die sie nach einem Haarpflegeprodukt Demetria genannt hatte, war mit dem damaligen Handlungsreisenden Danny Guynes verheiratet. Mindestens dreißigmal wechselte Demi mit ihren Eltern und ihrem jüngeren Bruder Morgan – heute ein Filmtechniker – den Wohnsitz, der meist aus Wohnwagen bestand, in den USA *Trailer* genannt. Erst Jahre später erfuhr Demi Moore, dass sie einem Seitensprung ihrer Mutter mit dem Säufer Charles Harmon entstammte. Ihr leiblicher Vater, ein ehemaliger Angestellter der US Air Force, saß meist im Gefängnis, verurteilt wegen Alkohol- und Drogenmissbrauchs und kleinerer Diebstähle. Immer wieder bezahlte Demi seine Kautionen, doch es änderte sich nichts. Ihr nicht-leiblicher Vater hatte sich schon 1980 das Leben genommen, doch zu dieser Zeit stand Demi bereits auf eigenen Füßen.

Der Alkohol spielte bei ihren Eltern eine große Rolle, und so blieb es nicht aus, dass auch sie damit Probleme bekam. Gemeinsam mit ihrer Mutter unterzog sie sich einer Entziehungskur. »Sie flehte mich an, mit ihr im ›South Beach Hospital‹ von Redondo Beach, Kalifornien, eine Entziehungskur zu machen. Sie blieb dort, ich ließ mich ambulant behandeln. Sie schaffte es, ich nicht«, lautete die bittere Bilanz der Mutter (*Gala* 32/96). Eine echte, »normale« Beziehung hatte Demi Moore wohl nicht. Die nötige Wärme fand sie bei ihrer Großmutter, zu der sie immer wieder zurückkehrte. Mit Fünfzehn entschloß sie sich, nachdem sie in dem Apartmenthaus, in dem sie wohnte, Nastassja Kinski kennengelernt hatte, Schauspielerin zu werden.

Ihr steigender Erfolg und Ruhm zog natürlich auch wieder ihre Eltern an. 1988 schenkte sie ihrer Mutter zum fünfundvierzigsten Geburtstag einen weißen Honda, der inzwischen Virginia Gaynes' einziges Heim ist. »Wenigstens haben mir die Kinder ein Dach überm Kopf besorgt. Ohne dieses Auto müsste ich im Freien schlafen.« (*Gala* 32/96). Inzwischen aber hat Demi Moore den Kontakt zu ihrer Mutter abgebrochen, nachdem diese eine weitere Rehabilitation abgebrochen hatte. Ebenso wie ihre Tante Elizabeth stellte auch sie ihre Unterstützung ein. Denn Virginia Guynes wurde immer wieder rückfällig. »Meine Tochter hat vergeblich versucht, mich vom Alkohol abzubringen. Danach hat sie alle Brücken zu mir abgebrochen.« (d'Yvoire)

Ihr Überleben sichert sich die Mutter von Demi Moore mittels der Sozialhilfe und immer wieder mal mit erfundenen oder vielleicht auch wahren Geschichten über ihre berühmte Tochter, die nach wie vor beliebtes Ziel der internationalen Klatschpresse ist. Inzwischen zeigt sich Demi Moore in der Öffentlichkeit als unberührt vom Schicksal ihrer Eltern, wodurch sich viele in ihrer Meinung bestätigt sehen, sie sei eine eiskalte, berechnende Geschäftsfrau. Doch hatte sie vor allem unter dem (verzweifelten) Gebaren ihrer Mutter zu leiden, die sich nicht scheute, 1993 für *High Society* die *Vanity Fair*-Titelbilder ihrer schwangeren und nackt fotografierten Tochter mit einem falschen Bauch zu persiflieren.

Demi Moore konzentriert sich heute auf ihre Karriere und auf ihre eigene Familie, versucht als Mutter all die Fehler zu vermeiden, die sie selbst bei ihren Eltern erlebt hat.

F wie Familie

Bei den Schlagzeilen, die Demi Moore immer wieder liefert, scheint kaum glaubbar, dass sich hinter ihrer Extrovertiertheit eine überzeugte Familienmutter verbergen könnte. Die Ehe mit Bruce Willis, der bis dahin selbst durch seine Exzesse berüchtigt war, konnte einfach nicht von Dauer sein, wollte man Hollywoods Boulevardpresse glauben. Doch erstaunlicherweise entpuppten sich beide Stars in ihrer Gemeinsamkeit als friedlich, konsequent und familienbezogen. Drei Töchter, Rumer Glenn (geboren 1988), Scout LaRue (geboren 1991) und Tallulah Belle (geboren 1994), hat das Paar inzwischen und verbringt seine Ferien mit ihnen gerne an der Côte d'Azur oder auf Sardinien.

Demi Moore betont in Interviews immer wieder die Schwierigkeit, Mutter zu sein, spricht aber auch von ihrer Freude über diese ihre wichtigste Rolle. Wahrscheinlich, würden Psychologen schnell deuten, ist ihre ausgeprägte Mutterrolle Resultat der eigenen, weniger glücklichen Kindheit und ihres gebrochenen Verhältnisses zur eigenen Mutter. Dennoch bewahrt sie sich eine Distanz zur eigenen Mutterschaft. »Ich muss mich nicht allein durch meine Kinder verwirklichen. Mein Leben ist so, wie es ist, aufregend genug … Ich sehe mein Leben so, dass ich in der Lage bin, alles zu haben und alles machen zu können. Aber ohne Kinder wäre es nicht genug.« (Wilkinson)

Häufiger kam sie auch auf die Rolle der Frau als Mutter zu sprechen und beklagte die mangelnde gesellschaftliche Anerkennung von Vollzeitmüttern. In dem Fernsehfilm IF THESE WALLS COULD TALK (1996), den sie produzierte und in dem sie eine Rolle spielte, thematisierte sie den Konflikt von Frauen, entweder eine Abtreibung vornehmen zu lassen oder ein ungewolltes Kind auszutragen. Gemäß ihrer etwas konservativen politischen Haltung, die sich in der Unterstützung des republikanischen Präsidentschaftskandidaten George Bush äußerte, bildet die Familie den Mittelpunkt ihres Universums, das zu organisieren nicht einfach ist, trotz zahlreicher Angestellter, Assistenten und Manager. »Ich würde lügen, nicht zugeben zu müssen, dass es manchmal schwierig ist, alles zu koordinieren, aber ich versuche mein Bestes. Bruce ist für mein Gleichgewicht das wichtigste

Element. Ich könnte all das ohne ihn nicht schaffen. Er macht den gleichen Job wie ich und versteht vollkommen den Stellenwert dieses Berufs in meinem Leben. Und Bruce ist ein beispielhafter Vater, der sich um seine Töchter kümmert und sich ihnen so viel, wie er kann, widmet. Wir bilden ein Team. Er ist nicht einfach nur da und wartet, dass ich mich um alles kümmere. Es gibt eine gerechte Aufteilung der Aufgaben und wir sehen dabei in die gleiche Richtung. Ich habe außerdem das Glück, meine Kinder mitzunehmen, wenn ich arbeite (...). Ich versuche ihnen, so gut ich kann, unseren Beruf verständlich zu machen.« (Arnaud)

Mutter Demi Moore und Tochter Rumer Willis in ›Striptease‹

Um ihren Töchtern jene Selbstschätzung und Eigenverantwortung für ihr Erwachsenenleben mitzugeben, das Kinder von Stars häufig nicht meistern, hofft Demi Moore auf den Erfolg ihrer Erziehung, die ihren Kindern eine eigene Persönlichkeit vermitteln soll. Schon früh müssen sie sich gegen andere durchsetzen, wie die älteste Tochter Rumer, die die Rolle der Tochter in STRIPTEASE bekam, nachdem sie dafür wie andere vorgesprochen hatte. Schon früh lernten die Töchter des Paares, sich mit der Glitzerwelt ihrer Eltern auseinanderzusetzen, indem sie bei den Dreharbeiten dabei sind und manchmal auch kleine Rollen übernehmen, wie Scout in THE SCARLET LETTER. »Ich bin sehr dafür, ihnen Regeln beizubringen …, denn ich hatte kaum welche. Es ist wichtig, sie Verantwortung zu lehren, ein Gefühl für Werte zu vermitteln, was – wenn man alles hat – bedeutet, sich selbst einzuschränken, so dass sie die Bedeutung des Verdienens lernen.« (Wilkinson)

Ansonsten versuchen Willis und Moore ein möglichst »normales« Familienleben zu führen und nicht aufzufallen. Das Wochenende, so schilderte sie einmal einem Journalisten, gehöre den Kindern; man gehe gemeinsam ins Kino oder leihe ein Video aus, man plansche im Pool oder gehe an den Strand, eben wie eine ganz normale Familie. Berufliche Fragen diskutiert das Paar woanders. »Wir unterstützen uns, und wann immer wir können, besuchen wir uns gegenseitig am Set. Wenn Bruce mich um Rat fragt, lese ich auch mal seine Drehbücher und gebe Tips. Aber das Beste an unserer Beziehung ist, dass wir es schaffen, unser Berufs- und Privatleben streng voneinander zu trennen. Die Zeit, die wir zu Hause miteinander verbringen, widmen wir voll und ganz unseren Kindern. Filmprojekte stehen dann überhaupt nicht zur Debatte.« (Orlin)

Bis heute gibt es keine Meldungen über familiäre Probleme von Moore und Willis, was manchen Paparazzi zur Verzweiflung treiben muss. Berichte über Trennungen oder Schwierigkeiten kommentiert Demi Moore mit Gelassenheit. »Oh, man geht durch Zyklen. Ich glaube, sie denken immer, eines Tages wirklich einen Treffer zu landen, deshalb versuchen sie es immer wieder. Das letzte Mal war ich schwanger mit Tallulah und beinahe jeder aus unserer Umgebung rief an und fragte, was los sei. Aber das kommt in Wellen, und meine Ehe ist in Ordnung. Es gibt nichts,

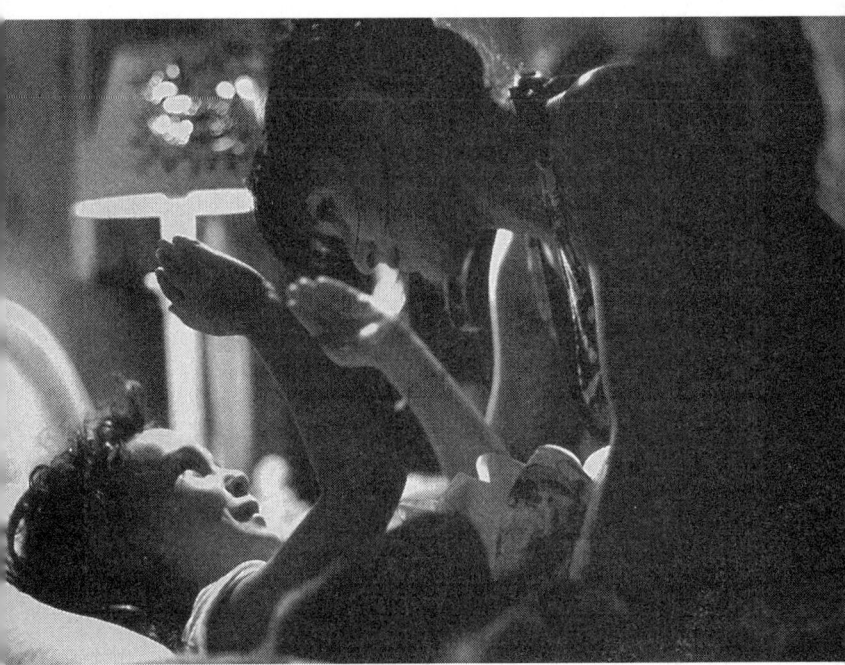

Demi und Rumer in ›Striptease‹ (1996)

was ich kommentieren müsste. Es ist, wie es immer war: Wir machen weiter, es ist großartig, unser Leben wird reicher, wir freuen uns an dem, was wir haben, und an unserer Familie.« (Udovitch)

Dennoch fehlt im Leben von Demi Moore, abgesehen von neuen Erfolgen an der Kinokasse, nicht etwa ein Freund, von denen sie nach eigenen Aussagen kaum welche besitzt, sondern ein viertes Kind, genauer gesagt ein Sohn. »Wissen Sie, was ich brauche?«, erklärte sie einem Journalisten. »Ich brauche einen Sohn, so dass ich einen Jungen habe, der mich so anbetet wie die Mädchen Bruce. Dann könnte ich sagen, dass ich einen richtigen Freund hätte.« (Udovitch)

Demi Moores Streben nach Anerkennung über den Rahmen ihrer Familie hinaus aber machte sie zu einer einsamen Frau in Hollywood, einsam an der Spitze, zumindest was ihre Gagen betrifft. All ihr berufliches Streben dient letztlich der Anerkennung. Deshalb hat sie angefangen, einige ihrer Filme selbst zu produzieren, die Kontrolle zu übernehmen und zu bewahren. Doch immer wieder begegnet sie dabei dem Misstrauen der Presse, die nicht ihre künstlerischen Leistungen würdigt, sondern nur auf ihre nächste Überraschung wartet, um sie anschließend genüsslich zu kritisieren. Vermutlich ist es die Sicherheit ihrer Familie, die Demi Moore den Gegenwind aushalten lässt, den sie allerorten spürt. Ihre vielfältigen Aktivitäten privater und beruflicher Natur, darunter zusammen mit Ehemann Bruce die Beteiligung an der Restaurantkette »Planet Hollywood«, miteinander zu koordinieren, bedeutet das Schließen zahlreicher Kompromisse, ohne zuviel an Eigenständigkeit aufgeben zu müssen. In gewisser, sicherlich privilegierter Weise lebt Demi Moore die Existenz einer modernen, emanzipierten Frau vor, die ihre beiden Lebensbereiche miteinander verbindet, ohne Abstriche machen zu müssen. Beruf und Familie sind ihr gleichwertig, wobei das eine ohne das andere in dieser Form kaum möglich ist. Wenn Demi Moore kurz nach ihren Geburten wieder mit ihren Fitnessübungen begann und für ihre Töchter jeweils ein Kindermädchen engagierte, so mag dies gefühlskalt wirken, doch ist es in Wirklichkeit nur der Ausdruck ihres überstarken Willens, ihre hart erkämpfte Position in der Filmindustrie beizubehalten. Und ohne ihre Familie wäre dies kaum möglich.

F wie A FEW GOOD MEN
(Eine Frage der Ehre, 1992)

Dieser Film war ein schwieriges Unterfangen. In mehrfacher Hinsicht. So war die Vorlage ein Bühnenstück, bedeutete also überwiegend Dialoge und keine Action. Die Starbesetzung mit Tom Cruise (geschätzte zwölf Millionen Dollar Gage), Jack Nicholson (vermutlich fünf Millionen Dollar) und Demi Moore (zwei Millionen) trieb das Budget in die Höhe von 40,9 Millionen Dollar, woran Regisseur Rob Reiner mit geschätzten fünf Millionen Dollar Honorar noch zusätzlich beteiligt war. Ein schwieriges Unterfangen auch, weil es für die Produktionsfirma Castle Rock, deren Mitinhaber und treibende Kraft Reiner war, ums Überleben ging. Ein Erfolg wurde dringend benötigt. Sicher war dieser nicht, schränkten die Themenbereiche »Militär« und »Gericht« doch die Auswertung ein. Nach monatelangen Drehbuchbesprechungen zwischen Reiner und dem jungen Aaron Sorkin, dem Autor auch des Theaterstückes, ging der Film endlich in Produktion und wurde tatsächlich der erhoffte und benötigte, dennoch aber irgendwie überraschend große Erfolg.

Für die Rolle der ehrgeizigen, wahrheitssuchenden Militäranwältin JoAnne Galloway waren zahlreiche Hollywood-Topstars im Gespräch gewesen. Elizabeth Perkins, Nancy Travis, Penelope Ann Miller und Michelle Pfeiffer wurden neben anderen in Betracht gezogen. »Wir unterhielten uns über Michelle Pfeiffer«, erinnerte sich Jane Jenkins, die für die Besetzung verantwortlich zeichnete, »waren aber der Meinung, dass, wenn man zwei der schönsten Menschen zusammenbringt, das Publikum enttäuscht wäre, gäbe es keine Liebesgeschichte.« (Biskind)

Auch Demi Moore hatte sich brennend für die Rolle interessiert, wollte sie doch ihren völlig missratenen Ausflug ins Komödienfach (NOTHING BUT TROUBLE) vergessen machen und endlich in einem Film mitspielen, der das Prädikat »A-Klasse« aufwies. »Ich war etwa siebeneinhalb oder acht Monate schwanger, als ich für die Rolle vorsprach. Ein oder zwei Monate später rief mich Rob an und sagte, dass ich sie bekäme«, schilderte sie jene Zeit und beschrieb ihr Verständnis der Figur: »Für mich ist ein wichtiger Bestandteil der Rolle, gegen das Stereotyp dieser Art von Frau anzuspielen, welches anal, eindimensional ist. Es geht darum, ihre Menschlichkeit herauszufinden.« (Biskind) Gerade dieses Bestreben empfanden viele Kritiker als zwiespältig und nur halb gelungen. Viele hielten die Rolle ohnehin für überflüssig und hätten eher eine männliche Besetzung erwartet, zumal es im Film keine romantische Verwicklungen gab.

Am Anfang ist der soldatische Drill zu sehen, marschierende Soldaten, Kommandos. Dann wird ein Soldat im Schlaf überfallen, sein Mund wird zugeklebt, wenig später erstickt er an seinem Blut. Ein Fall für die Militärgerichtsbarkeit, die die Affäre schnell und unauffällig bereinigen will. Aus diesem Grund wird der junge Lieutenant Daniel Kaffee (Tom Cruise), Sohn eines berühmten Anwaltes, mit der Verteidigung der beiden angeklagten Soldaten beauftragt. Kaffee hat einen Ruf als geschickter Verhandler, der seine Fälle durch Abmachungen mit dem Ankläger schon erledigt hat, bevor sie vor den Richter kommen können. So soll es auch hier geschehen, doch die ehrgeizige Militäranwältin JoAnne Galloway (Moore), als Aufseherin für den Fall vorgesehen, packt Kaffee an seiner Ehre und drängt ihn zu weiteren Recherchen. Sie will die Wahrheit herausfinden, glaubt sie doch, dass die beiden Soldaten nicht verantwortlich gemacht werden können, weil sie nur einem Befehl gehorchten. Denn der getötete Soldat hatte sich in zahlreichen Briefen über Missstände in seiner Truppe beschwert und um Versetzung gebeten.

Der Leiter des Stützpunktes von Guantanamo Bay auf Kuba, Schauplatz der Tragödie, ist Colonel Jessep (Jack Nicholson), ein Soldat und Schleifer der alten Schule. Gegen den Rat seines Adjutanten Lieutenant Colonel Matthew Markinson (J. T. Walsh) befiehlt er dem ehrgeizigen, sadistischen Lieutenant Kendrick (Kiefer Sutherland) die Anwendung des »Code Red«. Dabei handelt es sich um eine inoffizielle Disziplinierungsmaßnahme innerhalb der Truppe, die einem absurden Kodex folgt, den Jessep etabliert hat und gnadenlos durchexerziert: Einheit, Gott und Vaterland. JoAnne ist entschlossen, Jessep auf seinem Stützpunkt zu vernehmen, was ihr nicht den Beifall ihrer Vorgesetzten einbringt, denn Jessep ist Kandidat für den Nationalen Sicherheitsrat. Doch sie lässt sich von ihrem Vorhaben nicht abbringen und überzeugt auch den uninteressierten Daniel.

Auf Wahrheitssuche: Demi Moore und Tom Cruise in ›A Few Good Men – Eine Frage der Ehre‹ (1991)

Demi Moore spielt ihre Figur mit einer durchaus ansprechenden und überzeugenden Mischung aus Kühle und Engagement. Ihr nie zu unterdrückender Sex-Appeal wird zwar durch die weiße Uniform beeinträchtigt, doch nicht verborgen. So liegt es an Demi Moore, dagegen anzuspielen, was ihr mit Bravour gelingt.

Gemeinsam mit Daniel und dessen Freund und Assistenten Sam Weinberg (Kevin Pollack) fährt JoAnne nach Guantanamo Bay, um herauszufinden, ob es dort einen »Code Red« gibt. Jessep erzählt ihnen natürlich nicht die Wahrheit, sondern deren genaues Gegenteil, womit der vor Ehrfurcht erstarrte Daniel sich zufrieden geben will. Doch JoAnne, der anzumerken ist, dass des Colonels abschätzige Haltung ihr gegenüber sie in Rage bringt, lässt sich nicht beeindrucken und fragt nach. Sie kommt unvermittelt zur Sache und sagt dem Colonel auf den Kopf zu, ihm nicht zu glauben. Das provoziert den alten Militär, der seine Meinung nicht mehr zurückhalten kann. Von Frauen beim Militär hält er nichts, dafür aber um so mehr von Disziplin und einem selbstverfassten Ehrenkodex. Gezielt beleidigt er mit seinen sexistischen Äußerungen die darauf wartende JoAnne.

Interessant und spannend ist in dieser Szene die darstellerische Konfrontation zwischen Moore und Nicholson, die nur auf den ersten Blick von Nicholson gewonnen wird. Natürlich obliegt es ihm, durch seinen leicht irren Blick und ein gefährliches Zischeln eine morbide Faszination herzustellen. Schurkenrollen sind für einen Schauspieler in der Regel die interessanteren Parts. Doch Demi Moore behauptet sich dagegen durch die Offenheit und Energie, mit der sie ihre Figur ausstattet. JoAnnes Hartnäckigkeit bekommt durch ihre Darstellung sympathische Züge und vermittelt ein gelebtes Verständnis für diese junge Frau, die nicht von Gedanken an ihre Karriere getrieben wird, sondern vom Ringen um die Wahrheit.

Deutlich wird bei Jesseps Ausführungen, dass jeder Soldat nur auf seinen Befehl handelt und dass es den »Code Red« tatsächlich gibt. Die beiden angeklagten Soldaten betrachten sich daher auch als unschuldig, folgten sie doch nur dem Befehl ihres Vorgesetzten Lieutenant Kendrick. Kaffee möchte den Fall abgeben. Noch nie hat er im Gericht gestanden, seine Fälle immer durch geschickte Vorverhandlungen entschieden. Doch JoAnnes Vorhaltungen und ihre Enttäuschung über sein Verhalten bringen ihn zum Umdenken. Natürlich wird er dabei motiviert durch den unausgelebten Vater-Sohn-Konflikt. Die Aufnahme des Prozesses, den zu verlieren ihm sein Freund, der Ankläger Captain Ross (Kevin Bacon), voraussagt, was seine Laufbahn ruinieren würde, soll das Mittel sein, den Vaterkomplex abzuschütteln. Das Trio bereitet in Kaffees Wohnung den Prozeß vor. Die kühle JoAnne, besessen von ihrer Aufgabe, zeigt endlich menschlichere Züge, doch einen romantischen Diskurs mit Daniel gibt es nicht.

Der Prozess besteht vor allem aus Zeugenaussagen, deren Glaubwürdigkeit es zu erschüttern gilt. Jesseps Adjutant Markinson ist indessen verschwunden, kann also nicht vorgeladen werden. Im Verteidiger-Trio kommt es zu einem Streit, als die ebenso gerichtsunerfahrene JoAnne sich zu einer unüberlegten Reaktion hinreißen lässt, die zum Nachteil der beiden Angeklagten ausgelegt werden könnte.

Demi Moore hat in den Gerichtsszenen kaum einen Auftritt, sitzt bis auf diesen Moment emotionaler Impulsivität meist still im Hintergrund. Ihre Rolle abrunden kann sie nur in den Augenblicken außerhalb des Gerichts, zum Beispiel als JoAnne Daniel abends zum Essen einlädt und mit ihm über die Chancen des Prozesses redet. Während Daniel pessimistisch ist, strahlt JoAnne einen Optimismus aus, dem sich Daniel am Ende nicht mehr entziehen kann. Demi Moore gelingt dabei der Übergang von der kalten Professionalität der Anwältin hin zum weichen, gefühlsbestimmten Engagement der Gerechtigkeit suchenden Frau ohne sichtbaren Bruch. Ihre darstellerische Ausdrucksbreite ist zu diesem Zeitpunkt, zu Anfang der neunziger Jahre, bereits sehr breit gefächert. Sicher beherrscht sie ihre schauspielerischen Mittel und weiß sie zum rechten Zeitpunkt einzu-

Das Verteidigertrio in ›Eine Frage der Ehre‹

setzen. »Sie ist in ihre Rolle geschlüpft wie in ein maßgeschnei-
dertes Kleid. Ihr Spiel ist gleichermaßen intensiv, unschuldig,
berührend und äußerst präzis. *Sie ist ein Filmstar*«, schrieb die
französische Kritik begeistert (d'Yvoire).

Der Prozess nimmt eine dramatische Wendung, als Markinson
wieder auftaucht und zur Aussage gegen Jessep bereit ist. Er
bestätigt JoAnnes Vermutungen, dass Jessep den Befehl zum
»Code Red« und dessen anschließender Vertuschung gegeben
hat. Doch bevor Markinson in den Zeugenstand tritt, nimmt er
sich das Leben. Daniel und Sam sind verzweifelt, glauben den
Prozess verloren. Doch JoAnne besitzt noch ihren Kampfgeist.
Sie schlägt vor, Jessep vorzuladen. Daniel lehnt ab, hat Angst.
Mit Tränen in den Augen verlässt sie seine Wohnung, enttäuscht
über seine Schwäche. Daniel aber entschließt sich dann doch anders, vor allem, um den Schatten seines verstorbenen Vaters
endlich aus seinem Leben zu bannen. Er weiß, dass seine einzige Chance gegen Jessep darin besteht, diesen so zu provozieren,
dass er öffentlich seine abstrusen Ehrvorstellungen und Diszi-
plinierungsmaßnahmen eingesteht. Tatsächlich bringt er Jessep
dazu zuzugeben, den »Code Red« befohlen zu haben. Während
der fassungslose Colonel noch im Gerichtssaal festgenommen
wird, werden die beiden Angeklagten zwar freigesprochen, aber
auch unehrenhaft aus der Armee entlassen.

Obgleich ihre Figur nur eine Nebenrolle war, verstand es Demi
Moore, daraus die treibende Kraft des Films zu machen. Immer
sind es ihre Auftritte, die den zögernden Daniel weitertreiben
und damit auch den Film emotional bestimmen. Die Direktheit
von JoAnne findet dabei in den klaren Augen und der physischen Dynamik von Demi Moore einen kongenialen Ausdruck.
Auch Rob Reiner war von dem Engagement und der schauspielerischen Disziplin seiner Hauptdarstellerin beeindruckt. »Sie
ist sehr bestimmt und sie ist hart. Sie ringt mit ihren eigenen Dä-
monen und ist sich des Umstandes bewusst, dass, wenn sie sie
loslässt, diese alten negativen Dinge zurückfluten werden.«
(Wilkinson)

Endlich konnte Demi Moore beweisen, dass Starstatus und darstellerische Kompetenz sich nicht ausschließen, was die meisten
Kritiker im Übrigen bei ihr bis heute annehmen. Merkwürdigerweise reagierte vor allem die amerikanische Kritik ableh-

Demi Moore ohne Uniform in ›A Few Good Men‹

nend und wollte ihr einen Erfolg nicht attestieren. Die meisten hielten ihre Rolle für überflüssig und ihr öffentlich geäußertes Anliegen, die Figur der JoAnne Galloway menschlich gestalten zu wollen, für misslungen. Für Reiner indes gewann die Figur durch Demi Moore. »JoAnne ist alles, was Kaffee nicht ist. Sie besitzt die Leidenschaft und die Kraft, die ihn in Wirklichkeit vorantreibt.« (Green)

Sicherlich war es diese Intensität, die sie auch für ihre nächste Rolle determinierte, eine zwischen zwei Männern und einem moralischen Zwiespalt hin- und hergerissene Frau in INDECENT PROPOSAL *(Ein umoralisches Angebot),* der ihre Karriere endgültig nach oben katapultieren sollte.

A FEW GOOD MEN wurde einer der größten Erfolge in Demi Moores Laufbahn und etablierte sie wohl endgültig als eine ernstzunehmende, fähige Darstellerin, die darüber hinaus zum Superstar geworden war. Natürlich lag die Hauptursache für den Erfolg von Reiners Film in der Mitwirkung von Cruise und Nicholson, was aber nicht die Bedeutung von Demi Moore für den Film schmälerte. Denn die Last für den Erfolg lag auf den Schultern aller Darsteller. »Es war wichtig, sich mit den vielen Worten vertraut zu machen, so dass sie zur zweiten Natur wurden«, schilderte Demi Moore die Arbeitsweise unter der Regie von Rob Reiner. »Es sah nicht so aus, als würden wir sehr hart arbeiten. Manchmal waren es richtige Wortgebilde. Aber wir machten eine Menge Hausaufgaben. Die Schauspieler kamen vor Drehbeginn zusammen und gingen einfach noch mal die Dialoge durch.« (Biskind)

Ein Erfolg wurde das schwierige Unterfangen auch dadurch, dass es Rob Reiner gelang, aus einem Theaterstück und den begrenzten Schauplätzen einen visuell aufregenden Film zu machen. So entschied sich der Ausstatter J. Michael Riva nicht für einen echten Militärgerichtsraum, der klein, kühl und nüchtern

Teamwork: ›Eine Frage der Ehre‹

ist, sondern für einen Neubau, der inspiriert war von den Gerichtssälen, die Anfang des Jahrhunderts errichtet wurden. Zudem gestaltete er jede Wand anders, so dass jeder Zeuge allein durch den Hintergrund bereits unterschiedlich eingeführt werden konnte. Das Breitwandformat für einen begrenzten Raum erwies sich ebenfalls als ein Gewinn für die visuelle Kraft des Films, der – trotz weniger Überraschungen in seiner Geschichte, deren Ausgang sich schon früh abzeichnet – zu den gelungeneren seiner Art zählt und gelegentlich in die Nähe des thematisch verwandten Humphrey-Bogart-Klassikers THE CAINE MUTINY (*Die Caine war ihr Schicksal*, Regie Edward Dmytryk, 1954) gerückt wird.

F wie feminin

Demi Moore bezeichnet sich selbst nicht als Feministin. Doch die Rolle der Frau in der Gesellschaft, in Hollywood und im Film beschäftigt sie seit langem. Sie gilt als knallharte Geschäftsfrau und schätzt sich selber gar nicht mal als sehr feminin ein, wobei ihre männlichen Fans sicherlich widersprechen würden. Wie der gesamte Verlauf ihrer Karriere ist auch ihre Persönlichkeit, nach eigener Einschätzung, dabei durchaus von Widersprüchen geprägt. »Ich fühle mich nicht sehr feminin. Ich habe das Gefühl, eher jungenhaft zu sein. Eine Frau zu sein, verbinde ich mit meinen Schwangerschaften und der Kraft, Leben zu erzeugen und Leben in mir wachsen zu lassen. Und vielleicht, weil ich mich mit meiner femininen Seite nicht sehr wohl fühle, benutze ich sie in meiner Arbeit und meinen Figuren. Aber im Leben tendiere ich dazu, mich in der Jungenhaftigkeit zu verstecken. Obgleich ich sehr glücklich bin, ein Mädchen zu sein (…). Es ist bequem für mich, ein wenig rau zu sein, ich war nie ein sehr mädchenhaftes Mädchen. Aber ich mag mädchenhafte Dinge, Empfindsames. Ich mag Puppen, ich mag Spielzeug, ich mag Barbies. Ich wollte, ich könnte das so ausdrücken, wie ich es wirklich fühle, denn es besitzt große Bedeutung für mich. Ich bin sehr stark ein mädchenhaftes Mädchen. Ich habe viele Freundinnen, ich unternehme viele mädchenhafte Dinge und mache Mädchenferien. Und meistens arbeite ich mit Frauen. Aber ich nehme an, ein Teil von mir fühlt, dass ich sehr verletzlich bin, wenn sich meine Weiblichkeit zeigt.« (Udovitch)

Im Zusammenhang mit ihrem mädchenhaften Gefühl ist es wohl auch zu sehen, dass sie eine begeisterte Sammlerin von Puppen ist. Daraus aber auf weibliche Schwäche zu schließen wäre verfehlt. Demi Moore zählt zu Hollywoods starken Frauen, in mehrfacher Hinsicht. Nicht selten übernimmt sie dabei eine Vorbildrolle. Etwa als sie zweimal hüllenlos für das Titelbild von *Vanity Fair* Modell stand, das erste Mal hoch schwanger. »Mit diesem Foto habe ich für alle Frauen etwas erreicht. Es ist ein Beweis dafür, dass man als Frau auch mit einem dicken Bauch kein asexuelles Wesen ist, sondern im Gegenteil hoch erotisch sein kann.« (Laubenheimer)

Demi Moore begriff dieses Foto immer als eine Aussage über

die Rolle der Frau in der Gesellschaft, vor allem aber als einen Hinweis auf deren ungerechtfertigterweise verkrampftes Verhältnis zum eigenen schwangeren Körper. Sie unterschätzte aber die Reaktion, die sie damit hervorrief: »Das hat mich nicht wirklich gestört. Es ist irgendwie typisch für Amerikas repressive Haltung der Sexualität gegenüber. Ich dachte, es sei interessant, wenn Menschen dies als pornographisch ansehen würden. Wie stellen die sich vor, werden Babys gemacht? Supermarktbesitzer hielten das Cover für zu vulgär, um es auszulegen. Aber Zeitschriften über Waffen *würden* sie verkaufen. Meiner Meinung nach ist dies viel vulgärer.« (Rhodes)

Der Puritanismus der amerikanischen Öffentlichkeit wird geprägt von Bigotterie. Denn das Bild der Frau, die sowohl Sexpartnerin ist wie auch Lebensspender, ist für Männer offenbar gewöhnungsbedürftig, hängt er doch gemeinhin an der zweigeteilten Vorstellung von der Frau als »Mutter« und als »Hure«. »Erst habe ich das ganze Getue darum gar nicht verstanden. Dann habe ich gemerkt, dass ich zwei Bilder vermischt habe, die ein Mann wohl nicht zusammen sehen will: das der Frau, die Leben schenkt, und das der Sexpartnerin«, erkannte auch Demi Moore (Reins).

Nach der Geburt provozierte sie ein weiteres Mal. Diesmal wieder schlank, »angezogen« nur mit einem auf den nackten Körper gemalten Herrenanzug – ein ironischer Kommentar auf die vielen negativen, heuchlerischen Reaktionen von überwiegend männlicher Seite, während vor allem Feministinnen sie für ihren Mut lobten.

Doch nicht allein das Bild der Frau in der Öffentlichkeit und dessen Veränderung interessiert Demi Moore. Auch die Rolle von Frauen in der männlich dominierten Filmindustrie Hollywoods zu verändern, treibt sie voran. Immer wieder, vor allem natürlich am Anfang ihrer Karriere, sah sie sich mit Sexismus und Benachteiligungen konfrontiert, ohne darauf Einfluss nehmen zu können. Die Planung ihrer Karriere war deshalb auch darauf ausgerichtet, dies zu ändern, ohne dabei die Realität aus dem Blick zu verlieren. »Ich kann hier also nicht sitzen und Ihnen sagen: ›Ich bin wirklich sauer darüber, wie ich bezahlt werde.‹ Ich kann das einfach nicht. Ich fühle mich voller Dankbarkeit, dass ich etwas mache, was ich liebe, und dafür gut bezahlt werde. Und es ermöglicht mir ein Leben, das ich mir besser nicht hätte erträumen können. Aber es ärgert mich schon, dass ein Mann einen erfolgreichen Film hat und er die Leiter hinaufsteigen wird. Sein Wert wird durch seine Gage höher angesehen. Es ist aber schwer zu wissen, wo die Schande liegt, wenn man berücksichtigt, dass das Zielpublikum hauptsächlich männlich ist, jung und alt.« (Udovitch)

Unklar ist, welches Publikum Demi Moore anspricht. Ihre weibliche Kraft wirkt bestärkend und beunruhigend. Sie teilt das Publikum und findet nur ganz selten Rollen, wie in GHOST, die die weiblichen und die männlichen Zuschauer vereinen. Ihre aggressive Sexualität in DISCLOSURE wirkte auf die Männer beängstigend, andererseits erzielte ihre physische Attraktivität genau das Gegenteil, während Frauen die beruflichen Schwierigkeiten und die Mittel, sich auf höherer Ebene durchzusetzen, nur allzu gut nachvollziehen können.

STRIPTEASE ist wiederum ein Film, in dem Demi Moore möglicherweise beide Hälften des Publikums anspricht, auch wenn der Titel mehr auf den männlichen Teil zielt. Doch in Wirklichkeit spielt sie in diesem Film einmal mehr die Rolle einer Frau und Mutter, die sich den widrigsten Umständen gegenüber durchsetzt und dabei ihre moralische Integrität bewahrt. Um überhaupt Rollen zu bekommen, die ein verändertes Frauenbild transportieren, ist Demi Moore auch Produzentin geworden. »Ich sehe Veränderungen. Zum Beispiel der Film, den ich gerade mache (als Produzentin), ›The Gaslight Addition‹. (Der Titel wurde geändert in NOW AND THEN, A. d. A.) Es ist kein großer Film, aber jemand war bereit, uns Geld zu geben, um diesen Film über vier kleine Mädchen zu machen. Geschrieben von einer Frau, produziert von einer Frau und inszeniert von einer Frau. Dann haben wir einen weiblichen Gaffer und unsere Kameracrew ist zu großen Teilen weiblich. Und das ist das Wichtigste, wichtiger als zu sagen, es gibt ein Problem. Wir wissen, dass es ein Problem gibt, also lasst es uns lösen. Für mich ist der Erfolg von anderen Frauen, von anderen Schauspielerinnen wirklich wichtig. Und je mehr ich das unterstütze, je mehr andere Frauen das unterstützen, desto größer sind die Möglichkeiten von uns allen. Ich *brauche* sie, um erfolgreich zu sein. Es ist schon komisch, aber am Ende hat es doch irgendwie mit dem

Moralisch integer: Demi Moore in ›Striptease‹

Job zu tun. In der Filmindustrie dreht es sich nur um das Einspielergebnis, und nur, wenn Frauen größere Erfolge garantieren, wird es mehr Möglichkeiten geben.« (Udovitch)

Es ist wohl sicher, dass Demi Moore auch in Zukunft weitere Tabus brechen und Grenzen überschreiten wird, immer bestrebt, die Rolle der Frau aufzuwerten. Eine Feministin wird sie dadurch nicht, zu sehr bewegt sie sich innerhalb der gesellschaftlichen Regeln und kopiert nicht selten dabei das männliche Rollenverhalten. Ihre Attraktivität bleibt davon aber unberührt, wechselt zwischen kühl kalkulierter Erotik und sentimentaler Femininität. Was Demi Moore im Grunde anstrebt, ist die Restauration von Magie und mystischer Qualität, durch die sich die Leinwand-Heldinnen von Louise Brooks bis Meryl Streep ausgezeichnet haben und weiterhin auszeichnen.

G wie Geld

Geld ist für Demi Moore sicherlich ebenso wichtig wie für andere Menschen auch. Mit dem Unterschied, dass sie mehr davon besitzt. Dennoch wurde ihr Name im Zusammenhang mit finanziellen Dingen nie genannt. Das geschah erstmals, als ihre Gage in Höhe von 12,5 Millionen Dollar für die Hauptrolle in STRIPTEASE bekannt wurde. Es war die bis dahin höchste Börse für eine Schauspielerin und rief sofort Häme und Neid hervor. Lustvoll wurde darauf verwiesen, sie bekäme diese Gage nur dafür, dass sie sich auszieht, für einen Hollywood-Star ihres Kalibers immer noch die Ausnahme.

Darauf mögen die Produzenten spekuliert haben, doch Demi Moore misst Nacktheit im Film keine große Bedeutung zu. Ihre hohe Gagenforderung resultiert aus einer anderen Erkenntnis, die bereits bei dem Einkommen ihres Mannes Bruce Willis (pro Film vermutlich mehr als 20 Millionen Dollar) beginnt. »Wenn die Filme, die ich mache, weiterhin so gut laufen und dieser Tarif (über 20 Millionen Dollar) als ›Hollywood-Standard‹ gilt, gibt es meiner Meinung nach keinen Grund, weshalb ich nicht auch eine solche Summe verlangen sollte. Ich verdiene sie ebenso wie jeder andere Schauspieler, der seinen Job macht und hart für seinen Film arbeitet. Ich weiß, dass das alles verrückt ist, dass das Geld die neue Art ist, einen Schauspieler einzuschätzen. Aber ich möchte nicht, dass dies einen Schatten auf meine Leidenschaft für diesen Beruf wirft.« (Arnaud)

Nicht bekannt ist, ob und in welchem Maße Demi Moore als Schauspielerin an den Einspielergebnissen ihrer Filme beteiligt ist. Als Produzentin, die sie immer häufiger ist, auch etwa bei ihrem Action-Film G. I. JANE, wird sie an den finanziellen Rückflüssen beteiligt sein. Bislang aber spielten die Filme, in denen Demi Moore die alleinige Hauptrolle innehatte, vor allem in den USA, keine großen Summen ein und werden wohl eher als Misserfolge gewertet, zumindest was die Kinoauswertung betrifft. Weitere Angaben über ihre finanziellen Verhältnisse beruhen meist auf Klatsch. So berichtete die *Bunte* 1995, Demi Moore besitze eine Fünf-Millionen-Dollar-Villa in Malibu , ein 2,5-Millionen-Dollar-Chalet in Idaho, ein Acht-Millionen-Dollar- und Vierzehn-Zimmer-Apartment am Central Park West sowie

Eine Million für eine Nacht: Demi Moore in ›Indecent Proposal – Ein unmoralisches Angebot‹

weitere Grundstücke und »Straßenzüge« in Hailey, Idaho, darunter einen Club, in dem Willis gerne mit seiner Band auftritt, sowie ein Kino. Bevorzugt speisen würde sie von italienischem Porzellan, bei dem der Teller 120 Dollar koste. So der Klatsch.

Sicher ist, dass Demi Moore mit ihrem Mann, Arnold Schwarzenegger und Sylvester Stallone Anteile an der florierenden, gehobenen Fast-Food-Kette »Planet Hollywood« besitzt, die nicht nur Hamburger verkauft, sondern auch Fan-Artikel. Und dies nicht mehr nur in den USA, sondern zunehmend auch in Europa, unter anderem in Paris und Berlin. 1995 erzielte die Kette einen Gewinn von 21 Millionen Dollar. Geld bedeutet für Demi Moore, die aus einfachen Verhältnissen stammt, vor allem aber zweierlei: Sicherheit und Unabhängigkeit.

G wie GHOST
(Ghost – Nachricht von Sam, 1990)

Zwei Millionen Dollar betrug ihre Gage, und das Einspielergebnis von mehr als 200 Millionen Dollar hievte Demi Moore endgültig in die Riege jener erlauchten Darsteller mit Gagen in Multi-Millionenhöhe. Etwa zur gleichen Zeit nahm ihr Mann Bruce Willis allein für eine reine Sprachaufnahme für LOOK WHO'S TALKING (*Kuck 'mal, wer da spricht*, 1989) eine Gage von vier Millionen Dollar und verdiente durch eine zehnprozentige Beteiligung an dem Einspielergebnis weitere geschätzte 14 Millionen. Doch wichtig war GHOST für Demi Moore in anderer Hinsicht. Endlich konnte sie ihr darstellerisches Talent und ihre Attraktivität an der Kinokasse beweisen. Endlich auch spielte sie in einem Film mit, der die ganze Familie ansprach und der neben seiner Leichtigkeit eine romantische Qualität besaß. »Hätte GHOST nicht diesen Erfolg gehabt, sähe es heute für mich wirklich anders aus. Es dauert nicht lange. Sicherlich genieße ich es, aber ich weiß, dass es nur ein Film ist, und so schnell es kommt, so schnell ist es auch wieder vorbei.« (Abramowitz) Von Beginn an hatte sich Demi Moore Gedanken über ihre Rolle gemacht. Sie wusste, dass sie Gefahr lief, endgültig in eine Schublade gesteckt zu werden und ein Image von Erfolglosigkeit zugeordnet zu bekommen, weshalb sie den Konflikt nicht scheute, um das Ruder zu wenden. So legte sie es von Beginn an darauf an, der Figur der Molly ihren eigenen Stempel zu verpassen.

Um ihren Charakteren eine eigenständige Note zu geben, beschäftigt sich Demi Moore zunächst mit ihrem eigenen Äußeren, das radikal zu ändern sie immer schon bereit war. Vor GHOST hatte sie hüftlanges Haar, das sie sich jetzt bis auf die Schultern zurückschneiden ließ. Eine Woche vor Beginn der Proben überraschte sie ihren Regisseur Jerry Zucker mit nochmals gekürztem Haar, der sich entsetzt zeigte. »Ich sagte, ›O Gott, was hast du *getan*?‹ Und sie antwortete: ›Ist es nicht *toll*? Ich habe es in Paris schneiden lassen.‹ Ich war darüber richtig beunruhigt, aber im Film sah es großartig aus. Es war gut, dass sie mich nicht gefragt hat.« (Abramowitz)

GHOST steht in der Tradition der romantischen Hollywood-Komödien der dreißiger Jahre. Die unvergängliche Liebe eines Paares bildet den Mittelpunkt und reicht gar bis über den Tod hinaus. Molly (Demi Moore) zieht mit ihrem Freund Sam (Patrick Swayze, um dessen Karriere es zu dieser Zeit ebenfalls nicht gut stand) in eine großzügige Loft-Wohnung. Sam ist Banker und hat in Carl (Tony Goldwyn) seinen besten Freund. Demi Moores Kurzhaarschnitt lässt sie sehr jung erscheinen und verleiht ihr eine bubenhafte Erscheinung. Dennoch strahlt sie eine unübersehbare Erotik aus, der auch Sam verfällt – vor allem beim Töpfern. Ihr weites, ärmelloses T-Shirt zeigt nicht viel, lässt aber viel erahnen. So kommt es gleich am Anfang zu einer

Erotische Töpferarbeiten: Demi Moore und Patrick Swayze in ›Ghost‹ (1990)

ungewöhnlichen Liebesszene beim Töpfern, die dennoch so zurückhaltend inszeniert wurde, dass die Familientauglichkeit des Films zu keiner Zeit gefährdet wurde.

Sam ist in seiner Bank Unregelmäßigkeiten auf der Spur. Das starke Interesse Carls für seinen Computercode zeigt schon früh, wer der Schurke in GHOST ist. Eines Abends dann, auf dem Rückweg vom Theater, als Molly gesteht, Sam heiraten zu wollen, wird dieser überfallen und bei dem Versuch, sich zu wehren, umgebracht. Während Sams »Geist« sich aus dem toten Körper erhebt, bietet die Szene Demi Moore eine erste Gelegenheit, ihr dramatisches Talent zu zeigen. Denn natürlich ist Molly entsetzt und verzweifelt. In ihrer Trauer führt sie Selbstgespräche, die der daneben stehende Sam verfolgt, ohne eingreifen zu können. Für die Schauspieler bedeutete dies, gewissermaßen aneinander vorbei zu spielen, den Partner fast zu übersehen. Den Höhepunkt der Szene bildet der Moment, in dem Molly durch Sam hindurchgeht – eine beachtliche Leistung der Tricktechniker.

Um Molly auf andere Gedanken zu bringen, lädt Carl sie zu einem Spaziergang ein. Währenddessen kommt der Mörder (Rick Aviles) in die Wohnung und beginnt eine Durchsuchung. Als Molly zurückkommt und in Gefahr gerät, steht Sam zunächst hilflos daneben. Doch dann entdeckt er seine Geisterkräfte und erschreckt die Katze, die fauchend davonspringt, was den Eindringling schließlich zum Rückzug zwingt. Sam verfolgt ihn bis in dessen Wohnung. Zufällig entdeckt er das Büro der als *Spiritual Advisor* tätigen Oda Mae (Whoopi Goldberg) und sucht ihren Rat. Die indes ist völlig überrascht, waren ihre spiritistischen Sitzungen doch immer vorgetäuscht. Jetzt aber wird sie zum Medium, zum Sprachrohr Sams, der sie zu Molly schickt. Die glaubt ihrer Erzählung zunächst nicht. Erst als sie »dito« sagt statt »Ich liebe dich«, reagiert Molly. Endlich scheint es Sam zu gelingen, Kontakt zu Molly aufzunehmen.

Für Demi Moore bedeutete dies, mit einem »Geist« zu spielen, eine ungewöhnliche Herausforderung, die sie indes recht gelungen bewältigte. Molly erzählt Carl von ihrer Begegnung mit Oda Mae. Als dieser anbietet, die mysteriöse Geschichte zu überprüfen, entdeckt Sam, dass Carl der Drahtzieher seiner Ermordung ist, um die Aufdeckung seiner illegalen Bankaktionen zu verhindern. Molly geht zur Polizei, wo man sie für hysterisch hält

Mal erschrocken, meist komisch: Whoopi Goldberg neben Demi Moore in ›Ghost – Nachricht von Sam‹

und ihr nicht glaubt. Dafür erfährt sie von Oda Maes Vorstrafen, doch sie weiß, dass Sam durch die vermeintliche Wahrsagerin zu ihr gesprochen hat. Denn nur er konnte die zahlreichen Details kennen, die Oda Mae ihr schilderte. Daher bleibt Mollys anschließendes ungläubiges Verhalten unverständlich, begründet nur durch die Unlogik des Drehbuchs. Demi Moore ließ sich in ihrem Spiel aber nicht anmerken, welche logischen Lücken die Story aufwies, blieb vielmehr ihrem von ausgeprägten Emotionen gezeichneten Spiel treu. Vielleicht ein wenig allzu häufig ist ihr tränenverschmiertes Gesicht zu sehen.

Währenddessen ist Carl im Begriff, vier Millionen Dollar im Auftrag einiger Gangster auf das Konto einer gewissen Rita Miller zu überweisen, wieder beobachtet von Sam. Anschließend besucht er die nachdenkliche Molly und versucht sie zu verführen. Der eifersüchtige Geist Sam merkt plötzlich, dass er kraft seines Willens Gegenstände bewegen kann. So verhindert er, dass die traurige, sich einsam fühlende Molly Trost bei Carl sucht. Ein Leidensgenosse erklärt ihm in der U-Bahn, dass Geister wie sie tatsächlich in das reale Leben eingreifen können, wenn sie ihre ganze Willenskraft darauf konzentrieren. Sam beginnt nun dafür zu sorgen, dass seiner geliebten Molly keine Gefahr mehr droht. Zunächst besucht er wieder Oda Mae, die inzwischen zum Medium auch für andere Geister geworden ist, die in Kontakt zu ihren Hinterbliebenen treten wollen. Er zwingt sie, als Rita Miller in die Bank zu gehen und Carls Phantomkonto aufzulösen. Das Geld allerdings muss sie Nonnen geben, die vor der Bank um Unterstützung bitten. Oda Mae braucht lange, bis sie den Scheck herausrückt.

Whoopi Goldberg macht daraus eine Szene, die einen komischen Höhepunkt im Film bildet. Überhaupt gelingen ihr die komischsten Augenblicke; sie spielt dabei bis an die Grenze zur Karikatur. Sie sorgt dafür, dass die im Grunde sentimentale, zeitweise gehörig auf die Tränendüse drückende Geschichte durch ironische Distanz konsumierbar bleibt. Nicht zu Unrecht wurde sie 1991 deshalb mit dem »Oscar« für die beste weibliche Nebenrolle ausgezeichnet.

Als Carl entdeckt, dass sein Konto leer ist, geht er verzweifelt zu Molly, die ihm ahnungslos erzählt, Oda Mae in der Bank gesehen zu haben. Zusammen mit dem von ihm gedungenen Mörder Willie versucht er, Oda Mae ausfindig zu machen. Wiederum greift Sam ein und erschreckt Willie derart, dass dieser in Panik flüchtet, vor ein Auto läuft und stirbt. Sein Geist, der sich von der Leiche erhebt, wird kurz darauf von diffus schwarzen Wesen abgeholt. Sam geht mit Oda Mae zu Molly, die von der Wahrsagerin jetzt nichts mehr wissen will, ihr nicht mehr glaubt und allein gelassen werden will in ihrer Trauer. Erst ein Penny, den ihr Sam durch die verschlossene Tür reicht, überzeugt sie wieder vom Gegenteil. Die Tränen steigen ihr in die Augen, weiß sie doch, dass Sam ganz nahe, wenn auch unsichtbar ist.

Für Demi Moore bestand wie für Whoopi Goldberg dabei die darstellerische Schwierigkeit, an dem neben ihr sitzenden Swayze vorbei ins Nichts zu spielen, was mitunter unfreiwillig komisch wirkt. Vor allem, weil sie Mollys Liebe zum Ausdruck bringen muss, die betreffende Person aber nicht wahrnehmen darf. Um diese und die anschließend folgende Liebesszene in ihrem sentimentalen Gehalt nicht zu komisch werden zu lassen, darf Sam in Oda Maes Körper schlüpfen. So können Molly und Sam, der auf einmal wieder präsent ist, obwohl es eigentlich Oda Mae hätte sein müssen, einen letzten Kuss austauschen und noch einmal miteinander tanzen. Mollys Kuss mit Sams Geist, den sie jetzt auch hören kann, treibt ihr ein weiteres Mal die Tränen in die Augen. Dann bricht der aufgebrachte Carl herein, der inzwischen die übersinnlichen Ereignisse begriffen hat und Molly als Geisel nimmt. Sam soll ihm das Geld wieder besorgen. Es kommt zum Kampf, in dessen Verlauf sich Molly als schlagkräftig und Oda Mae eher als schlagfertig erweist. Kraft Sams Wil-

Bald kommen die schwarzen Wesen: Carl Bruner mit Demi Moore in ›Ghost‹

93

len aber wird Carl durch ein Fenster geschleudert und von einer herabfallenden Glasscheibe getötet. Auch sein Geist wird von den schwarzen Wesen abgeholt. Die vor Angst zitternde Molly aber ist nun vor weiteren Nachstellungen sicher. Außerdem hatte sie ein letztes Mal Sam berühren dürfen, für den jetzt die Zeit gekommen ist, sich durch einen weißen Lichtstrahl ins Jenseits holen zu lassen.

GHOST und sein Erfolg waren kein Einzel-Phänomen. Wenige Monate zuvor war Steven Spielbergs ALWAYS in die Kinos gekommen, ebenso FIELD OF DREAMS von Phil Alden Robinson und MADE IN HEAVEN von Alan Rudolph. In all diesen Filmen geht es um den positiven Einfluss aus dem Jenseits, den plötzlich Verstorbene ausüben, die keine Zeit mehr hatten, sich von ihren Liebsten zu verabschieden. In Deutschland zählte GHOST mit annähernd vier Millionen Zuschauern zu den erfolgreichsten romantischen Geister-Geschichten. Auch in anderen Ländern machte der Erfolg auf seine drei Hauptdarsteller aufmerksam. Dabei weist die Handlung zahlreiche Lücken auf, sind die Spezialeffekte allenfalls durchschnittlich und die Geschichte insgesamt recht altbacken. Doch schien der Film die Emotionen des Publikums anzusprechen, was sicherlich gefördert wurde durch die Sensibilität von Demi Moore, die nicht nur ihren Tränen freien Lauf lassen konnte, sondern eine Verletzlichkeit zeigte, die sie zur eigentlichen Identifikationsfigur werden ließ.

Der Zuschauer konnte mit Molly fühlen, konnte ihre Ängste begreifen und ihre Ungläubigkeit nachvollziehen. Demi Moore spielte den ganzen Reigen der Gefühle, die ihre Figur durchleben musste, mit viel Einfühlungsvermögen und leisen Tönen. Sie machte aus Molly eine einfache, sogar ein wenig männliche Frau, die mehr Stärke zeigte als im Drehbuch ursprünglich vorgesehen. Moore fühlte, dass diese vom Schicksal gebeutelte Frau einfach eine innere Stärke besitzen musste, um sich gegenüber den Ereignissen behaupten zu können. Sie brachte Autor Bruce Joel Rubin und Regisseur Jerry Zucker dazu, auf Szenen zu verzichten, die diese innere Stärke Mollys durch Äußerlichkeiten ausdrückten. Demi Moore vertraute auf ihre darstellerischen Fähigkeiten, mit denen sie zu unerwarteter Nuancierung fähig war, was offenbar zuvor keiner von ihr angenommen hatte. So setzte sie sich immer wieder gegenüber ihrem Regisseur durch,

Alles Gute kommt von oben ...

der ständig versuchte, Molly verletzlicher wirken zu lassen. »Am Ende hatte sie Recht«, gestand Drehbuchautor Rubin ein. »Sie verlieh der Figur ein größeres Gespür für Dimensionen, als ich es erwartet hatte.« (Abramowitz).

»Es war gut«, erinnerte sich Demi Moore an die Dreharbeiten. »Ich schätze es, wenn jemand eine ausgeprägte Meinung besitzt. Es hält mich am Denken. Ich möchte niemanden, der einfach nur sagt: ›Wie du willst.‹« (Abramowitz)

Der anfänglich skeptische Jerry Zucker war denn auch am Ende von seiner Hauptdarstellerin sehr angetan. »Sie hat wirklich das Gefühl, den inneren Kern jeder Szene finden zu müssen. Sie muss in jedem Augenblick verzweifelt eine Begründung für das Dasein finden. Sie wird nicht eher aufhören, bevor sie nicht ihre Rolle wirklich versteht. Sie füttert sich mit Details«. (Abramowitz)

In anderen Veröffentlichungen klang diese Detailbesessenheit von Demi Moore allerdings eher nach permanenten Auseinandersetzungen zwischen Hauptdarstellerin und Regisseur, was ihr den Ruf einbrachte, schwierig zu sein. Demi Moore trieb ihren Regisseur häufig zur Verzweiflung, wenn sie nach den Gründen einer Handlung oder Geste fragte und nicht aufhörte, bevor sie eine akzeptable Antwort erhielt. Obgleich er eine bestimmte Sicht seines Films hatte, musste Zucker zugeben, durch einen Kompromiss mit Moore manches Mal gewonnen zu haben. Zwar wurde Demi Moore erst durch GHOST zum Star, doch ihr Verhalten wies bereits entsprechende Allüren auf. So verlangte sie, Presseberichten zufolge, Teammitglieder und Schauspieler-Kollegen vom Set zu verbannen, während sie mit Zucker und Rubin eine Szene diskutierte, was nicht gerade billige Verzögerungen mit sich brachte. Doch in diesem Punkt hat sie sich eine klare Meinung gebildet. »Ich weiß, dass ich dann die Kontrolle verliere, wenn ich aus einer bestimmten Szene weggehe und nicht alles verlangt oder wenigstens zum Ausdruck gebracht habe, was ich dachte. Aber ich hoffe, ich gelange nicht an den Punkt, an dem ich denke, so im Recht zu sein, dass ich mich gegenüber anderen Möglichkeiten verschließe.« (Abramowitz)

GHOST war für Jerry Zucker der erste dramatische Film und der erste in eigener alleiniger Regie. Zuvor hatte er mit seinem Bruder David und mit Jim Abrahams mehrere Klamotten gemeinsam inszeniert. AIRPLANE! (1980, *Die unglaubliche Reise in einem verrückten Flugzeug)* oder TOP SECRET! (1984) waren derbe Genreparodien und fielen durch ihre Geschmacklosigkeit auf. Dadurch hatte sich das Trio eine riesige Fan-Gemeinde geschaffen und sich als Spezialisten für zotige Gags etabliert. Spätere Erfolge waren übrigens die drei NAKED GUN-Filme *(Die nackte Kanone)*. Schauspieler-Regie war in den Filmen des Trios nicht zu entdecken gewesen, und so wurde die Realisierung von GHOST auch für Zucker eine neue Erfahrung. Demi Moore versuchte ihren Regisseur über die Notwendigkeit von Schauspielerführung aufzuklären und erklärte ihm wohl recht häufig den Unterschied in der schauspielerischen Arbeit für eine komische und eine dramatische Rolle.

»Es fällt mir schwer zuzugeben«, musste Zucker eingestehen, »dass GHOST ein viel besserer Film wurde durch ihre Anregungen, so schwierig diese auch manchmal anzuhören waren.« (Millea)

Doch es ist wohl allein dem kommerziellen Erfolg des Films zuzurechnen, dem erfolgreichsten des Jahres 1990 übrigens, dass er als »bester Film« für einen »Oscar« nominiert wurde. Ebenso schwer verständlich ist, dass neben Whoopi Goldberg – eine berechtigte Auszeichnung – Autor Bruce Joel Rubin einen *Academy Award* für das beste Original-Drehbuch erhielt, obgleich dessen strukturelle Lücken und zwanghafte Dramaturgie von den meisten Kritikern bemängelt wurden. Tatsächlich wirkt GHOST höchst uneinheitlich, mischt verschiedene Stile und Genres, schwankt zwischen Komödie, Liebesfilm und Krimi, hat von allen Bereichen einzelne Elemente, die isoliert bleiben und sich nicht zu einer Ganzheit fügen. Konsequent war nur die Leistung von Demi Moore, deren bubenhaftes Aussehen, bedingt durch die kurzen Haare, ihre natürliche Erotik um eine aufregende

Das Erfolgsteam von ›Ghost‹: Demi Moore, Patrick Swayze, Whoopi Goldberg

Variante erweiterte. Ihr gelang es, aus Molly eine wirkliche Person zu machen, deren Emotionen vom Zuschauer geteilt werden konnten. Das gelingt nicht allen Schauspielern, und auch Demi Moore erreicht dies im Grunde nur in wenigen Rollen. Ihr anschließender Film, THE BUTCHER'S WIFE, zeigte sie in einer völlig anderen Rolle, mit langen blonden Haaren, und fiel an der Kinokasse durch. Hier erzielte sie nicht mehr die Glaubwürdigkeit aus GHOST, der sie zehn Jahre nach ihrer ersten Rolle endlich zum Superstar gemacht hatte.

H wie Hollywood

Demi Moore ist nicht sonderlich beliebt in Hollywood. Man neidet ihr den Erfolg und man hat mehr Angst als Respekt vor ihr. Eine Angst, die vielleicht resultiert aus ihrem Ehrgeiz und der Besessenheit, mit der sie ihre Vorstellungen umzusetzen versucht. Immer wieder muss sie dabei gegen die Vorurteile einer überwiegend männlich beherrschten Gesellschaft ankämpfen und sich Rollenfiguren erarbeiten, die ihren Vorstellungen entgegenkommen. »Heutzutage ist die Frau in den meisten Drehbüchern nur ›das Mädchen‹. Ich möchte die Frauen in den Filmen mit Verstand und Seele. In Hollywood fehlen heute so viele Elemente für Frauen. Eine Entzauberung hat stattgefunden. Jetzt sind die Frauen in Filmen meist Vergewaltigungsopfer oder Prostituierte oder Hausfrauen. Ich möchte, dass die mystische Qualität, die Frauen besaßen, wiederkehrt. Ich möchte die Magie zurückbringen.« (Burke)

Dafür riskiert Demi Moore offenbar mit manchem Regisseur auch harte Auseinandersetzungen und hat als Konsequenz begonnen, ihre eigenen Filme kozuproduzieren. Ihr Ruf ist der einer schwierigen Schauspielerin, dazu noch die höchstbezahlte, doch getrieben wird sie im Grunde nur von ihrer Leidenschaft für den Film und dem Willen, das Bild der Frau auf der Leinwand in fast schon feministischer Weise zu verändern. »Also, ohne jetzt jemanden zu beleidigen. Aber erst einmal glaube ich nicht an das, was über mich in der Presse steht. Ich bin der Meinung, dass man sich nicht in eine Ecke drängen lassen soll. Man ist nicht nur eine bestimmte Person, sondern hat von allem ein klein wenig in sich. Ich glaube, jeder von uns hat etwas von einer großzügigen Person in sich. Und gleichzeitig kann dieselbe Person gierig, nett oder manchmal auch fies sein. Das heißt nicht, dass man ständig so sein muss. Manche sind offensichtlich auch ausgeglichener als andere. Und so glaube ich auch von mir, dass ich alle diese Eigenschaften in mir habe. Dass ich einerseits schüchtern und unsicher bin, aber gleichzeitig auch stark und selbstbewusst, was natürlich gut für eine Geschäftsfrau ist. Generell fühle ich aber eine Leidenschaft für alles, was ich tue.« (Schipprack/Zahn)

Demi Moore zählt heute zu den mächtigsten Frauen von Hollywood, auch durch ihre Verbindung mit Bruce Willis, dem Superstar. Bis sie so weit war, musste sie viel lernen, vor allem, wie man sich in den Strukturen der Traumfabrik bewegt. Die Kassenerfolge ihrer Filme sind dabei ihr gewichtigstes Argument. Sie hat das Glück, außerhalb der USA fast beliebter zu sein als in ihrer Heimat selbst. Es ist eher die Ausnahme, dass ein Hollywood-Film an den nichtamerikanischen Kinokassen mehr einspielt als auf dem einheimischen Markt. STRIPTEASE ist so ein Beispiel, das außerhalb der USA nahezu dreimal soviel in die Kassen spülte. Die Videoauswertung ist dabei noch nicht einmal berücksichtigt. Immerhin haben die Filme mit Demi Moore insgesamt mehr als eine Milliarde Dollar eingebracht; auch das macht sie bei aller Kritik oder Häme zu einer Macht in Hollywood, die einiges bewegen kann – für sich und für ihre Kolleginnen.

I wie Image

Demi Moore hat Probleme mit ihrem Image in der Öffentlichkeit. Denn es ist immer falsch. Sowohl das im Film wie das im Leben. Das sind für sie zwei verschiedene Bereiche. Ihr Image im Leben ist natürlich das interessantere, denn es beflügelt Journalisten und Leser der Yellow Press, und Demi Moore muss permanent dementieren. »Ich habe gelesen, ich hätte zweiundzwanzig Assistenten. Absoluter Quatsch. Ich habe zwei Kinder-

Ungutes Image wegen negativer Frauenfiguren? Demi in ›Disclosure – Enthüllung‹

mädchen für meine drei Kinder, eine Köchin und eine Assistentin.« (Sereda)

Ihre Versuche, schauspielerische Herausforderungen zu finden und zu bewältigen, ließen sie manches misslungene Projekt wählen, aber auch Kontroversen auslösende Filme wie INDECENT PROPOSAL oder DISCLOSURE. »Nun, es ist wirklich komisch. Als *Enthüllung* herauskam, und auch schon nach *Ein unmoralisches Angebot*, entwickelte sich so langsam ein bestimmtes ungutes Image. Als ob ich nur Rollen übernehmen würde, die sich mit einem negativen Frauenbild beschäftigen. Aber warum sollte ich mich als Schauspielerin einschränken? (…) Es ist ein merkwürdiges Phänomen. Zum Beispiel hat Jack Nicholson alle möglichen sogenannten Persönlichkeiten gespielt – einen Killer, einen Verrückten, was auch immer – und dennoch finden wir Jack alle ganz große Klasse und lieben ihn. Wenn eine Frau all diese Rollen spielen würde, ginge auf einmal das große Geschrei los – von wegen nicht politisch korrekt und was für eine Verantwortung eine Frau doch eigentlich habe. Besonders häufig kommt diese Kritik leider von Frauen.« (Schipprack/Zahn)

Dabei hat Demi Moore immer versucht, den gesellschaftlichen Wert der Frau zu steigern, besonders im Hinblick auf Schwangerschaft und weibliche Attraktivität. Ihre Aktaufnahmen auf den Titelbildern von *Vanity Fair* im August 1991 und 1992 lösten erhitzte Diskussionen aus. Allerdings nicht über Moores Anliegen, sondern über den Umstand, dass sie ein Tabu gebrochen habe. Die Öffentlichkeit sah darin einen extremen Publicitygag, der ihrer etwas stockenden Karriere 1991 wieder Auftrieb geben sollte. Doch damit tat man Demi Moore unrecht.

»Ich selbst hatte die Idee, nackt zu posieren. Ich wusste, dass dies schockieren würde, aber ich hatte große Lust, dieses fest in der Mentalität vieler verankerte Stereotyp zu zerschlagen, nach dem eine schwangere Frau nicht sexy sein kann. Ich erinnere mich, dass ich als Kind meine Großmutter in die Kirche begleitete, wo sich auch eine junge Frau aufhielt, die ein Kind erwartete. Die Leute flüsterten hinter ihrem Rücken: Wenn man in solch einem Zustand ist, sollte man nicht besser zu Hause bleiben? Ich war schockiert von diesem Verhalten. Es ist wahr, dass dieses Foto mir viele Beleidigungen eingebracht hat, aber auch

Verbindung von öffentlicher und beruflicher Rolle: Demi in ›Indecent Proposal – Ein unmoralisches Angebot‹ (1992)

Briefe von Frauen, von denen einige wichtige Posten in Hollywood bekleiden, die mir dafür dankten, dies gewagt zu haben. Das hat mich sehr bewegt.« (d'Yvoire)
Die Schlagzeilen, die Demi Moore mit ihren *Vanity Fair*-Titelbildern hervorrief, überdeckten ihre schauspielerischen Qualitäten. In Filmen wirkt sie weit weniger spektakulär, nimmt ihre Persönlichkeit der Rolle entsprechend oft bis zur Unkennt-

lichkeit zurück. Sie kann diskret wirken, dunkel, fröhlich, natürlich. Ihr gelang in ihren besseren Filmen häufig eine Authentizität, die nichts mit den Schlagzeilen zu tun hat, die man über sie verbreitet. Erst mit INDECENT PROPOSAL begannen sich ihre öffentlichen Auftritte mit den Rollen zu decken. Legte sie vorher bei der Wahl einer Rolle kaum Wert auf Provokationen und spielte auch entsprechend diskret, stellte sich der große Erfolg dadurch ein, dass sie beide Ebenen, die berufliche wie die öffentliche, miteinander in Verbindung brachte. Doch gelang es ihr, selbst in solch provokanten Auftritten wie in DISCLOSURE darstellerische Subtilität zu wahren und Nuancen in einen ansonsten recht eindimensionalen Charakter zu bringen.

Das Irritierendste an Demi Moore ist vielleicht ihre Fähigkeit, die Öffentlichkeit immer wieder zu korrigieren. Jeder Film, jede Titelseite – und davon macht sie nicht wenig – zeigt eine andere Farbe von ihr. Immer wieder überrascht sie mit einem neuen Bild ihrer Erscheinung und präsentiert eine andere Persönlichkeit. Nachdem sie durch ihre Nacktszenen in THE SCARLET LETTER und STRIPTEASE ein ähnlich narzisstisch-exhibitionistisches Bild abgab wie der Popstar Madonna, schockierte sie durch ihren kahlgeschorenen Schädel für ihre nächste Rolle als Soldatin einer Spezialeinheit. Aus der sich räkelnden, mit wohlgeformten Rundungen versehenen Frau und Mutter wurde unvermittelt eine männliche Killermaschine. Diese abrupten Wandlungen sind es, die Demi Moore immer wieder ins Gespräch bringen und ihr Image jeweils neu bestimmen.

I wie
IF THESE WALLS COULD TALK (1996)

Der Film sollte in den USA zunächst erst nach den Präsident-schaftswahlen 1996 ausgestrahlt werden, um eine Beeinflussung des innenpolitischen Klimas zu vermeiden. Abtreibung ist in den USA ein tödliches Thema, wie die Ermordung von Ärzten zeigt, die sie vorgenommen haben. 1996 war das Jahr einer Po-larisierung, die wohl noch einige Zeit die amerikanische Gesell-schaft spalten wird. Der religiöse Fanatismus rechter Kirchen-gruppen lässt zum Thema Abtreibung keine vernünftige Dis-kussion mehr zu, der Glaube pervertierte zu tödlichem Terror. Die Entscheidung von Demi Moore, in dieser aufgeheizten Pe-riode einen Film über diese Problematik zu produzieren, der zu-dem versucht, vorurteilsfrei beide Argumente – pro und contra – zu behandeln, ist durchaus mutig zu nennen. Zumal sie sich nach STRIPTEASE von dem Starkritiker Gene Siskel hatte fragen lassen müssen, wann sie wohl ihr erstes Kind vor der Kamera bekäme. Hätte er IF THESE WALLS COULD TALK gesehen, wäre ihm diese Frage wohl nicht mehr in den Sinn gekommen.

Ein Haus, drei Frauen, drei Epochen. 1952 lebt in dem Haus die verwitwete Krankenschwester Claire Donnelly (Moore), schwanger geworden nach einer kurzen Affäre. Sie kann sich nicht mit dem Gedanken abfinden, ein Kind zu bekommen, und sucht nach einer Möglichkeit zur Abtreibung. Das ist in den fünfziger Jahren auf legale Weise nicht möglich, weshalb Claire die Angelegenheit in die eigenen Hände nimmt, nachdem ein Arzt des Krankenhauses, in dem sie arbeitet, sich geweigert hat. 1974 lebt die mehrfache Mutter Barbara (Sissy Spacek) in dem Haus. Die Abtreibung ist jetzt legal, und so zieht sie die Mög-lichkeit in Betracht, nachdem sie feststellt, zum fünften Male schwanger zu sein. 1996 ist das Haus eine Studentenunterkunft. Christine (Anne Heche) ist von ihrem verheirateten Architek-turprofessor schwanger, der ihr das Geld für eine Abtreibung gibt. Als sie in der Klinik von Dr. Thompson (Cher) eintrifft, hat Christine noch einmal die Gelegenheit, die Argumente und Ge-fühle für und gegen eine Abtreibung abzuwägen.

Demi Moore und ihre Mitstreiterinnen hatten vor allem im

Sinn, die emotionale Komplexität der Entscheidung darzustellen, die immer auch von den sozialen Umständen beeinflusst wird. »Du bist diejenige, die die Entscheidung treffen und die Erfahrung durchmachen muss«, äußerte sich Cher, die selbst zwei Abtreibungen öffentlich eingestanden hatte. »Und du musst mit dieser Entscheidung anschließend leben.« (Newman) Jede der drei Hauptdarstellerinnen kannte selbst Situationen und Tragödien, die sich aus ungewollten Schwangerschaften ergeben hatten. Für Demi Moore, die Jüngste des Trios, aufgewachsen in den permissiven siebziger Jahren, war das aber alles schon Geschichte. »Ich gehöre einer Generation an, die nicht mehr weiß, wie schwierig es für Frauen wirklich war. Aber ich kann sagen, dass sich mein Wissen über den Schmerz und die verlorenen Leben gewaltig gesteigert hat. Es gibt Bücher mit Listen von Frauen, die durch eine selbst oder von einem Engelmacher vorgenommene Abtreibung gestorben sind. In den fünfziger Jahren war die Schande enorm, gleichgültig ob unter Medizinern oder in der eigenen Familie. Frauen konnten sich nirgendwohin wenden, hatten keine emotionale Unterstützung. Und wir sprechen hier von Frauen mit großer Kreativität und Intelligenz, Frauen, die eigentlich die Möglichkeit hatten. Frauen, die wir verloren haben.« (Newman)

IF THESE WALLS COULD TALK, durch die Intensität und Ernsthaftigkeit, mit der das Thema behandelt wurde, inzwischen zu einem internationalen Festivalhit geworden, suchte in seiner Inszenierung einen harten Realismus. So wird in der 1952 spielenden Episode eine Abtreibung gezeigt, bei der Demi Moore eine ganz neue Realität und Glaubwürdigkeit in ihrem Spiel gewinnt. Die Inszenierung wurde von vielen Kritikern als gewalttätiger eingestuft als alles, was Bruce Willis in seinen Filmen veranstaltet hatte. Bei der Premiere in New York wurden fünf Besucher sogar ohnmächtig. »Es tut weh zuzuschauen und schockiert die Leute offenbar«, erläuterte Demi Moore ihre Absicht. »Ich wollte die Abtreibung nicht glorifizieren. Wir wollten den Unterschied zwischen einer legalen und einer illegalen Abtreibung zeigen. Und keine von beiden ist etwas Angenehmes. Ich glaube, dass der Realismus ein wichtiges emotionales Element mit sich bringt. Ich glaube nicht – und ich hoffe, dass keiner so fühlt –, dass wir spekulativ waren. Uns gelingt es, uns in einem Maße in die Frauen hineinzuversetzen, das die Menschen so noch nicht erleben konnten.« (Newman)

Immer wieder wurde in den Besprechungen darauf hingewiesen, in welch überzeugendem Maße es den Regisseurinnen Nancy Savoca und Cher gelungen war, die Gefühle rund um die Entscheidung für oder gegen eine Abtreibung in Szene zu setzen. Nach ihrem Auftritt in STRIPTEASE, den ihr die amerikanische Kritik bis heute verübelt, überraschte Demi Moore nun erneut all diejenigen, die sie schon auf einer Karriere-Talfahrt gesehen hatten. Wieder bewies sie, mit welcher Kraft sie einen radikalen Wechsel unternehmen und ihre schauspielerische Glaubwürdigkeit zurückgewinnen konnte. Und selten spielte sie mit einer derartigen emotionalen Intensität, die den eigenen Glamour und den Sex-Appeal völlig in den Hintergrund drängte. Ihre anschließende Rolle, die eines *Navy Seal* in dem Actionfilm G. I. JANE, bedeutete einen weiteren radikalen Persönlichkeitswechsel, der es dem Publikum immer wieder schwer macht, sich auf Demi Moore festzulegen.

I wie INDECENT PROPOSAL
(Ein unmoralisches Angebot, 1993)

Nach ihrem Erfolg mit Rob Reiners A FEW GOOD MEN brachte das darauffolgende Jahr für Demi Moore einen noch größeren Erfolg. Dabei machte sie schauspielerisch keinen Fortschritt, war einfach nur schön, und dies wirklich. Allein, Schönheit reicht nicht, den Zuschauer für sich zu interessieren. Aura, Ausstrahlung und Charisma sind Eigenschaften, die aus der Darstellerin erst einen Star und aus der einfachen Frau von nebenan ein Traumwesen machen. Unter der Regie des ehemaligen britischen Werbefilmers Adrian Lyne, der seit FLASHDANCE (1983), 9$^1/_2$ WEEKS (1986) und FATAL ATTRACTION (1987) einen Namen als stilistisch vollkommener, zuverlässiger Lieferant für Mainstream-Erfolge mit kontroversem Charakter hatte, und vor der weichzeichnenden Linse des Kameramannes Howard Atherton konnte Demi Moore jenes Charisma entwickeln, das Fragen nach der Wahrscheinlichkeit der Geschichte oder der Glaubwürdigkeit der Figur einfach nicht mehr zuließ.

Diana (Demi Moore) und David Murphy (Woody Harrelson, NATURAL BORN KILLERS) sind ein verliebtes Ehepaar, das sich schon seit der Schulzeit kennt. Sie arbeitet als Maklerin, er als Architekt. Beide träumen von einem eigenen Haus am Strand und kaufen als ersten Schritt zur Wunscherfüllung ein Grundstück. Doch die Rezession sorgt dafür, dass beide ihre Jobs verlieren und plötzlich ihre Hypothek nicht mehr bezahlen können. Die Bank droht, das Grundstück zu verkaufen. Eine letzte Hoffnung sehen die beiden in Las Vegas, wo sie ihre restlichen Ersparnisse durch einen Gewinn aufbessern wollen. Während David spielt und gewinnt, streift Diana durch die Hotelboutiquen. Als sie dort Schokolade in ihrer Tasche verschwinden lässt, erregt sie die Aufmerksamkeit von John Gage (Robert Redford mit seiner verführerischen Gatsby-Eleganz), dem sie in einer anderen Boutique dann wiederbegegnet. Diana schaut sich ein aufregend dekolletiertes schwarzes Kleid an, zuckt aber angesichts des Preises von 5000 Dollar merklich zusammen, wobei sich auch eine sehnsuchtsvolle Enttäuschung in ihre weichen Züge schmuggelt. Gage will ihr das Kleid schenken, doch Diana reagiert empört: »Das Kleid kann man kaufen, mich nicht«, sagt sie und verschwindet.

David hat derweil 25 000 Dollar gewonnen, in denen sich die halbnackte Diana auf dem Wasserbett ihres Hotelzimmers räkelt. Verständlicherweise lässt sich David davon anregen. So kommt es zur Liebesszene mit Dollarnoten. Am nächsten Tag sind beide vom Glück verlassen. Sie verlieren alles, selbst ihre Ersparnisse. Als sie verzweifelt den Ausgang suchen, entdeckt sie Gage. Er bittet Diana, seine Glücksfee zu sein, wogegen David nichts einzuwenden hat. Diana ist reserviert, betrachtet die Einladung als eine andere Form der Anmache. Sie erfahren, dass Gage ein Milliardär ist, der häufiger größere Summen verliert. Auch jetzt setzt er eine Million und bittet Diana, für ihn die Würfel rollen zu lassen. Sie hat Glück und gewinnt. Gage lädt daraufhin beide in eine Hotelsuite ein, schickt Diana das 5000-Dollar-Kleid und bittet beide zum Rendezvous am Abend. Die Unterhaltung, später beim Pool-Billard fortgesetzt, dreht sich

Verliebtes Ehepaar: Demi Moore und Woody Harrelson in ›Indecent Proposal – Ein unmoralisches Angebot‹

um die Käuflichkeit. Gage bietet der elegant und sexy aussehenden Diana eine Million Dollar, wenn sie eine Nacht mit ihm verbringt. Zunächst sind beide fassungslos, doch in der folgenden Nacht bringt sie Gages Vorschlag um den Schlaf.

Demi Moore spielt Diana voll der Ahnung dessen, was die Zukunft bringt. Sie wirkt erwachsen, klug und wissend in der Rolle, eine seriöse Darstellerin auf dem Wechsel ins Charakterfach. Diana ist einverstanden, glaubt sie doch, David will es so. Denn das Geld benötigen sie dringend. Ein Vertrag, aufgesetzt von Davids Freund Jeremy (Oliver Platt), regelt die Details. Und dann entschwindet Diana samt ihrem Milliardär auch schon im Helikopter, bevor David es sich anders überlegt. Der Flug geht der untergehenden Sonne entgegen und führt auf Gages Yacht, auf der bereits alle Vorbereitungen für einen romantischen Abend getroffen wurden. Ein Pianist (Herbie Hancock) spielt auf zum sentimentalen Beisammensein. Doch Diana will sich der Stimmung nicht recht anpassen. Sie hasst Gage für sein unmoralisches Angebot und sich selbst dafür, es angenommen zu haben. Sie bleibt geschäftlich distanziert, beharrt darauf, nicht käuflich zu sein, und betrachtet den charmanten Gage mit einer Mischung aus Abscheu und Faszination.

Am nächsten Morgen ist ihr Leben verändert. David schaut skeptisch, fragt aber nicht, während Diana nur die Hoffnung hatte, ihn bei ihrer Rückkehr vorzufinden. Als beide ihr Grundstück auslösen möchten, erfahren sie, dass es von der Bank inzwischen verkauft wurde. Doch das ist nicht der einzige Grund für die nun eintretende Ehekrise. Während Diana, hübsch anzusehen mit Strohhut an der Tomatenstaude, im Garten werkelt, bedrängt David sie, endlich jene Nacht zu schildern. Diana lehnt ab, das Misstrauen wächst und steigert sich, als David in ihrer Handtasche Gages Telefonnummer findet. Diana findet inzwischen heraus, dass der Milliardär ihr Grundstück erworben hat. Er bietet ihr im Gegenzug einen Job, doch Diana lehnt wütend ab. Laut sagt sie, ihn zu hassen, doch ihre Miene spricht eine andere Sprache. Aber nicht Liebe ist es, sondern Faszination, was sie zu ihm zieht. Zumal Davids Eifersucht und sein Drängen, alles über jene Nacht erfahren zu wollen, ihre Ehe zerstört. Diana ist verzweifelt, heult vor Enttäuschung und trennt sich von ihrem Mann. Sie bekommt ihre alte Stellung als Maklerin wie-

Der Reiche und die Schöne: Robert Redford und Demi Moore

der, auch wenn das Leben aus ihr entwichen scheint. Immerzu starrt sie nur vor sich hin. Da taucht Gage auf und bringt sie, unter dem Vorwand ein Haus anschauen zu wollen, in seine Villa. Er bittet sie, dort mit ihm zu leben. Die nachdenklich gewordene Diana lehnt ab, weiß sie doch instinktiv, dass dies nicht ihre Welt sein kann.

Neben ihrer Maklertätigkeit unterrichtet Diana, um der Einsamkeit zu entfliehen, noch an einer Schule für Einwanderer. Dort erscheint eines Tages Gage im Rolls-Royce, zur hellen Freude all jener, die noch an den amerikanischen Traum glauben. Mit seinem Witz und seinem Charme erzeugt Gage ein Lächeln auf Dianas Zügen und bringt sie in Verlegenheit, muss sie doch zum ersten Male eingestehen, dass ihr reicher Verehrer nicht nur Geld, sondern auch Persönlichkeit besitzt. Sie kann seinem Charme nicht länger widerstehen und zieht zu ihm. Dennoch hegt sie weiterhin liebevolle Gefühle für David, der eines

Tages betrunken im Regen vor ihr steht. David wird sich wieder fangen und als Architektur-Dozent arbeiten. Da erreicht ihn die Nachricht, dass Diana sich scheiden lassen will. Noch einmal kommt es zu einer Aussprache. Bei einem Gartenfest, auf dem sich Diana, zuvor meist in Jeans oder Hot-Pants zu sehen, in der steifen Eleganz der reichen Society-Dame offenbar nicht sonderlich wohl fühlt. Gage muss erkennen, dass ihre Blicke zu David von allem anderen als Scheidung sprechen. Denn als David geht, steigen ihr die Tränen in die Augen.

Dem aufmerksamen Gage ist dies nicht entgangen. Und so findet er einen Weg, dass Diana ihn verlässt, weil sie sich von ihm verletzt fühlt. Auch am Ende entpuppt er sich als vollendeter Gentleman, als ein Frauenkenner, der der großen Liebe nicht im Wege stehen möchte. Edle Gefühle, von Robert Redford mit klassischer Eleganz und tränenhaftem Charme gespielt. Verklärten Blickes, in Erinnerungen versunken, nachdenklich und sentimental, macht sich Diana auf die Suche nach David und findet ihn dort, wo ihre Liebesgeschichte einst begann und jetzt erneut beginnen wird.

Die provozierende Frage, ob es unmoralisch ist, für eine Million Dollar mit jemandem zu schlafen, durchzieht zwar den gesamten Film, wird aber nie ernsthaft beantwortet. Statt dessen stilisierte Lyne daraus eine harmlose Dreiecksgeschichte, deren Glaubwürdigkeit allein schon dadurch beeinträchtigt wird, dass sich viele fragten, wer nicht mit Redford schlafen würde. Auch ohne eine Million. Ein Film wie PRETTY WOMAN lag auf der gleichen Linie, und beiden eine gesellschaftlich wichtige, moralische Kompetenz zuzusprechen, hieße Hollywood zu verkennen. Es ist sogar leicht angedeutet, zumindest im Spiel von Demi Moore, dass Gage und Diana romantische Gefühle füreinander entwickeln könnten. Worin also läge dann das »unmoralische Angebot«? Liebe wird in Lynes Film durch den Weichzeichner gesehen, Leidenschaft kommt, wie in seinen Filmen 9½ WEEKS oder FATAL ATTRACTION, erst gar nicht vor. Der Triumph der wahren Liebe zum Schluss macht aus INDECENT PROPOSAL einen höchst altmodischen und keineswegs provozierenden Film, der in eine Traumwelt entführt, wie es sie nur im Kino gibt.

Dementsprechend haben die drei Hauptfiguren etwas Irreales an sich und wirken, als stammten sie aus einer anderen Welt. Vor allem Demi Moores Spiel wirkt immer wieder abwesend, als suche sie in ihrem Geist die Erklärung für ihre Gefühle. Mit ihrem sonst eher irdischen Spiel, das sich aus realistischen Situationen und Reaktionen heraus speist, kam sie bei Adrian Lyne nicht weit. »In Las Vegas haben wir die Schwerter gekreuzt, und ich dachte: ›Mein Gott, wie lange wird *das* dauern?‹ Es war sehr hart. Aber nachdem wir uns auf eine Weise, eine Szene zu drehen, verständigt hatten, war sie eine verdammt tolle Schauspielerin. Ich glaube, sie ist sogar besser, als sie selber denkt.« (Millea)

So gelingt es ihr tatsächlich, aufwühlende Emotionen wie Liebe und Verlust auf ein Minimum an Ausdruck zu reduzieren und für sich selbst eine Art minimalistische Mimik einzuführen. Der Film wurde ein weltweiter Erfolg und etablierte Demi Moore

Der Ehemann steht im Regen: Woody Harrelson, Robert Redford, Demi Moore und Seymour Cassel in ›Ein unmoralisches Angebot‹

Ein neuer Anfang ...

endgültig unter den Topstars von Hollywood. Viele indes glauben an Redford als Ursache des kommerziellen Erfolges, doch der Streit darüber scheint müßig, denn beide strahlen eine Aura von Verführung und Romantik aus, die selten genug auf der Leinwand vorkommt. Auch Demi Moores anschließender Film, DISCLOSURE, löste hitzige, kontroverse Diskussion aus und hielt seine Hauptdarstellerin in den Schlagzeilen.

J wie THE JUROR
(Nicht schuldig, 1996)

Nach den Erfolgen mit den Verfilmungen der Justizthriller von John Grisham, etwa THE FIRM (*Die Firma*, 1993, Regie Sydney Pollack) mit Tom Cruise, THE PELICAN BRIEF (*Die Akte*, 1993, Regie Alan J. Pakula) mit Julia Roberts, Demi Moores Rivalin um den Status der bestbezahlten Hollywood-Schauspielerin, oder THE CLIENT (*Der Klient*, 1994, Regie Joel Schumacher) mit Demis Vorbild Susan Sarandon, konnte es nicht ausbleiben, dass andere ähnliche Filme folgten. In dem Roman »The Juror« (Die Geschworene) von George Dawes Green glaubte Demi Moore, die geeignete Vorlage gefunden zu haben. Außerdem bot ihr der Stoff eine klassische Mutter- und Frauenrolle, bei der Sex nur geringe, dafür Intelligenz und Persönlichkeit eine umso größere Bedeutung hatten.

Auch Mütter können sexy sein: Szene aus ›The Juror – Nicht schuldig‹ (1995)

»Es interessierte mich, die Mutter eines Zwölfjährigen zu spielen. Das passiert nicht sehr oft, weil die meisten Schauspielerinnen in meinem Alter keine Mutterrollen verkörpern wollen. Wahrscheinlich aus Angst, ihre Karriere zu verkürzen. Schließlich könnte der Eindruck erweckt werden, dass man älter ist und nicht mehr so sexy. Als ob Mütter nicht auch sexy sein könnten. Zum Glück hat sich diese Auffassung in den letzten acht Jahren erheblich zum Positiven verändert.« (Schipprack/Zahn)

Ein kleiner Junge wird Zeuge des brutalen Mordes an seinen Eltern. Er versucht sich vor den Mördern zu verstecken, vergeblich. Auch er muss sterben. Annie Laird (Demi Moore) ist alleinerziehende Mutter des kleinen Oliver (Joseph Gordon-Levitt) und Bildhauerin. Ihren Lebensunterhalt allerdings verdient sie sich mit Sekretariatsarbeiten. In der Kleinstadt, in der sie lebt, wird der Prozess gegen den mutmaßlichen Auftraggeber des anfänglichen Mordes abgehalten. Es ist der Mafiaboss Louie Boffano (Tony LoBianco). Annie wird als Geschworene berufen und nimmt dieses Amt an, ohne zu ahnen, was ihr in der Folge blühen wird. Für sie ist die Aufgabe zunächst nur eine Abwechslung vom alltäglichen Einerlei. Doch der Mob hat sie bereits auserkoren.

Der Berufskiller »Teacher« (Alec Baldwin) – »Wenn du ihn siehst, ist die Schule aus« – wird auf sie angesetzt, mit der Aufgabe, ihr psychologisches Profil zu erkunden und sie anschließend dazu zu bringen, einen eventuellen Schuldspruch der Jury mit ihrer Gegenstimme zu verhindern. Zunächst gibt sich Teacher als kunstinteressierter Makler aus, führt sie in ein Restaurant und landet fast mit ihr im Bett. Doch dann gibt er seine wahre Identität preis und beginnt, Annie mehr oder weniger sensibel psychologisch unter Druck zu setzen. Indem er sie etwa im Auto mitnimmt und auf ihren Fahrrad fahrenden Sohn zusteuert, bis sie einwilligt, für ihn zu arbeiten. Teacher installiert in ihrem Haus eine Abhöranlage und fühlt sich so nicht nur in sie ein, sondern bei einem Einbruch auch in ihre Tast-Skulpturen. Nach und nach beginnt sich der Killer in sein mögliches Opfer zu verlieben; er bewundert ihre Stärke und ahnt, dass er in ihr eine echte Widersacherin hat. Wie sie versteht er sich als »Künstler«. Um Annie weiter unter Druck zu setzen, ermordet er ihre beste Freundin (Anne Heche).

Lebensgefährlicher Lehrer: Alec Baldwin mit Demi Moore in ›The Juror‹

Die während des Prozesses vorgetragenen Fakten weisen tatsächlich einige Lücken auf, und so gelingt es Annie, die Überzeugung der Jury zu erschüttern. Louie Boffano kann nicht verurteilt werden, doch Annie weiß, dass sie weiter unter der Bedrohung leiden wird. Denn Teacher folgt ihr weiterhin, besessen von ihren Fotos, die er in seiner Wohnung aufgehängt hat, besessen auch vom Wunsch, sie zu besitzen, obgleich er sich damit gegen seine Auftraggeber stellt, die er später liquidiert. Annie entschließt sich, ihren Sohn nach Guatemala in Sicherheit zu bringen. Doch Teacher ist ihr bereits auf den Fersen, fest entschlossen, Oliver umzubringen. Aber er hat nicht mit Annies Intelligenz und Entschlossenheit gerechnet; sie unternimmt alles, um ihren Sohn zu schützen. Und so stirbt der Killer am Ende in den Maya-Ruinen durch eine Kugel aus Annies Waffe, ohne seine merkwürdige Liebe zu ihr aufgegeben zu haben.

Schauspielerisch fiel in THE JUROR vor allem Alec Baldwin auf, der wie in seinem zuvor gedrehten Film MALICE (von Harold Becker) einen doppelbödigen, dunkel faszinierenden Psychopathen verkörpert. Mit seiner (im Original) rauhen, leisen Stimme und seinen blauen Augen gelingt ihm ein gruseliger, dämonischer, zu allem entschlossener Killer, der sich einreiht in die Galerie überzeugender Schurken in Hollywoods Psychothrillern. Demi Moore gestaltet ihre Rolle der streitbaren Mutter durchaus glaubwürdig, auch wenn ihr dies einige Kritiker nicht zugestanden. Doch wird ersichtlich, dass sie ihrem Kollegen Baldwin, dem Ehemann von Kim Basinger, eindeutig den darstellerischen Vortritt gelassen hat. Ohnehin sind Schurkenrollen die dankbareren Parts. Demi Moore beschränkt sich auf wenige Gesten und Andeutungen. Sie zelebriert, für sie selten genug, einen schauspielerischen Minimalismus, der uneitel und bei einem Star ihres Kalibers eher ungewöhnlich ist. Einmal mehr ist es nur ihr Gesicht, in dem sich ihre Gefühle spiegeln, womit sie wiederum bewies, auch zu Charakterrollen fähig zu sein.

Regisseur Brian Gibson, bislang nur durch die Tina-Turner-Biografie TINA – WHAT'S LOVE GOT TO DO WITH IT aufgefallen, inszenierte mit THE JUROR einen angenehm altmodischen Thriller. Die Dialoge sind von gediegener Solidität, ebenso Dramaturgie und Geschichte, die Spannung und interessante Charaktere aufweist. Drehbuchautor war übrigens Ted Tally, aus dessen Feder bereits die aufregende Adaption des Romans »Das Schweigen der Lämmer« stammte. Gibson kennt die Regeln des Genres, variiert sie nicht, sondern setzt sie ökonomisch ein. Er bringt die Höhepunkte zur richtigen Zeit, versteht es, Actionszenen angemessen zu inszenieren, bewies aber wenig Sicherheit mit dem aufgeblasenen Ende des Films im völlig überflüssigen Guatemala. Indes – auch dieser, nicht überaus auffällige Film wurde wieder kein Erfolg. Nach THE SCARLET LETTER war es für Demi Moore bereits der zweite Film, in dem sie ihre Attraktivität an der Kinokasse nicht beweisen konnte. Der im Anschluss gedrehte STRIPTEASE sollte dies nun endlich ändern, so hoffte man.

Doch Demi Moore lässt sich auch durch Misserfolge nicht aus dem Konzept ihrer Karriere bringen. Sie verfolgt ihre eigene Planung, ohne Kompromisse. »Ich lasse mich längst nicht mehr unterbuttern«, erläuterte sie. »Meine Stärke resultiert daraus, dass ich inzwischen ganz genau weiß, was ich will. Und ich setze alles daran, mein Ding durchzuziehen. Ohne Kompromisse. Äußere Einflüsse und die Meinung anderer Leute interessieren mich nicht mehr. Außerdem habe ich gelernt, mich mit meinen eigenen Ängsten und meiner Unsicherheit auseinanderzusetzen. Auf diese Weise vermeide ich, dass meine persönliche Entwicklung stagniert.« (Orlin)

Das verleiht ihr offensichtlich die Kraft, auch über hämische und häufig ungerechte Kritik hinwegzusehen und sich nicht davon beeinflussen zu lassen. Eine Haltung, die ihr allerdings auch als Arroganz ausgelegt werden kann und gelegentlich auch wird. Demi Moore ist eine unbequeme Darstellerin, weil sie keine Scheu davor hat, Tabus zu brechen, und weil sie darauf besteht, ihren eigenen Standpunkt durchzusetzen. Solange sie in starken Regisseuren ein Korrektiv besitzt, sind die Ergebnisse gelungen. Wird ihre Macht allerdings zu groß, sind Zweifel berechtigt.

Nicht aus dem Konzept zu bringen: Demi Moore in ›Nicht schuldig‹

K wie Karriere

Schon als Fünfzehnjährige stand Demi Moore, damals noch unverheiratet unter dem Namen Demi Guynes, mit beiden Beinen im eigenen Leben. Sie lebte in einem Apartmenthaus in West Hollywood und hatte eine interessante Nachbarin, die nur zwei Jahre älter war – Nastassja Kinski, eine junge Schauspielerin auf der Suche nach der großen Karriere. Demi Moore entschied sich, ebenfalls diesen Beruf zu ergreifen. Allerdings wählte sie dazu einen ungewöhnlichen Weg, der bereits früh ein besonderes Gefühl für die Bedeutung von Marketing und Planung erkennen ließ. »Ich begann, Fragen zu stellen und herauszufinden, wie man es anstellt: Brauchst du einen Agenten? Hast du Fotos? (…) Ich wollte in keine Schauspielschule, denn ich wollte nicht, dass man mir sagt, ich sei unfähig. Ich hatte solche Angst davor, nicht gut genug zu sein, so dass ich das vermied.« (Abramowitz) Mit Sechzehn hoffte sie, ihrer Karriere einen Sprung, genauer gesagt, einen Anfang zu geben, und ließ sich für die Zeitschrift *Oui* fotografieren. Harmlose, ja fast verschämt-puritanische Aktfotos, die anläßlich ihres schlagzeilenträchtigen Films STRIP-TEASE wieder gedruckt wurden, ohne dass ein Aufschrei erfolgt wäre. Zu dieser Zeit ließ sie auch ihr linkes Auge operieren, hatte sie bislang doch geschielt und unter dem körperlichen Handikap gelitten, das sie häufig mit einer Augenbinde verdeckte. »Demi erzählte mir«, äußerte sich ihr erster Mann (und Namengeber) Freddy Moore, »dass die Menschen, als sie aufwuchs, ihr sagten, wie dumm und hässlich sie ausschaue, so schielend. Ein größerer Minderwertigkeitskomplex stammte von den Beleidigungen über ihren schielenden Blick. Deshalb ist sie, glaube ich, heute so nett zu den Menschen, weil sie sich daran erinnert, wie schlecht sie früher behandelt worden ist.« (Lavin)
Erst durch eine Operation fand sie ihr inneres Gleichgewicht und überwand ihre jugendlichen Komplexe. Das Vorbild der schönen Nastassja Kinski und der Traum von der verführerischen Glitzerwelt des Films ließen sie letztlich ihren Wunsch, Schauspielerin zu werden, in die Realität umsetzen. »Ich weiß nicht, woher das Schauspielen kam. Keiner in meiner Familie hat es jemals gemacht (…). Wahrscheinlich lernte ich, dass Schauspielerei ein gutes Mittel war, als ich zwei war. Der Um-

stand, dass wir dauernd umzogen, bereitete mich sehr gut auf dieses Geschäft vor.« (Burke)

Nach ihren Auftritten in einigen B-Filmen, MASTER NINJA (1978) und PARASITE (1981), gelang Demi Moore 1982 ein beruflicher Coup, ergatterte sie doch eine größere Rolle in der Serie GENERAL HOSPITAL. Sie spielte die Reporterin Jackie Templeton, eine Figur, die in der Serie der Rolle der Laura folgte und das romantische Element in die Krankenhaus-Serie einbrachte. Das Engagement sicherte ihr fortan ein anständiges und regelmäßiges Einkommen. Demi kaufte sich ein Haus in West Hollywood und zog mit ihrer Mutter und ihrem Bruder dort ein. Bald hatte sie auch einen Fanclub, und ihre Popularität entwickelte sich schnell, im Gegensatz zu ihrer Kinokarriere, die sich zunächst auf Drittklassiges beschränkte und nicht dazu beitrug, Selbstvertrauen zu bilden.

»Wenn du dich selbst im Grunde fühlst wie ein Stück Mist und dich auch so betrachtest und du eigentlich nichts Richtiges anzubieten hast, wirst du zu deinem eigenen schlimmsten Feind. Ich hatte sicherlich nichts, was zeigte, wie gut ich wäre, dabei aber einen gewissen Erfolg. Ich hatte die ganze Zeit das Gefühl, nur darauf zu warten, dass man entdeckte, dass ich alles vortäuschte.« (Abramowitz)

Der frühe Erfolg in GENERAL HOSPITAL und der damit verbundene Ruhm hatten indes auch ihre Schattenseiten, wie sich Freddy Moore erinnerte: »Es war wild. Es war, als wäre man hinter den Kulissen eines Films. Das, was die Kamera nicht einfing, war besser als in der eigentlichen Soap Opera. Das schockierte mich wirklich. Diese Umgebung war nichts für Demi.« (Lavin)

Das merkte Demi Moore alsbald auch selbst und verordnete sich einen radikalen Wandel in ihrem Lebensstil. Ihre Ehe war ohnehin brüchig, und künstlerische und kommerzielle Misserfolge wie BLAME IT ON RIO trugen mit dazu bei, den eigenen Standpunkt zu überdenken. Schauspielerisch überzeugte sie in jener Zeit allein als Sängerin in dem Film NO SMALL AFFAIR, doch größere Aufmerksamkeit erzielte sie damit nicht.

Instinktiv spürte sie, dass ihre Rolle in ST. ELMO'S FIRE innerhalb eines Ensembles junger, ehrgeiziger und talentierter Schauspieler, das später als Brat Pack bezeichnet wurde, für sie von enormer Bedeutung werden sollte. Es war im Grunde ihr erster Durchbruch. Doch fast hätte sie die Rolle aus eigener Schuld verloren; erst die Ankündigung des Regisseurs Joel Schumacher, sie zu feuern, veranlasste sie, eine Entziehungskur zu unternehmen. Seitdem hat Demi Moore ihr Leben und vor allem ihre Karriere fest im Griff, trotz immer wieder erfolgter Rückschläge. »Meine Karriere entwickelte sich langsam und regelmäßig. Einige Schritte vorwärts, ein Schritt zur Seite, wieder einige Schritte vorwärts. Ich wuchs vor aller Augen, und manchmal war das störend. Nun wartet jeder, ob ich wieder aus dem Rampenlicht rutsche.« (Wilkinson)

Das ist heute eher unwahrscheinlich, denn Demi Moore bewies trotz der Flops, dass sie es schaffte, als Filmstar wahrgenommen und behandelt zu werden. Ihr Erfolgsrezept ist dabei vermutlich ganz einfach. In jedem ihrer Filme und bei jedem ihrer öffentlichen Auftritte ist sie anders und überraschend, positiv und negativ. Beide Seiten gehören zu ihrer Persönlichkeit. »Wer ich heute bin, war ich noch nicht vor sechs Monaten. Das ist gut so, glaube ich. Wir sollten uns immerzu ändern. Einem Weg zu folgen, ist alles. Ich glaube nicht, dass wir jemals ans Ende kommen. Und wenn dem so wäre, wie traurig. Wie traurig, nirgendwohin mehr gehen zu können.« (Rhodes)

Ihr häufiger Wechsel des Rollenfachs ist sicherlich ein Grund für den erfolgreichen Verlauf ihrer Karriere. Schon sehr früh hat sie dabei Mutterrollen übernommen, die gemeinhin erst einem reiferen Alter vorbehalten sind. In THE SEVENTH SIGN trat sie gar selbst hoch schwanger auf und verkörperte umso überzeugender die Ängste und Hoffnungen einer werdenden Mutter. Rollen wie diese zeugen von der Intensität, mit der sie ihren Beruf ausübt, und machen einen Teil ihrer Glaubwürdigkeit aus. Ihre Wandlungsfähigkeit, vielleicht weniger im darstellerischen Ausdruck, ist letztlich das wirklich Beständige ihrer Laufbahn und wird garantieren, dass Demi Moore noch über Jahre hinweg ihre dominierende Rolle im US-Kino spielen kann.

Die Suche nach dem eigenen Ausdruck führte Demi Moore auch auf die Bühne. 1986 trat sie am Off-Broadway in einer Produktion der Circle Repertory Company auf, als Lily in dem Stück »The Early Girl« von Caroline Kavas.

Lily ist eine junge Frau, die sich inmitten der unmenschlichen Umgebung eines Saloons in einer Bergwerksstadt eine Portion

Die werdende Mutter: Demi in ›The Seventh Sign – Das siebte Zeichen‹ (1988)

Menschlichkeit bewahrt, und dies gelang Demi Moore offenbar beachtlich.

Inzwischen, seit MORTAL THOUGHTS, sucht sie auch stärkeren Einfluss auf ihre Filme zu nehmen und fungiert immer häufiger als Koproduzentin. Mit wechselndem Anspruch und unterschiedlichen Ergebnissen. Hoch gelobt wurde 1996 ihr Fernsehfilm IF THESE WALLS COULD TALK, drei Geschichten über Frauen, die sich mit einer ungewollten Schwangerschaft und der Frage nach Abtreibung konfrontiert sehen. Ihren Einfluss als Produzentin nutzt Demi Moore vor allem, um das traditionelle Frauenbild im Film zu ändern – durch anders erzählte Geschichten, wie bei NOW AND THEN, oder durch für Frauen ungewohnte Rollen, wie die einer Angehörigen einer militärischen Spezialeinheit in G. I. JANE, die es in der Wirklichkeit gar nicht gibt, aber ein herkömmlich von Männern besetztes Feld einnimmt. Sicher ist dabei nur eins: Demi Moores weitere Karriere wird noch einige Überraschungen bringen.

K wie Körper

Häufig genug glaubt man, liest man die Schlagzeilen der Presse, dass der Star-Status von Demi Moore nichts mit der Schauspielerei zu tun hat, sondern allein mit ihrem Körper. Denn es sind nicht ihre darstellerischen Leistungen, die die Presse bespricht, sondern ihr Mut, Tabus zu brechen. Tabus, die keine gesellschaftlichen mehr sind, sondern die der bigotten Filmindustrie Hollywoods. Es geht um Nacktheit auf der Leinwand, die sauber bleiben soll. Für Demi Moore kein Grund zur Reflexion. »Es sind die Erwachsenen, die überall Schlechtes sehen, nicht die Kinder. Meine Töchter waren an den Stränden von Saint Tropez, wo die Menschen ganz nackt oder barbusig sind. Ihre Reaktion war sehr natürlich. Sie fanden das schön, weil die Menschen sich gut fühlten. Sie dachten nichts Schlechtes darüber. Es ist keine Schande, nackt zu sein. Der menschliche Körper ist schön, ist etwas Natürliches. Er ist ein Teil von uns, von unserer Geschichte, von der Kunst. Es gibt nichts Pornografisches dabei. Es ist nichts Hässliches, wirklich nicht.« (Arnaud)

So hatte sie kein Problem, etwa in ABOUT LAST NIGHT, damals noch vor ihrer körperlichen Wandlung, mit ihrem Kostar Rob Lowe nackt unter der Dusche zu stehen, war es doch der Rolle angemessen. Eine Freizügigkeit, die nichts Anzügliches an sich hatte, sondern von der entspannten Haltung zeugt, die sie ihrem eigenen Körper entgegenbringt.

Die selbstkritische Einschätzung ihrer weiblichen Attribute mag vielleicht von einer gewissen, durchaus natürlichen Eitelkeit bestimmt sein, ist aber auch von Realismus geprägt. »Sicherlich ist meine Wahrnehmung meines Körpers nicht die anderer Leute, weil ich, wie jedermann, immer kleinlich bin. Es gibt weit bessere Körper, die zu haben ich mir vorstellen könnte, so wie es auch schönere Frauen gibt. Ich tendiere eigentlich eher dazu, kräftig und rundlich zu sein. Bei THE JUROR war ich vielleicht fünfzehn oder zwanzig Pfund zu schwer.« (Arnaud)

Demi Moore interessiert sich immer zuerst für die Rolle. Am Anfang ihrer Karriere war sie gezwungen, in Filmen mitzuwirken, die keinen Anspruch stellten an künstlerische Qualität. Filme wie PARASITE oder CHOICES, in denen sie auftrat, ohne wirklich bleibenden Eindruck aufs Publikum zu machen. Da war sie noch fast ein Teenager, ein wenig rundlich, aber bemüht, ihren Charakteren selbst in schwachsinnigen Drehbüchern eine gewisse Glaubwürdigkeit zu verleihen.

Ihr Körper beziehungsweise ihre Einstellung zu selbigem änderte sich erst im Lauf ihrer Karriere, nachdem sie einige persönliche Tiefen überwunden hatte. Ihr intensives Fitnesstraining und offensichtlich einige andere unterstützende Maßnahmen bescherten ihre eine Figur mit Traummaßen, auf ihre individuelle Weise ein Ausdruck von Perfektion. Denn Demi Moore ist eine gewiefte Hollywood-Expertin. Sie weiß, in welchem Maße das Äußere bei Schauspielerinnen eine Rolle spielt, und sie tut bis heute alles, um dies so attraktiv wie möglich erscheinen zu lassen. Dabei entwickelte sie ein sehr offenes Verhältnis zu ihrem Körper. »Ich finde, jede Frau sollte wenigstens einmal in ihrem Leben einen heißen Strip vor dem Spiegel hinlegen. Es ist sehr angenehm, Nacktheit bewusst zu genießen und den eigenen Körper lustvoll zu beobachten.« (Orlin)

Vielleicht unbewusst trägt sie dazu bei, im Hollywood-Starkino überfällige Mauern niederzureißen. Das bringt ihr nicht nur Freunde ein, birgt für sie selbst zudem die Gefahr, auf ein bestimmtes Image festgelegt zu werden. Doch schon immer hat sie im Verlauf ihrer Karriere bewiesen, übermächtigen Wellen rechtzeitig auszuweichen und durch neue Herausforderungen zu überraschen. Was sie zur berechenbar unberechenbarsten Hollywood-Aktrice machte.

Noch lange ist sie keine Charakterdarstellerin wie Meryl Streep, doch bleibt ihr Bestreben bewundernswert, im Rahmen ihrer Möglichkeiten – schließlich hat sie die Schauspielerei niemals erlernt – das Bestmögliche zu leisten. Dabei teilt sie mit vermutlich vielen anderen Stars die Abneigung, zuviel von sich selbst preiszugeben, sich im übertragenen Sinne zu entblößen. Schwierige Szenen, vor allem Liebesszenen, bereiten auch ihr Probleme. »Ich finde es wirklich unangenehm und störend, nackt zu sein und sich vor der Kamera zu lieben, aber es führt kein Weg daran vorbei. Wenn du mit einem anderen Schauspieler für einige Monate arbeitest, sollst du plötzlich ein intimes Verhalten mit jemandem spielen, den du eigentlich nicht kennst. Du fühlst dich wie in der High School, bei deinem ersten Rendezvous und bist übernervös.« (Burke)

Zwanzig Pfund zu schwer: Demi in ›The Juror – Nicht schuldig‹ (1995)

Bis heute hat Demi Moore das Problem, allzu schnell kategorisiert zu werden, wobei die Kategorien von Film zu Film wechseln. Nicht ändern kann sie dagegen ihre erotische Ausstrahlung und die innere Stärke, die sich dahinter verbirgt. Die Schwierigkeit, sie in handfeste Schubladen zu stecken, wird dabei nicht selten zu ihrem Nachteil gewertet. Die Kritik hat es bei anderen Stars leichter, Anspruch und Leistung, Image und Auftreten miteinander in Verbindung zu bringen. Doch exakt diese Schwierigkeit, Demi Moore festzulegen, macht den Reiz dieses Energiebündels aus, das keine Probleme hat, Grenzen zu überschreiten.

L wie Leben

Leben besteht für Demi Moore im Grunde aus zwei Polen: Familie und Arbeit. Es gelingt ihr offensichtlich wunderbar, beides miteinander zu vereinen. Ebenso wie die beiden Seiten ihrer Karriere: Erfolg und Misserfolg. Zwischen diesen beiden Polen spielt sich ihr Leben ab. »Für mich ist alles wichtig und interessant. Ich habe keinen Einfluss darauf, wenn die Menschen meine Bemühungen geringschätzen. Ich weiß nur, dass Erfolg und Reinfall allein in mir selbst liegen. Die Meinung anderer spielt dabei keine Rolle, ebensowenig der Kassenerfolg. Noch weniger beeinflussen mich die Kritiker. Weil ich weiß, dass mir die Aktivität ganz allein gehört. Die gehört mir wirklich.« (Newman)
Demi Moores Leben ist ausgefüllt. Sie ist unentwegt tätig als Schauspielerin, Produzentin, dreifache Mutter und Ehefrau eines Superstars. Das erzeugt Neugier. Man will Einblick in ihr Privatleben, den sie kaum gewährt. Wahrscheinlich vor allem deshalb, weil sich ein Teil ihres Lebens ohnehin in aller Öffentlichkeit abspielt. Es vergeht fast kein Monat ohne ein Titelfoto mit ihr oder einem Artikel über sie. »Ich stehe für einen märchenhaften Lebensstil, ein Märchen-Leben, eine Hochzeit mit einem Filmstar. Ich lebe in einem großen Haus. Ich habe eine Haushälterin und einen Koch. Und das will (die Presse) nutzen. Sie können sich nicht vorstellen, dass ich eine normale Person mit beiden Beinen auf dem Boden bin. Ich muss launisch und fordernd sein.« (Wilkinson)
Wobei für diese Bestätigung Menschen aus ihrer näheren Umgebung bis zu 150 000 Dollar für intimere Informationen angeboten wurden. Dabei geht sie mit ihren Töchtern, wie jede andere Mutter auch, am Wochenende ins Kino oder zum Pizzaessen. Die Familie spaziert am Strand entlang oder macht gemeinsam Urlaub. Ungewöhnlich für eine normale Familie ist vielleicht die Existenz von Kindermädchen, doch die Familie Willis-Moore ist eben alles andere als durchschnittlich.
Demi Moore ist sich bewusst, als Filmstar mehr ein öffentliches Leben führen zu müssen als ein privates. Angebliche Skandale, Berichte über Schwierigkeiten im Umgang mit anderen, Auftritte an der Seite von Bruce Willis, Artikel über ihr Fitnessprogramm – all das sind Bestandteile ihres Lebens, um das sie viel-

fach wohl beneidet wird, das aber auch strengen Gesetzmäßig-
keiten gehorcht. Eiserne Disziplin und die Bereitschaft, als »öffentliche Frau« selbst im Internet jedem verfügbar zu sein, cha-
rakterisierten das Leben von Demi Moore. Beneidenswert
scheint daran wenig.

M wie Moral

Moral ist für Demi Moore ein bedeutendes Anliegen. Ihr ganzer Lebensweg zeigt, in welchem Maße Geradlinigkeit und Bekenntnis zu den eigenen Werten von Bedeutung sind. Moral ist für Demi Moore ein persönliches, doch auch in wesentlichem Maße ein politisches Moment. »Dieses Land ist puritanisch bis auf die Knochen. Man ist krampfhaft darum bemüht, die Freiheit des Einzelnen einzuschränken. Wenn irgendjemand von der Norm abweicht, gehen gleich die Moralisten auf die Barrikaden. Schauen Sie sich einmal an, wie in Amerika Schwule diskreditiert werden. Und das ist nur ein Beispiel von vielen. Religiöse Fanatiker haben in unserer Gesellschaft viel zu viel Einfluss.« (Orlin)

Dieser Liberalismus in moralischer Hinsicht wird auf merkwürdige Weise konterkariert durch einen altbackenen Konservativismus in politischen Fragen. Wie ihr Mann Bruce Willis unterstützte auch Demi Moore den damaligen Präsidenten George Bush gegen seinen demokratischen Herausforderer Bill Clinton, der versprach, die soziale Gerechtigkeit wiederherzustellen, die von Bushs Vorgänger Ronald Reagan weitgehend abgeschafft worden war. »Clintons Wirtschaftsplan macht mir Angst«, äußerte sie sich seinerzeit. »Er stellt uns in eine ausweglose Situation. Sie werden reiche Leute bestrafen und sie für alles bezahlen lassen, was bei den Armen nicht funktioniert. Dieser Plan betrifft jeden, der mehr als 200 000 Dollar im Jahr verdient, was kein Reichtum mehr ist. Wir haben eine Gesellschaft, in der die familiären Werte keine Antriebskraft mehr besitzen. Es gibt Menschen, die sich mit Sozialhilfe durchschlagen, die eine bestimmte Summe bekommen, wenn sie alleinstehende Eltern sind, und je mehr Kinder sie haben, desto mehr Geld bekommen sie. Und wenn sie heiraten, bekommen sie weniger Geld, weshalb sie sich nicht sehr für die Familie als Einheit einsetzen«, vertrat sie einen ziemlich fragwürdigen Sozialdarwinismus, der vielleicht nur aus ihrer eigenen Biografie heraus zu verstehen ist (Wilkinson).

Immerhin musste sie schon als Fünfzehnjährige auf eigenen Füßen stehen und sich durchs Leben schlagen. Moral aber ist für sie auch, mit Tabus zu brechen, wie sie es mit den *Vanity Fair*-Titelbildern, ihrem Strip-Auftritt in Dave Lettermans *Late Night Show* oder dem Film STRIPTEASE unternommen hat. Und Tabu ist dabei vor allem die Verbindung von Nacktheit und feministischem Gedankengut. Dies zu wagen, das ist für Demi Moore eine Art persönlicher und politischer Moral. So lassen sich denn auch inhärente Widersprüche überdecken.

M wie MORTAL THOUGHTS
(Tödliche Gedanken, 1991)

Demi Moore wollte MORTAL THOUGHTS vor allem dazu nutzen, ihren darstellerischen Ausdruck zu erweitern; sie wollte beweisen, dass sie auch Charakterrollen zu spielen in der Lage ist, und darüber hinaus, nicht ohne Bedeutung, ihre Produktionsfirma in Aktion setzen. Durch GHOST zum Star avanciert, bei dem noch nicht entschieden war, wie lange er glänzen würde, ging Demi zielstrebig die nächsten Schritte ihrer Karriere an. Eine eigene Produktionsfirma würde ihr auf jeden Fall das gewünschte Mitspracherecht geben, das ihr die meisten Regisseure verweigerten. Als Sicherheit für die Finanziers übertrug sie ihrem Mann Bruce Willis eine Rolle, in der dieser sein Rollenfach variieren konnte und einen fiesen Macho spielt, der am Ende (von Moore) umgebracht wird. »Zwischen den Einstellungen kam Bruce zu mir«, so Alan Rudolph. »Das ist schon sehr merkwürdig, sagte er. ›Ich bin mit meiner Frau. Ich liebe sie, aber ich streite mit ihr.‹« (Abramowitz)

In dem Regisseur Taylor Hackford (AN OFFICER AND A GENTLEMAN) holte sich Demi Moore als ausführenden Produzenten einen erfahrenen Macher an ihre Seite, der ihr bei einer grundlegenden Entscheidung half. Schnell hatte sich herausgestellt, dass Demis Auffassungen über den Film nicht mit denen von Claude Kerven übereinstimmten, der das Drehbuch geschrieben hatte und hier zum ersten Male Regie führen sollte. So wurde Kerven gefeuert und in Alan Rudolph (CHOOSE ME, 1984; THE MODERNS, 1988; MRS. PARKER AND THE VICIOUS CIRCLE, 1994) schließlich ein hochwertiger Ersatz gefunden. Er machte aus der im Grunde dünnen Story doch einen tiefsinnigeren Film, was sich allerdings, wie häufig bei Rudolph-Werken, erst auf den zweiten oder dritten Blick richtig erschließt. Rudolph, ein früherer Assistent von Robert Altman, mit dem er immer wieder kooperiert, fand für MORTAL THOUGHTS eine ungewöhnliche, stilisierte Bildsprache, die sich durch ihre Farben, Spiegelungen oder die schräg gestellte Kamera definierte und ein visuelles Äquivalent zu den gebrochenen Figuren herstellte.

Ihren ersten Auftritt absolviert Demi Moore als Cynthia Kellogg in Zeitlupe. Sie ist auf dem Weg zu einer Aussage bei der Polizei. Es geht um den Tod von James, genannt Jimmy (Bruce Willis), dem Mann ihrer besten Freundin Joyce (Glenne Headly). Irgendwie wirkt sie abwesend, aber auch bestimmt. Ihre Aussage wird recht schnell zu einem Verhör, geführt von John Woods (Harvey Keitel). Cynthia erinnert sich an den Anfang des Dramas, die Hochzeit der beiden. Schon damals, erzählt sie, kam es zum Streit. Denn Jimmy ist ständig betrunken oder unter Drogen, droht Gewalt an, prügelt seine Frau tatsächlich und greift sich das Geld aus der Kasse ihres Geschäftes. Ein Kotzbrocken, wie er im Buche steht. Kein Wunder, dass der Satz »Beim nächsten Mal bringe ich ihn um« auf einmal eine Bedeutung erhält.

So versucht Joyce, ihren Mann mit Rattengift im Zucker umzubringen, was Cynthia gerade noch verhindern kann, auch wenn sie sich dafür von Jimmy sexuell belästigen lassen muss. Zunehmend aber ist sie von der Ehe der beiden fasziniert, vielleicht, weil ihre eigene mit dem Vertreter Arthur (John Pankow) erheblich langweiliger ist. Als dann eines Abends die beiden Freundinnen auf einen Jahrmarkt gehen wollen, drängt Jimmy ihnen seine Begleitung auf. Zielstrebig steuert Joyce auf einen Lastwagen zu, zum Entsetzen von Cynthia und zur Freude von James, dessen Adrenalinstoß sich alsbald aber in Gewalt umkehrt. Auf der Kirmes kommt es zu einer Prügelei zwischen James und Joyce, in die Cynthia vermittelnd eingreifen kann. Sie begleitet Jimmy zum Auto, wo dieser zusammenbricht. Cynthia gelingt es, den Betrunkenen auf die Ladefläche zu hieven. Als sie dann zurückkehrt, ist James tot.

Die beiden Frauen beschließen, seine Leiche in einem Sumpf zu versenken und alle Spuren zu verwischen. Doch die Ruhe währt nur kurz. Die Polizei bittet zum Verhör, und die beiden Frauen beginnen, sich in Widersprüche zu verwickeln. Joyce kommt in Untersuchungshaft, bittet aber Cynthia, die ihr die ganze Zeit fast willenlos gehorcht hat, weitere Spuren zu beseitigen, was diese auch tut. Sehr zum Verdruss ihres Mannes Arthur, der am liebsten die Polizei informieren würde. Als die freigelassene Joyce davon erfährt, möchte sie sofort den möglichen Verräter aus dem Weg räumen. Cynthia hat einen Streit mit ihrem Mann und wird von diesem rausgeworfen. Dann erfährt sie, dass Ar-

thur ermordet wurde. Sogleich hat sie Joyce in Verdacht, sagt aber kein Wort zur Polizei.

Hier nun setzt der intelligente Woods ein und verwickelt Cynthia in Widersprüche. Dennoch hat Woods keine Beweise gegen sie, die er inzwischen als die eigentliche Täterin vermutet. Er muss sie gehen lassen. In ihrem Auto sitzend, lässt Cynthia noch einmal die Ereignisse jener verhängnisvollen Nacht an ihrem inneren Auge vorbei passieren. Tatsächlich hat sie James das Messer in den Hals gestoßen, als dieser sie auf dem Kirmes-Parkplatz vergewaltigen wollte. Anschließend hat sie ihn dann mit Joyce in den Sumpf geworfen, die darin eine Möglichkeit sah, sich ihres Peinigers zu entledigen. Nachdem einige Tränen das kraftlose Gesicht heruntergelaufen sind, geht Cynthia zurück ins Polizeirevier, wo Woods schon auf sie wartet.

Eindrucksvoll an diesem Film sind nicht die Szenen der Handlung, in denen sich das Leben der beiden Freundinnen abspielt.

Im Verhör: Szene mit Harvey Keitel

Eine höchst disziplinierte und einfühlsam agierende Demi
Moore zeigen dagegen die immer zwischengeschnittenen Ver-
hörszenen, in denen Harvey Keitel ihr Gegenüber ist. Schon
früh sind die Widersprüche zu erkennen und ihre Lügen zu
spüren. All das spielt sich im Gesicht von Demi Moore ab, das
frei und weiß wirkt wie eine Leinwand. Die langen Haare sind
ihr aus dem Gesicht gekämmt, durch eine Dauerwelle in Form
gehalten. Bewusst sieht sie aus wie eine Vorstadt-Friseuse, bei
der Lockenwickler und Haarfestiger zur Grundausstattung gehören, denn Cynthia und Joyce sind tatsächlich Friseusen. Dieser Kniff aber legt die Gesichtszüge frei wie eine leere Seite, die
sich immer wieder mit neuen Buchstaben füllt. Demi Moore
spielt auch hier minimalistisch, ihre Augen drücken Angst, Wut,
Enttäuschung, Unsicherheit, Überlegenheit und Verwirrung
aus. Sie wirkt entschlossen und dann verzweifelt. Sie scheint ver-
schlagen, doch dann naiv. Demi Moore benötigt zu dieser Vielfalt an Gefühlen keine theatralischen Mittel.

Alan Rudolph, der aus seinen Schauspielern in der Regel ungewöhnliche Leistungen herausholt, sie dabei aber immer seinem ästhetischen Konzept unterwirft, war denn auch beeindruckt von seinem Star. »Sie ist wie eine wunderschöne Ballerina, die auch Kickboxen und dreckige Sprüche klopfen kann«, beschrieb er Moores darstellerische Bandbreite (Abramowitz). Ungewöhnlich in ihrer Darstellung ist ihre Neutralität der Figur gegenüber. Schließlich handelt es sich bei Cynthia um eine Mörderin, doch Moore lässt weder Antipathie noch Sympathie erkennen. Vielleicht wurde der Film deshalb nicht der erhoffte Erfolg. Die Distanz zu den Figuren wird auch von ihren Darstellern bewusst nicht verringert. Sie verkörpern keine Charaktere, sondern zeigen nur Bilder. Meisterhaft zwar, doch auch leblos.

›Tödliche Gedanken‹

N wie NO SMALL AFFAIR
(Eine starke Nummer, 1984)

Noch war nicht klar, dass der Stanley-Donen-Film BLAME IT ON
RIO an den Kinokassen durchfallen würde, da hatte Demi
Moore bereits eine beziehungsweise die erste Hauptrolle über-
tragen bekommen. Regie führte ein nicht weniger erfahrener
und bewährter Regisseur, Jerry Schatzberg, der sich vor allem
durch das Drogen-Drama PANIC IN NEEDLE PARK (1970) einen
guten Ruf erworben hatte. Schatzberg bewies bei der Besetzung
ein Gespür für kommende Stars. So sind Tim Robbins (THE
PLAYER, THE SHAWSHANK REDEMPTION) und Jennifer Tilly
(BOUND) in frühen Auftritten zu sehen sowie in der Hauptrolle
der junge Jon Cryer, ebenfalls einer der interessantesten Schauspieler seiner Generation, der sich den Zwängen des Starsy-
stems nie auslieferte und daher auch nicht zum großen Star
avancierte.

Jon Cryer spielt den sechzehnjährigen Charles Cummings, den
vereinsamten Sohn einer exaltierten und oberflächlichen, aber
reichen Mutter (Ann Wedgeworth), der einer Passion folgt, dem
Fotografieren. Nur, dass er keine Menschen ablichtet, sondern
Landschaften oder Gebäude. So wie eines frühen Morgens einen Kai am Meer. Plötzlich erscheint die wild streitende Laura
(Demi Moore) mit ihrem Freund und tritt in sein Motiv, ein of-
fensichtliches Energiebündel im Dress einer Rockerin, auffallend durch ihre Attraktivität. Dann ist sie auch schon wieder
verschwunden. Charles, der keine Menschen zu mögen scheint,
ist sauer. Auch in seiner Schule bleibt er ein Außenseiter, interessiert sich weder für die Aktivitäten seiner jünger wirkenden
Altersgenossen noch für die Avancen seiner Mitschülerinnen.
Charles, der die wechselnden Liebhaber seiner Mutter mit ironischer Skepsis zur Kenntnis nimmt, hat offenbar kein Interesse
am anderen Geschlecht und konzentriert sich vielmehr darauf,
8000 Dollar für eine Europareise zu sparen. Doch dazu muss er
Menschen porträtieren. Lust dazu bekommt er, nachdem er eine zufällig gemachte Aufnahme von Laura riesig vergrößert
und, fasziniert von ihrer Schönheit, an seine Wand heftet. Jetzt
bekommt seine fotografische Leidenschaft ein Ziel: Laura.

Charles' älterer Bruder Leonard (Peter Frechette) kommt mit seiner neuen Freundin Susan (Elizabeth Daily) zu Besuch und kündigt überraschend seine Hochzeit an. Leonard hat offensichtlich eine bewegte Vergangenheit als Frauenheld, was ihn in den Augen seiner Mutter begreifbarer macht als den verschlossenen Charles. Um diesen dem seiner Ansicht nach wahren Leben näher zu bringen, schickt Leonard ihn in eine Bar, die allerdings nicht den erwarteten Striptease bietet, sondern eine Rock'n'Roll-Band. Der zunächst unsichere Charles entdeckt überrascht Laura als deren Sängerin und beginnt, sie zu fotografieren. Seine besessene Art, Fotos zu machen, stört andere Besucher. Der Manager erscheint und will ihn rausschmeißen. Es kommt zu einer Schlägerei. Wie der Abspann verrät, singt Demi Moore nicht selbst, doch sie bewegt sich mit Rhythmus und Kenntnis von Gestik und Mimik einer Rocksängerin.

Am nächsten Tag will Charles ihr seine Fotos in die Bar bringen, wird aber Zeuge eines Streits zwischen Laura und ihrem Gitarristen, der ihr gerade eröffnet hat, die Band verlassen und in Los Angeles als Studiomusiker arbeiten zu wollen. Barbesitzer Jake Willis (George Wendt) kündigt daraufhin an, eine neue Band zu suchen. Inständig bittet Laura ihn, ihr Engagement zu verlängern, notfalls auch ohne Gage. Doch Willis lehnt zunächst ab. Deprimiert fährt Laura in das Aquarium des lokalen Zoos, gefolgt von Charles, der ihr seine Fotos gibt. Ihre erste richtige Begegnung verläuft anders als Charles sich erhofft hatte, denn Laura ist ein Nervenbündel und bedrückt, weil ihre Karriere schon zu Ende ist, bevor sie richtig begonnen hat. Außerdem fühlt sie sich von Charles belästigt, diesem aufdringlichen Schüler, der sie nicht in Ruhe lassen will mit seinen Fotos. Dabei hat sie ganz andere Probleme, von denen ein Sechzehnjähriger natürlich nichts versteht, wenn er ihr anbietet, von ihr eine Fotoserie zu machen. Demi Moore trifft in diesen Szenen durchaus einen angemessenen Ton, überzeugt durch Sensibilität und Ausdruck. Allerdings kämpft ihre Darstellung mit einem Problem, an dem sie keine Schuld hat: Ihre Schönheit überstrahlt ihre schauspielerische Leistung.

Und diese zeigt sich im gesamten Film, in dem sie einige Male so authentisch wirkt, als kenne sie die Probleme ihrer Figur sehr genau. Was nicht weiter überraschend wäre angesichts ihrer damaligen Ehe mit dem nach Erfolg suchenden Rockmusiker Freddy Moore.

Vor seiner Hochzeit besucht Leonard mit Charles seinen letzten »Junggesellenabend«. Der Hauptpreis der wilden Männerparty ist eine Prostituierte für Leonard. Doch dafür muss das Apartment geräumt werden. Charles bringt die ganze Partygesellschaft zunächst in den Club, in dem Laura noch auftritt. Er animiert die betrunkenen Freunde seines Bruders zu stürmischem Applaus, was den Barbesitzer Jake erstaunt, kannte er diese Begeisterung für Laura bislang nicht von seinem Publikum. Später dann schickt Leonard die Prostituierte in Charles' Zimmer, dessen »Angst« sich deutlich bemerkbar macht. Die verständnisvolle Prostituierte aber kann Charles die Angst vor dem ersten Mal nehmen, das Charles sich jetzt, wo er sich bereits in Laura verliebt hat, umso sehnlicher herbeiwünscht. Doch da platzt seine Mutter ins Zimmer und zerstört das erste sexuelle Erlebnis ihres Sohnes.

Vor der Schule wartet Laura, attraktiv und fordernd, auf Charles, ist »bereit« für ihn und seine Fotos, was dessen Mitschüler, allen voran der halbstarke, aber debile Nelson (Tim Robbins) voller Bewunderung als sexuelles Rendezvous falsch verstehen. Charles kommt zu Laura in deren Wohnung und findet sie deprimiert vor, weil Jake sie inzwischen durch eine andere Band ersetzt hat. Doch dann lässt sie sich durch Charles' kindliche Begeisterung mitreißen und willigt ein, als Fotomodell zur Verfügung zu stehen. Es folgt eine Fotosession, die wirkt wie ein Ausflug frisch Verliebter. Der Altersunterschied der Figuren ist kaum noch wahrzunehmen, zumal die Schauspieler ohnehin annähernd gleichaltrig sind. Die bei der Session geschossenen Fotos werden als Zwischenschnitte verwendet und zeigen eine überaus attraktive und fotogene Demi Moore, die – wie es später ja auch der Fall sein sollte – jedes Titelblatt zieren kann. Die Schönheit ihres Gesichts ist in der Tat frappierend und war in dieser noch jugendlichen Unversehrtheit in keinem ihrer anderen Filme mehr zu sehen. Demi Moore erscheint in diesen Aufnahmen als eine Traumfrau, nur scheinbar unnahbar, dennoch fern jeder Wirklichkeit. Ein Image, das einige der Medien von ihr Jahre später schaffen würden.

Charles und Laura haben nach der aufheiternden Fotosession

Appetit, aber kein Geld. Laura hat ihre Energie wiedergefunden und kennt eine Lösung. Sie tauscht ihre Jeans gegen ein Kleid und schon schleichen sich beide auf eine Hochzeitsfeier, wo sie gut essen und sich allmählich betrinken. Dennoch ist Laura auf einmal wieder verbittert, weil sie nicht die klare Lebensplanung hat wie Charles, der mit seinen ersparten Dollars nach Mailand möchte. Während Laura auf der Toilette ist, bittet der Brautvater Charles um Begleichung der Rechnung. Dieser weiß zunächst nicht, wie er reagieren soll, findet dann aber eine Lösung. Er schlägt vor, dass Laura singt. Widerwillig lässt sich diese darauf ein und begeistert dann die ganze Hochzeitsgesellschaft mit einem sentimentalen Evergreen. Eine Flasche Champagner aber verdeckt nur die Traurigkeit, die sie überfällt, als sie wieder in ihrer Wohnung ist. Gekonnt spielt Demi Moore eine nachdenkliche Melancholie, die sich langsam in Verzweiflung über die eigene Erfolglosigkeit wandelt. Ihr Spiel kommt dabei ohne mimische Übertreibungen aus und variiert geschickt emotionale Nuancen. Das zeigte schon früh, wie bedeutsam für ihre darstellerische Leistung ein Regisseur ist, der versteht, mit Schauspielern umzugehen.

Am Morgen wird Laura durch seltsame Anrufe geweckt. Auf der Straße scheint jeder sie zu kennen, was sie sehr verwundert. Dann sieht sie den Grund für ihre unerklärliche Bekanntheit. Jedes Taxi fährt ihr Foto und ihre Telefonnummer durch die Stadt. Charles hat deren Werbeflächen mit seinen Ersparnissen gekauft und sie mit Lauras Bild belegt. Wütend holt diese ihn aus dem Unterricht. Sie ist stinksauer und lässt ihn auf der Straße stehen. Doch ihre schlechte Laune legt sich, als sie erfährt, dass Charles fast sein ganzes Geld für diese Aktion verbraucht hat und damit seinen Reisewunsch nicht mehr erfüllen kann. Gerührt sucht sie ihn, ohne ihn zu entdecken. Zurück in ihrer Wohnung findet sie die Fotos ihres Auftritts vor der Hochzeitsgesellschaft. Sie sieht die glücklichen Gesichter ihrer Zuschauer und entnimmt einem Brief von Charles, wie sehr dieser an ihr Talent glaubt. Das macht sie nachdenklich. Demi Moore, hier noch mit einem sehr runden Gesicht, in dem das Leben noch keine Spuren hinterlassen hat, wirkt in diesen Szenen überraschend blass. Wenig spielt sich ab in ihrer Mimik und Gestik, als stünde sie emotional außerhalb der Szene. Ihre darstel-

Die junge Rockerlady: Demi Moore in ›No Small Affair – Eine starke Nummer‹ (1984)

lerischen Mittel, die zuvor von Vielseitigkeit zeugten, kommen hier kaum zum Einsatz.

Jake, der Barbesitzer, taucht bei Laura auf. Er bringt einen Artikel über Charles' Aktion mit und will sie wieder für seinen Club engagieren, denn plötzlich ist sie begehrt. Das abendliche Konzert ist ausverkauft und das Publikum begeistert. Denn Laura singt keinen Rock mehr, sondern einen sentimentalen Schmusesong. Den Zuhörern gefällt eine weiche Laura besser als eine rockende, auch wenn Demi Moore ihre Schmusesängerin mit allzu expressiven Gesten und Gefühlen überzieht. Laura, froh über ihren gelungenen Registerwechsel, läuft nach dem Erfolg zu Charles und hinterlässt ihm eine Nachricht. Denn Charles ist nicht zu Hause, sondern liegt betrunken auf der Straße, wo ihn Leonard findet.

Der Tag der Hochzeit. Charles findet Lauras Nachricht und rennt zu ihr, glaubt er doch, sie sei in ihn ebenso verliebt wie er in sie. Doch ihre Nachricht hat eine andere Bedeutung. Laura eröffnet dem fassungslosen Charles, der Karriere wegen nach Los Angeles zu gehen, wo sie ein Angebot hat. Der enttäuschte Schüler hat sich nicht vorgestellt, nur der beste Freund zu sein, und macht ihr Vorwürfe wie ein verlassener Ehemann. Laura beginnt zu weinen. Doch dann versöhnen sich beide, und Charles gelangt an das Ziel seiner Träume. Er landet mit Laura im Bett, wo die Erfahrenere die Führung übernimmt. Am nächsten Morgen begleitet Charles Laura zum Flughafen. Die letzten Küsse, ein Abschied, der erahnen lässt, dass es kein Wiedersehen geben wird. Noch am Flughafen trifft Charles seine Mitschülerin Mona (Jennifer Tilly), die schon früher ein Auge auf ihn geworfen hatte. Zum ersten Male nimmt er sie wahr. Er wird wohl endlich erwachsen.

Demi Moore, die in diesem Film nicht selbst singt, ist insgesamt durchaus überzeugend. Glaubhaft wechselt sie die Kostüme und mit ihnen ihr Verhalten. Mal Rockerlady, mal Hippiemädchen, mal elegante Dame – ihr attraktives Äußeres passt sich unterschiedlichen Stilen und Designs an. Dennoch bewahrt sie dabei immer eine eigene Note, hat aber noch nicht die dominante Persönlichkeit, die sie später auszeichnen sollte, besitzt allerdings unverkennbar eine Individualität, die ihre gelegentlichen darstellerischen Unsicherheiten durch Versatilität ausgleicht. Zwar wurde auch dieser Film kein Erfolg, doch die Kritiker erkannten Demi Moores schauspielerische Anstrengung und ihr Bemühen, ihre Rolle mit Leben zu füllen und dabei Klischees zu vermeiden. Vielleicht nicht in allen Szenen sicher, so zeigt sie doch in ihrer ersten ernstzunehmenden Rolle ein erstaunliches Einfühlungsvermögen, das die Figur der Laura menschlich und deren Verhalten und Gefühle nachvollziehbar werden lässt.

Für Demi Moore muss die Mitwirkung an diesem Film, zumal unter einem renommierten Regisseur wie Jerry Schatzberg, endlich ein Schritt hin zu einer Karriere gewesen sein, deren Filme inhaltlichen Anspruch und schauspielerische Forderung vereinen. Zuvor hatte sie nur Rollen in zweit- und drittklassigen Filmen wie PARASITE oder CHOICES gefunden, in denen sie eine Nebenfigur war und statt eines wirklichen Charakters meist ein

Klischee verkörperte. Erstaunlich bleibt bei NO SMALL AFFAIR, dieser insgesamt exakt beobachtenden und sensibel inszenierten romantischen Komödie, dass der zu Unrecht ausbleibende Erfolg keinen negativen Einfluss auf Demi Moores Karriere hatte. Offensichtlich war das Gegenteil der Fall. Und einmal mehr bewies sie, dass ihr Marktwert auch durch Misserfolge weiter stieg – ein höchst ungewöhnliches Phänomen.

N wie NOTHING BUT TROUBLE
(Valkenvania, 1991)

Dieser Film sollte der Versuch sein, ein sehr junges Publikum anzusprechen, das sich bis dahin zu Filmen wie der POLICE ACADEMY- oder PORKY'S-Reihe hin orientiert hatte. Filme, deren Komik brachial bis geschmacklos ist und die wahrlich nicht zu den Höhepunkten der Filmgeschichte zählen. Dan Aykroyd war neben seinem Bruder Peter die treibende Kraft von NOTHING BUT TROUBLE, schrieb das Drehbuch, inszenierte und spielte selbst, wenn auch unter dicken Latexschichten verborgen, mehrere Rollen. In der Tat hatte sich Aykroyd bis dahin nicht durch eine sonderlich subtile Komik ausgezeichnet, und er blieb seinem Ruf als derber Witzereißer treu. Demi Moores Mitwirkung, nach ihrem Erfolg in GHOST ein Star mit hoffnungsvoller Zukunft, ist vermutlich nur damit zu erklären, dass sie einen Wechsel des Rollenfachs suchte. Als Komödiantin hatte sie in ihrer Karriere bislang keine Gelegenheit gehabt, sich zu beweisen. In Aykroyd hoffte sie wohl einen Regisseur zu finden, dessen Spezialität und Erfolge im komischen Fach liegen. Allerdings hätte die Lektüre des Drehbuchs ergeben müssen, dass NOTHING BUT TROUBLE nichts als Ärger bereithielt, zumindest für den Zuschauer, der sich durch dieses laute, wirre und nicht selten geschmacklose Spektakel auf den Arm genommen fühlen musste. »So ist dieser Film ein völlig neuer Schritt, zum ersten Male versuche ich eine Komödie, und das Drehbuch ist völliger *Unsinn*«, wusste auch Demi Moore (Burke).

Die beiden anderen Hauptdarsteller, John Candy und Chevy Chase, stehen ebenfalls nicht für subtilen Witz, sondern für plumpe Direktheit. Der Erfolg des Streifens blieb folgerichtig aus; in Deutschland kam der Film erst gar nicht in die Kinos, sondern wurde zwei Jahre später nur als Video veröffentlicht.

Gleich der erste Auftritt von Demi Moore bestimmte den Ton ihrer Darstellung im Film. Da stöckelt sie mit zwei Hunden an der Leine zum Aufzug, übertrieben agierend, die Hüften schwingend, die Bewegungen fahrig, die rauchige Stimme an der Grenze zur Hysterie. Im Aufzug trifft Diane (Moore) den Börsenberater Chris (Chevy Chase), beginnt zu weinen, agiert affektiert.

Diane ist eine Anwältin und wurde soeben von ihrem Liebhaber verlassen und zugleich aus einem Geschäft gedrängt. Gemeinsam mit Chris, der sofort von ihrem kühlen Äußeren (kurze Haare, Brille) angezogen ist, macht sie sich auf den Weg nach Atlantic City, wohin ihr Ex-Liebhaber entschwunden ist. Begleitet werden sie dabei von Fausto (Taylor Negron) und Renalda (Bertila Damas), einem merkwürdigerweise spanischsprechenden brasilianischen Geschwisterpärchen (in Brasilien wird Portugiesisch gesprochen). Die beiden regen an, den Highway zu verlassen und über Landstraßen zu fahren. Das führt sie Richtung Valkenvania. Unterwegs geraten sie in eine Falle von Sheriff Dennis (John Candy), der vorbeifahrenden Reisenden auflauert und sie unter abstrusen Vorwürfen zu einem Schnellrichter nach Valkenvania bringt. Auch hier zeigt sich das stereotype Spiel der Darsteller. Demi Moore steht die Unsicherheit und Angst so deutlich ins Gesicht geschrieben, dass es selbst für den Zuschauer in der letzten Reihe keine Interpretationsfreiheit mehr gibt. Es ist ein für sie ungewöhnlich unsensibles Gebaren, laut und unangemessen. Doch ihre Partner stehen dem in nichts nach.

Richter »J. P.« (Aykroyd) residiert in einer Spukvilla inmitten eines Schrottplatzes, der im weiteren Verlauf noch zahlreiche Überraschungen bereithält. Der Richter ist ein alter und willkürlicher Mann. Sein Darsteller Aykroyd ist nicht zu erkennen. Eine dicke Maske umhüllt den ganzen Kopf und ist wohl absichtlich entstellend. Vielleicht haben die Maskenbildner an Dustin Hoffmans Darstellung eines hundertjährigen Indianers in LITTLE BIG MAN gedacht, wo ihre Kollegen dem Schauspieler das Alter ins junge Gesicht schminkten. Doch die Maske des Richters ist als solche immer erkennbar und daher schlecht. Vielleicht war es aber auch Absicht, denn der gesamte Film ist charakterisiert durch seine Stillosigkeit, die bis an die Grenze des Ekels getrieben wird.

»J. P.« lässt Diane, Chris und die brasilianischen Geschwister beim ersten Widerwort im Keller verschwinden. Weitere Angeklagte werden direkt »entsorgt«, per Achterbahn in einen *Bonestripper*, der am hinteren Ende nur noch Knochen ausspuckt. Dem Quartett wird eine besondere Ehre zuteil. Sie dürfen mit dem Richter und seiner Brut, darunter des Sheriffs korpulente

Publicity-Foto zu ›Nothing But Trouble – Valkenvania‹ (1990)

Schwester Eldona (Candy unter dickem Make-up und in Frau-
enkleidern) zu Abend essen, was äußerst unappetitlich aufge-
tischt wird. Das gibt vor allem Demi Moore die Gelegenheit,
Ekel und Ärger voll auszuspielen, eine um mindestens zwei
Lautstärken übertriebene Darstellung, die in ihrer Filmografie
indes eine Ausnahme bleiben sollte. Diane und Chris sind inzwischen fast ein Paar und werden in ein gemeinsames Schlaf-
zimmer geführt. Doch das ist alles andere als eine Idylle. Das

Bett dreht sich um die eigene Achse, der Korridor, auf den sie flüchten, hat blinde Türen und Wände, die sich bewegen. Überhaupt ist das ganze Haus und der umgebende Schrottplatz voller mechanischer und elektrischer Überraschungen, die die Akteure zu beweglichen Gegenständen reduzieren und Personen zur Nebensache werden lassen. Diane und Chris entdecken einen Raum, in dem Zeitungsausschnitte und Pässe von Verschwundenen gesammelt sind, unter anderem von Jimmy Hoffa, dem bis heute unter ungeklärten Umständen verschwundenen Chef der amerikanischen Transportarbeitergewerkschaft. Kaum bleibt Zeit, eine Zigarre zu rauchen – ein »Laster« von Demi Moore, die 1996 das Titelblatt der amerikanischen Zeitschrift *Cigar Aficionado* mit einer Havanna zierte –, da geht es in der filmischen Achterbahn weiter. Diane kann aus dem Spukhaus entkommen, wird aber von zwei schwabbeligen Gummimonstern wieder eingefangen. Theatralisch fällt sie in Ohnmacht. Etwas später spielt sie mit Bobo (Aykroyd) und seinem Bruder Karten.

Chris sitzt währenddessen in der Klemme. Der Richter zwingt ihn, Eldona zu heiraten, und schickt ihn anschließend in den *Bonestripper*. Der aber zerbricht und ermöglicht Chris und Diane die Flucht. Als sie mit der Polizei zurückkommen, um dem Spuk ein Ende zu bereiten, sitzen sie erneut in der Falle, denn alle Polizisten sind mit dem Richter befreundet. Plötzliche Explosionen und feuerspuckende Ölquellen retten sie vor erneuter Gefangenschaft. Doch sicher werden sie auch in ihrer neuen Zweisamkeit nicht sein, denn der Richter und seine Enkel leben weiter.

Dem Film indes war nur ein kurzes Leben vergönnt. Zu Recht ist man geneigt zu sagen, denn NOTHING BUT TROUBLE ist ein eindeutiger Tiefpunkt in den Karrieren aller Beteiligten. Die Resonanz war verheerend, der Misserfolg programmiert; offensichtlich wurde dabei auch, dass Demi Moore keine Komikerin ist, obwohl sie sich noch vor Drehbeginn alle Mühe gab, ihre Rolle entsprechend umzuschreiben.

»Ursprünglich war Diane, meine Rolle, als die normale Frau in der Geschichte geschrieben, eine Finanzanwältin. Ich hätte sie ernst und sicher spielen können (…). Dan, Chevy und ich verbrachten eine Woche lang jeden Tag in einen Raum eingeschlossen und schrieben meine Figur völlig um, um sie schrulliger zu machen und mir eine Plattform zu geben, von der aus ich komisch sein konnte. Dan und Chevy erlaubten mir wilde Extreme – und das Ergebnis ähnelt ein wenig Lucille Ball (…). Diane sollte ein sauberer Ralph-Lauren-Typ sein, aber ich glaubte, dass sie viel komischer wirken würde, wenn sie wie eine junge Liz (Taylor) wäre, richtig aufgedonnert, die bei all der verrückten Handlung immer perfekt aussieht. Um einen Charakter zu begreifen, muss ich mir seine Physis aneignen, sein Aussehen.« (Burke)

Doch Demi Moores Stärke liegt sicherlich in dramatischen Rollen, wie sie in dem anschließend gedrehten A FEW GOOD MEN wieder unter Beweis stellte. Vor allem in ihren jüngeren Filmen konnte sie sich mit Rollen etablieren und schauspielerisch auch profilieren, die sich mit Frauenschicksalen beschäftigen und ihrer Darstellerin die Möglichkeit geben, entwickelte Charaktere zu spielen. In solchen Rollen fand sie zurück zu einer Glaubwürdigkeit, die in Aykroyds Film nicht vorhanden und wohl auch nicht erwünscht war.

N wie NOW AND THEN
(Damals und Heute, 1995)

Selten sind sie nicht, die Frauenfilme in Hollywood. Aber auch nicht sehr zahlreich, vor allem die, die fast nur von Frauen gemacht worden sind. Sicherlich bestand keine zwingende Notwendigkeit, den Film NOW AND THEN zu drehen. Andererseits aber funktionieren Geschichten von Freundschaften, die Jahrzehnte überdauern, immer wieder. Handelt es sich außerdem um Erinnerungen an die Kindheit oder Jugendzeit, werden auch gerne autobiografische Reminiszenzen eingebracht. Zudem spielen nostalgische Elemente eine entscheidende Rolle – die Musik, die Kleidung und die Idylle der Kleinstadt, die es in dieser Form wohl nur in der Fantasie gegeben haben mag. All das aber scheint kein richtiges Motiv für die Notwendigkeit von NOW AND THEN darzustellen, und es gibt auch keine Aussagen, die diese herstellen. Bis auf ein Statement der Regisseurin Lesli Linka Glatter, einer früheren Tänzerin und Choreografin, deren erster abendfüllender Spielfilm dies nach der Regie einer Reihe von Serienepisoden (TWIN PEAKS) war. »Als ich erstmals das Drehbuch las«, meinte sie, »fing ich zu weinen an. Mir wurde klar, dass ich nichts Vergleichbares über heranwachsende Mädchen gesehen hatte. Ich habe eine Menge über aufwachsende Jungen gesehen, nicht aber über Mädchen. Für mich war es das Schlimmste, zwölf zu sein. Es ist für ein Mädchen eine derart harte Zeit. Du bist noch keine Frau, aber auch kein Kind mehr. Und dann gibt es einen Auslöser, vielleicht einen Sommer, der alles ändert, und du weißt, dass nichts mehr wie vorher sein wird.« (Higgins)

So ereignet es sich denn auch in ihrem Film NOW AND THEN, der bereits in der Gestaltung seines Titels Akzente setzt. Das »Now«, das Heute, ist dort in nüchternen Buchstaben zu lesen, das »Then«, das Damals, dagegen in nostalgisch verschnörkelten. »Heute«, das sind vier Frauen Mitte Dreißig, die sich nach Jahren des Nichtsehens wieder in ihrer Heimatstadt zusammenfinden, um der bevorstehenden Niederkunft einer der Ihren beizuwohnen. Erzählerin ist Samantha Albertson (Demi Moore), eine erfolgreiche New Yorker Autorin mit augenblicklicher

Schreibblockade, die sie durch Nervosität, Reizbarkeit und hohen Zigarettenkonsum zu überspielen sucht. Schwanger ist ihre Freundin Christina Dewitt (Rita Wilson, die Ehefrau von Tom Hanks, die allmählich beginnt, eine eigene, erfolgreiche Karriere zu machen), deren Ärztin Roberta Martin (Rosie O'Donnell) ebenfalls in der Stadt geblieben ist und weiter ihre Witze mit sexuellen Anspielungen reißt. Vervollständigt wird das Quartett durch die exaltierte Tina Tercell, einen überdrehten Hollywood-Star, die mehr durch ihre Ehegeschichten Schlagzeilen macht und insofern mit Melanie Griffith ideal besetzt wurde. Nach einer Aufwärmphase tauchen schnell die Erinnerungen an das »Damals« auf, an jenen entscheidenden Sommer im Jahre 1970, als die vier Frauen gerade zwölf Jahre alt waren und sich ihre Schicksale entschieden.

Die junge Roberta (Christina Ricci, bekannt aus CASPER) fällt schon damals durch ihr lockeres Mundwerk und ihren trockenen Witz auf. Sie entdeckt im ärgsten männlichen Feind ihrer

Die Erzählerin und ihre Freundin: Demi Moore und Melanie Griffith

Clique insgeheim einen Verehrer und muss nach dem ersten scheuen Kuss, dem eine Reihe von gegenseitigen Angriffen vorausgingen, erst einmal einen Schluck Cola trinken. Die Entdeckung ihrer Sexualität bedeutet für Roberta den Abschied von ihrem Kindheitstrauma, dem Verlust der Mutter. Gerne hat sie ihre Freundin mit der Simulation ihres eigenen Todes erschreckt, nun aber überwindet sie das Gefühl des Verlassenwerdens. Dass aus der jungen Roberta allerdings als Erwachsene die resolute Ärztin wird, ist eine ebensowenig glaubhafte Entwicklung wie die der anderen Mädchen, die ohnehin insgesamt recht schematisch gezeichnet sind.

Samantha (Gaby Hoffman, SLEEPLESS IN SEATTLE) muss gleichfalls ein Trauma überwinden. Schon gewohnt an die Streitereien ihrer Eltern, wird sie durch die bevorstehende Scheidung aus der Bahn geworfen. Sie ist die »Intellektuelle« unter den Mädchen und leitet deren nächtliche spiritistische Sitzungen auf dem Friedhof. Dort entdecken sie auch ein Grabmal, auf dem vom mysteriösen Todesfall eines zwölfjährigen Jungen und seiner Mutter die Rede ist. Samantha ist es, die ihre Freundinnen dazu bringt, den vermeintlichen Mord aufzuklären, was das reichlich vorhersehbare Spannungsmoment des Films ausmacht. Später wird aus ihr dann die Erfolgsschriftstellerin, von Demi Moore mit Kompetenz und Routine, aber wenig Ausstrahlung verkörpert. Ihre Szenen bleiben kurz, sie teilt sich mehr mit über die von ihr gesprochene Erzählerstimme.

Chrissy, gespielt von der hervorragenden Newcomerin Ashleigh Ashton Moore, nicht verwandt mit Demi, ist die Träumerin unter den vieren. Sie lebt in einer Kleinmädchenwelt, inmitten eines in Pink gehaltenen Zimmers voller Puppen, und flüchtet sich in ihre Fantasie. Während ihre Freundinnen schon konkrete Blicke auf das andere Geschlecht werfen, hört sie von ihrer Mutter statt Aufklärung merkwürdige Geschichten über Pflanzen, Blumengießen und Gartenschläuche. Sie ist die Uninteressanteste des Quartetts und wird als einzige in der »Gaslight Addition« (so der Straßenname und zeitweilige Titel des Films) wohnen bleiben, im Haus ihrer Eltern.

Teeny (Thora Birch, PATRIOT GAMES) ist weitgehend auf sich allein gestellt, ihre Eltern kümmern sich kaum um sie. Auch sie flüchtet sich in Fantasien, allerdings konkreter Natur. Denn

Publicity-Foto zu ›Now and Then – Damals und Heute‹ (1995)

Teeny ist entschlossen, ein Star zu werden, und übt vor dem Spiegel bereits Posen und die Dankesrede für den »Oscar«. Den noch fehlenden Busen schafft sie sich mit Puddingbeuteln im BH. Ihre »Verwandlung« in Melanie Griffith wirkt recht gelungen.

Now and Then besitzt keine richtige Story, und entsprechend schwach ist auch die Dramaturgie. Einziger verbindender Faden ist das Geheimnis vom Friedhof und die damit verbundene Entdeckung hinter der Figur eines mysteriösen Stadtstreichers. Verbindend wirkt auch die Musik der siebziger Jahre, bei der einzig die »Monkees« deplaziert wirken. Die unausgewogene Aufreihung der unterschiedlichsten Ereignisse und die ebenfalls unausgewogene Gewichtung der vier Mädchen drängen allerdings nicht die Qualitäten des Films in den Hintergrund. Natürlich ist die Kleinstadt eine sommerliche Idylle und die Friedfertigkeit der »Gaslight Addition« eine Illusion, dennoch aber gelingen der Regisseurin und der Autorin I. Marlene King trotz aller sentimentalen Verführungen wahrhaftige Momente. Etwa, als die heile Mädchenwelt durch einen desillusionierten Vietnam-Veteranen ins Wanken gebracht wird. Oder die Scheidung von Samanthas Eltern, die so gar nicht in die geordnete Welt der Vorstadt passen will. Ohne großes Pathos thematisiert der Film auch Probleme der Kindheit, die Vereinsamung, die Entdeckung von Sexualität oder unangenehmere Seiten des Lebens. Die Idealisierung der Kindheit bewegt sich in einem erträglichen Rahmen, wie auch deren Problematisierung. Dennoch bleiben Klischees nicht aus, etwa Chrissys Ehemann, der zu spät zur Geburt erscheint. Ansonsten spielen Männer im Leben der vier Frauen keine Rolle. Auch bleibt unklar, was – außer jenem Sommer des Jahres 1970 – die Frauen noch miteinander verbindet, haben sie doch völlig unterschiedliche Lebenswege eingeschlagen. Doch mit solchen Details der Glaubwürdigkeit hält sich der Film nicht auf.

Now and Then, der häufiger als das weibliche Gegenstück zu Rob Reiners Stephen-King-Verfilmung Stand By Me (*Geschichte eines Sommers*) bezeichnet wurde, folgt einem Zitat von Tom Wolfe, »You never can go home again«, und beweist dessen Richtigkeit. Denn nicht immer bringt der Blick zurück bewegende Erkenntnisse für das Heute und rechtfertigt sich dadurch. Samanthas durch die Erinnerung an die eigene Kindheit gewonnene Einsicht, ihr jetziges Leben ändern und die Vergangenheit überwinden zu müssen, um die Zukunft in Angriff nehmen zu können, ist nicht gerade weltbewegend. Doch Now and Then beschreibt seine Figuren mit Sympathie und stellt eine angenehme Abwechslung dar im Bereich der *buddy movies*, die in der Regel nur Jungen gestatteten, ihre Erinnerungen auszubreiten.

Demi Moore beschränkte sich auf einen kurzen und schauspielerisch anforderungslosen Auftritt, erweitert durch den mit verführerisch-einschmeichelnder und dunkler Stimme gesprochenen Off-Kommentar, der einen nostalgischen und zugleich leicht ironisierenden Ton schafft. Wichtiger aber als ihre darstellerische Beteiligung war Demi Moores Rolle als Produzentin des Films. Mit ihrer neugegründeten Firma »Moving Pictures« garantierte sie die Realisierung des Projektes durch eine Debütantin und brachte für die Nebenrollen der erwachsenen Frauen eine beachtliche Darstellerriege zusammen. Den kommerziell bescheidenen Erfolg des Films konnte sie allerdings nicht verhindern. Doch Demi Moore hatte vermutlich andere Gründe, sich für NOW AND THEN einzusetzen. Ihre eigene Kindheit und Jugend war nämlich weniger idyllisch. »Mit fünfzehn

Viererbande: Demi Moore, Rosie O'Donnell, Rita Wilson und Melanie Griffith

war ich auf mich alleine gestellt. Ich werde nicht so tun, als ob ich aus einer perfekten Familie stamme. Es war nicht wirklich schlecht, aber auch nicht toll. Meine Eltern gaben ihr Bestes. Meine Mutter lehrte mich, *das Beste zu bekommen.* Kauf keine billigen Sachen, beschäftige dich nur mit dem, was Geschmack und Klasse hat. Und ich hatte immer einen Job, immer.« (Burke) Für Träume war da vermutlich wenig Raum geblieben. Schon seit geraumer Zeit aber beschäftigt den Superstar Demi Moore die Rolle der Frau in Hollywood und seinen Filmen. Ein Sujet wie das von NOW AND THEN, bei dem die Mädchen zu Prinzessinnen stilisiert werden, dazu noch ohne peinliche Männerfantasien und aus dem Blickwinkel einer Frau gesehen, interessierte sie schlicht persönlich. Und einzig ihrem Einsatz ist wohl letztlich der Film insgesamt, aber vielleicht auch seine manchmal etwas oberflächliche Süßlichkeit zu verdanken. Ohne als Feministin aufzutreten, ist Demi Moore in ihren Filmen an einer weiblichen Perspektive gelegen. Um diese zu gewährleisten, produziert sie in jüngster Zeit immer häufiger selbst. Wie zum Beispiel zum Thema Abtreibung den Episodenfilm IF THESE WALLS COULD TALK, der im Oktober 1996 auf dem Pay-TV-Kanal HBO Premiere hatte und zu Teilen von der NOW AND THEN-Autorin I. Marlene King geschrieben wurde.

O wie ONE CRAZY SUMMER
(One Crazy Summer, 1986)

Was Komödien betrifft, sollte Demi Moore kein sicheres Gespür beweisen. BLAME IT ON RIO hatte sich 1984 als künstlerische wie kommerzielle Enttäuschung erwiesen, mit dummen
Gags, die sich nur aus Prüderie und Verklemmtheit her speisten,
aber zu keiner Zeit komisch waren. Auch ihre späteren Komödien wie WE'RE NO ANGELS (1989) oder vor allem NOTHING
BUT TROUBLE (1991) zeigten nur, dass Demi Moore in der Auswahl ihrer betreffenden Rollen offensichtlich die Drehbücher
anders interpretiert hatte. ONE CRAZY SUMMER gehört ebenfalls
in diese Auflistung misslungener Komödien und muss heute betrachtet werden als ein Schritt unter vielen beim Aufbau einer
Karriere, die an solchen Stellen immer wieder Gefahr lief, eine
Wende ins Belanglose zu nehmen.

Nach NO SMALL AFFAIR (1984) schlüpfte Demi Moore für diese
Sommerkomödie von Savage Steve Holland, einem Spezialisten
für derartige Streifen, zum zweiten Mal in die Haut einer
Rocksängerin. Wieder einmal will deren Karriere nicht recht be-
ginnen, und erst ein jugendlicher Verehrer und dessen durch
Verliebtheit bestimmte Aktionen bringen den ersehnten Erfolg.
Und wie in dem zwei Jahre zuvor gedrehten Film von Jerry
Schatzberg ist es erneut ein im Leben und in der Liebe unerfah-
rener Junge, dem eine attraktive Demi Moore den Weg ins Le-
ben weist.

Seinen College-Abschluss hat er gerade hinter sich gebracht
und nun soll er in die Familientradition treten und Basketball-
spieler werden, doch Hoops (John Cusack) hat andere Pläne. Er
zeichnet lieber Liebesgeschichten mit lustigen, charmanten Figuren, die nur einen Makel aufweisen: Es gibt kein Happyend,
weshalb seine Comics immer wieder im Papierkorb landen. Die
Ursache liegt darin begründet, dass Hoops noch nie die Liebe
kennengelernt hat, was ihn eingliedert in die lange Reihe pu-
bertierender Jünglinge im amerikanischen Kino, die erst durch
die Begegnung mit einer reiferen Frau ihre sexuelle Initiation
erfahren. Mit seinem Freund Ack Ack (Curtis Armstrong) fährt
Hoops auf die Ferieninsel Nantucket Island, wo Ack Acks Fa-

milie lebt. Unterwegs beobachten sie, wie eine attraktive junge Frau sich mit einem dicken Bündel Dollarnoten vor ihrem Rockerfreund auf der Herrentoilette versteckt. Hoops gelingt es, sie aus der verfänglichen Situation zu retten, und nimmt sie mit. Da trifft es sich gut, dass Cassandra (Demi Moore) das gleiche Ziel wie die beiden Jungs hat; ein toller Ferienbeginn also für Hoops, der sogleich hingerissen ist von der liebreizenden Erscheinung an seiner Seite. Auf der Insel aber verlieren sie sich zunächst aus den Augen, denn Cassandra zeigt sich nicht im Mindesten an Hoops und seinem pubertierenden Freund interessiert.

Die beiden Freunde werden von Ack Acks Familie und Freunden erwartet, die ebenso merkwürdig sind wie der gesamte Ort. Es wimmelt dort von verschrobenen Figuren, sympathischen Verrückten und gefährlichen Psychopathen, die am Strand Kleinkriege führen, mit Dynamit Muscheln sammeln oder gerne Radio spielen. Außerdem gibt es eine großangelegte Intrige um ein Grundstück, das sich die lokalen Immobilienhaie, Vater und Sohn Beckersted, aneignen wollen. Cassandra wird zum Mittelpunkt dieser Intrige, denn sie erbt das Grundstück samt dem darauf stehenden Haus von ihrem gerade beerdigten Großvater. Leider aber erbt sie auch die darauf liegende Hypothek, die bald fällig ist und die sie nicht bezahlen kann. Darauf haben Aguilla (Mark Metcalf) und Teddy Beckersted (Matt Mulhern) nur gewartet, gehen sie doch davon aus, das Grundstück endlich erwerben zu können, indem sie Cassandra aus ihren finanziellen Nöten befreien. Die Beckersteds benötigen das Terrain für den Bau einer Ferienanlage.

Cassandra, von Demi Moore mit einer Natürlichkeit gespielt, die sie heraushebt aus dem hysterischen Agieren der restlichen Beteiligten, hat nichts gemein mit dem Strandleben des Ortes. Pralle, blonde Bikinischönheiten und um sie herumschweifende geifernde Jungen sind nicht ihre Welt. Eigentlich auch nicht die von Hoops, doch den Annäherungsversuchen der blonden Cookie (Kimberly Foster) kann er nicht widerstehen. Eigentlich würde er ja lieber Cassandra treffen, doch Cookie lässt dies nicht zu, will sie doch ihren Freund eifersüchtig machen, was der harmlose Hoops natürlich nicht ahnt. Währenddessen muss Cassandra das Ungemach über sich ergehen lassen, von oben bis unten nassgespritzt zu werden, was das Resultat einiger dämlicher Gags ist. Um Geld für die fällige Hypothek zu verdienen, tritt sie als Musikerin in einer Bar auf. Allerdings finden sich keine Gäste ein, was zu ändern Hoops sich vorgenommen hat, wie der junge Fotograf in No Small Affair.

Allmählich kommen sich Hoops und Cassandra näher, vor allem, nachdem sie den Jungen mit Witz und Schlagfertigkeit aus einer bedrohlichen Situation mit Cookies ärgerlichem Freund gerettet hat. Aus Dank verteilen Hoops, sein Freund Ack Ack und dessen schräge Cousins, die Automechaniker Egg (Bobcat Goldthwait) und Clay Stork (Tom Villard), Werbezettel zu Cassandras nächstem Konzert. Trotz der Sabotierungsversuche der Beckersteds ist die Bar voll, das Konzert ein Erfolg. Doch für die Bezahlung der Hypothek reicht es nicht, die Bank hat bereits an die Beckersteds verkauft.

Nun muss ein Plan geschmiedet werden, das Haus zurückzuerhalten. Dazu müssen Hoops und seine Freunde eine Regatta gewinnen. Denn wenn die traditionellen Sieger Beckersted diesmal verlieren, nimmt ihnen der Familienpatriarch Old Man Beckersted (William Hickey) alles weg. Dann wäre vielleicht ein Geschäft möglich. Doch was fehlt, ist ein Boot. Mit Hilfe der findigen Gebrüder Stork gelingt es, aus einem Fischkutter eine Motor- und Segeljacht zu machen, was der Film mangels anderer Einfälle ausgiebig schildert. Unnötige Szenen, die wohl nur dazu dienten, ein paar billige Gags unterzubringen und die Handlung auf Spielfilmlänge zu bringen. Hoops soll der Kapitän des Bootes werden, doch er hat Angst vor Booten. Cassandra aber heilt ihn. Übrigens hat der arme Hoops zu dieser Zeit noch immer nicht den lang ersehnten ersten Kuss bekommen. Trotz aller Sabotageakte und Regelverletzungen der Beckersteds während des Rennens gewinnen Hoops und seine merkwürdigen, aber einfallsreichen Freunde einschließlich der mitsegelnden Cassandra am Ende die Regatta. Jetzt kann Old Man Beckersted seinem Sohn und Enkel endlich in die Parade fahren, hielt er sie doch schon immer für Schwachköpfe; er gibt Cassandra ihr Haus zurück. Endlich reicht es auch für Hoops zum ersten Kuss, woraufhin seine Comics farbig werden und ein Happyend haben.

Savage Steve Holland ist ein Routinier für billig gedrehte Kom-

Das Ende der pubertären Phase: Demi Moore mit John Cusack in ›One Crazy Summer‹ (1986)

merzfilme, die dominiert werden entweder von drastischem Horror oder dümmlichen Gags, immer wieder aber auch gelungene Detailbeobachtungen aufweisen, die den faden Nachgeschmack etwas mildern. Seine Filme sind konzipiert für ein jugendliches amerikanisches Publikum, vor allem aus ländlichen Regionen, das im Zwiespalt steckt zwischen der Prüderie der Umgebung und der Entwicklung in der Pubertät. So hatte Holland ein Jahr zuvor mit BETTER OFF DEAD einen von der Story her fast identischen Film gedreht, ebenfalls mit dem damaligen Paradejugendlichen John Cusack, der erst Jahre später, zum Beispiel in Woody Allens BULLETS OVER BROADWAY, seine darstellerischen Qualitäten beweisen konnte. ONE CRAZY SUMMER ist ebenfalls gekennzeichnet durch seine unausgewogene Mischung zwischen romantischen Einschüben, derbem Klamauk und hübschen Einfällen. Für Demi Moore bedeutete die

160

Mitwirkung in diesem Film das Ende ihrer »pubertären« Phase. Mit dem im gleichen Jahr gedrehten WISDOM unter der Regie ihres damaligen Verlobten Emilio Estevez wechselte sie ins Erwachsenenfach und versuchte, anspruchsvollere Projekte zu finden. Das zeichnet sich in Hollands Film bereits ab. Demi Moore spielt ihren Part, nur eine Nebenrolle im Reigen der männlichen Darsteller, mit erstaunlicher Zurückhaltung und Sensibilität. Ihre Züge sind sanft, ihre Figur ist noch ein bisschen mollig, aber das macht sie glaubhaft als etwas hippieskes Mädchen auf dem Weg zur jungen Frau.

Schauspielerisch stellte der Film keine neuen Anforderungen an sie, war er doch ohnehin eine Art von Wiederholung. Bereits in NO SMALL AFFAIR hatte sie eine Frau verkörpert, die zwar wild wirkt, in Wirklichkeit aber sensibel ist, und die durch ihre Aufrichtigkeit immer wieder in eine bedrohliche Lage gerät, aus der ihr dann ein verliebter Minderjähriger heraushilft, wofür er mit einem Kuss belohnt wird. Unter der kaum zu spürenden Schauspielerregie von Holland wiederholte sie im Grunde ihre Arbeit aus Schatzbergs Film. So erstaunt es kaum, dass ONE CRAZY SUMMER nicht als ein Film in Erinnerung bleibt, in dem Demi Moore mitwirkte. Doch auch wenn das Jahr 1986 eine Durststrecke in Gang setzte, die – nach dem anschließenden Misserfolg von WISDOM – erst 1988 mit THE SEVENTH SIGN zu Ende ging (obgleich auch dieses Werk nicht den erhofften Erfolg hatte), signalisierte es doch die Fähigkeit und Bereitschaft der jungen Aktrice zu neuen Herausforderungen, die sie bewusst suchte und annahm.

P wie Pin-up

»Das letzte Pin-up« titelte das amerikanische Hochglanzmagazin *Esquire* und meinte nicht etwa die blonde Kim Basinger aus dem Pseudoerotik-Thriller 9^1/$_2$ WEEKS (*9^1/$_2$ Wochen*) oder die vollbusige Badenixe Pamela Anderson aus der Strandserie BAYWATCH. Die Rede war vielmehr von Demi Moore, die zuvor auf den Titelblättern eines anderen Hochglanzmagazins, *Vanity Fair*, einmal schwanger, einmal vollkörperbemalt, aber immer unbekleidet abgebildet war. Ganz bewusst hatte sich Demi Moore als Sexobjekt in Szene setzen lassen und beutete so ihren frischen Ruhm aus INDECENT PROPOSAL geschickt aus. Für viele wurde sie die Neunziger-Jahre-Version eines Varga-Girls, und sie handelte sich damit eine Reihe von Vorurteilen ein, die ihre darstellerische Präsenz bis heute zu überlagern drohen. »Ich schaue gerne auf die Dualität von männlich/weiblich und spiele auch gerne mit den Stereotypen. Hier zum Beispiel mache ich mich lustig über die Widersprüche eines Pin-up, in die ich mich beruflich verstrickt habe, besonders nach INDECENT PROPOSAL. Die Idee, eine Frau anzubieten, also Teil eines Angebots zu sein, ist eine sehr männliche Perspektive. Eine Art von Sexbombe im Film zu spielen, dann diese Übertreibung eines Pin-up, das ist für mich ein Weg, der ganzen Branche zuzuwinken und zu zeigen, ich nehme das nicht so ernst. Immerhin sind dies keine ›Komm und fick mich‹-Einstellungen.« (Angeli)

1995 und 1996, als ihre Filme an der Kinokasse kaum die in sie gesetzten Erwartungen erfüllten, weder der skandalumwitterte STRIPTEASE noch THE SCARLET LETTER, unterwarf sich Demi Moore einer geschickten Marketingstrategie und lächelte einem in der Folge auf den Titelseiten zahlreicher, höchst unterschiedlicher Blätter entgegen wie *George,* wo sie als eine Art weiblicher George Washington unter Napoleonhut und weißer Lockenperücke in einem Rokoko-Kostüm posierte, oder wie *Cigar Aficionado*, wo sie cool und sexy eine dicke Zigarre hielt und sich im Nichtraucherland USA zu ihrer Vorliebe für das braune Rauchwerk bekannte, ganz so, als ginge es darum, eine politische Einstellung zu enthüllen. Das Lifestyle-Magazin *Max* zeigte sie als Strandnixe und im Innenteil einmal mehr völlig hüllenlos in Schwarzweiß auf einem Baumstamm hingestreckt, fotografiert von Annie Leibovitz, anscheinend ihre bevorzugte Fotografin, vor deren Kamera sie auch schon für die *Vanity Fair*-Fotos gestanden hatte. Als nettes Mädchen von nebenan porträtierte sie die Frauenzeitschrift *New Woman*, fragte aber verunsichert, womit sie wohl als nächstes überraschen oder provozieren möge.

Höhepunkt, für die meisten ein peinlicher, war ihr Auftritt in der »Late Show with David Letterman«, in der sie sich nicht scheute, als Promotion für den Film STRIPTEASE einen hölzernen Strip hinzulegen, und am Ende selbst etwas verwirrt im Glitzer-Bikini dastand. Diese Marketing-Methoden in eigener Sache kontrastieren dabei immer wieder mit ihrem vorsichtigen Feminismus, der sicherlich kein militanter ist, sie sich aber sehr engagieren lässt für weiterhin offene Anliegen der Frau. Etwa die Abtreibung, die sie in dem Fernsehfilm IF THESE WALLS COULD TALK zusammen mit Cher und Sissys Spacek thematisierte, in der festen Absicht, dieses Tabu zu brechen. Noch aber wird ihr Engagement von ihrem öffentlichen Erscheinen überlagert, bei dem nicht ihre Person, sondern ihr sexy Aussehen im Mittelpunkt steht, wenngleich sie selbst dies anders empfinden mag.

Eine Frage der Marketingstrategie? – Demi Moore in ›Striptease‹

P wie PARASITE

(Parasite, 1982)

Einen etwas längeren und dramatischeren Auftritt hatte die junge Demi Moore in PARASITE. Für die Regie verantwortlich war ein gewisser Charles Band, der sich einen Namen machte durch abenteuerliche Horror-Science-Fiction-Filme, deren miese Qualität sie inzwischen zu einer Art von Kultfilmen werden ließ. PARASITE entstand 1981 und spielte in der nahen Zukunft: 1992, einer Zeit, in der die Sitten verroht und die Aggressionen von irrealem Charakter sein würden.

Es beginnt in einem Labor. Schleimige Parasiten werden durch eine Unachtsamkeit frei und fressen sich durch den Körper des unglücklichen Wissenschaftlers, der den Fehler begangen hat, in der Nähe zu sein. In dessen Eingeweiden mutieren die Parasiten zu einem bissigen Monster. All das kann aber auch nur ein Alptraum sein, Regisseur Band lässt seinem Publikum eine Hintertür offen.

Dr. Paul Dean (Robert Glaudini) trifft in einem einsamen, verlassenen Bergcamp ein, in dem sich eben jenes Unglückslabor befand. Kaum eingetroffen, verhindert er eine Vergewaltigung, kämpft mit den Aggressoren und muss dann feststellen, dass das vermeintliche Opfer mit seinen Peinigern unter einer Decke steckt, die Vergewaltigung nur ein Ritual ist. Der alte Buddy bewacht das Camp und bietet Paul einen Kaffee an, worauf dieser einen Magenkrampf bekommt. Als der Wissenschaftler das Gelände verlassen will, greifen ihn die Vergewaltiger an. Dr. Dean erweist sich als harter Kämpfer und spießt mit einem Rohr einen der Angreifer auf.

In dem nahegelegenen Ort Yoshua, 64 verzeichnete Einwohner, sucht Paul nach einer Unterkunft. Ein merkwürdiger Ort, wie sich zeigt. Der Tankwart spielt am liebsten mit einem Gameboy, die Gallone Benzin kostet 40 Dollar statt circa 1,60 Dollar (1996) – für den amerikanischen Autofahrer eine wahrhaft schreckliche Zukunftsvision. Paul findet ein Zimmer und richtet sich dort ein ambulantes Labor ein, während ihm inzwischen ein mysteriöser Angestellter eines ominösen »X«-Labors auf den Fersen ist. Paul geht in die einzige Bar des Ortes, um dort etwas

Hier wirkte sie unbeholfen: Szene aus ›Parasite‹

zu essen. Doch der Appetit wird ihm genommen, als eine Rockerbande unter ihrem Anführer Ricus (Lucas Bercovivi) eintrifft und nach einem Opfer sucht, das zu misshandeln offenbar ihr Alltagsspaß ist.

Demi Moore als Pat, eine junge, kräftige Frau vom Lande, zieht sofort die Aufmerksamkeit auf sich. Doch mit Hilfe ihrer Pistole und des kernigen Barkeepers Collins (Al Fann) setzt sie sich beherzt den groben Annäherungsversuchen Ricus' zur Wehr. Aus Frust über die fehlgeschlagene Aggression wenden sich die Rocker Paul zu, schlagen ihn zusammen und brechen in sein Zimmer ein, wo sie hoffen, Geld zu finden. Ein mysteriöser Zylinder weckt ihre Aufmerksamkeit. Weil sie darin das Geld vermuten, öffnen sie den Behälter und setzen den Riesenparasiten frei.

Derweil hat Pat den zusammengeschlagenen Paul mit zu sich genommen und versorgt ihn. Pat trägt Cowboykleidung und baut auf dem Land Zitronen an. Sie liebt ihre Unabhängigkeit, hat keine Lust, wie sie mit rauchiger Stimme erzählt, in ein Arbeitslager zu gehen und sich tätowieren zu lassen. In diesem, ihrem zweiten Film lässt Demi Moore kaum darstellerische Fähigkeiten erkennen. Fast unbeholfen wirkt es, wie sie ihre Sätze herausbringt, dabei ganz offensichtlich von der Regie nicht unterstützt wird. Es ist wohl nur der erkennbar fehlenden Qualität dieses Streifens zuzuschreiben, dass er Demi Moore nicht zum Schaden geriet. Ihre Kollegen indes machten nicht weiter auf sich aufmerksam. Wohl nur ihrer unterschwelligen erotischen Präsenz hat sie es zu verdanken, sich vom restlichen Darstellerensemble positiv abzuheben. Und es war wohl auch ihrer Erotik zu verdanken, dass ihre nächste größere Rolle in Stanley Donens BLAME IT ON RIO (*Schuld daran ist Rio*) die einer verführerischen Lolita sein sollte.

Während Paul unter Pats Fürsorge langsam wieder genest, bleibt der ominöse Jäger weiter auf seiner Spur. Einer von Ricus' Freunden wird derweil vom Parasiten innerlich aufgefressen. Als er tot ist, findet der Parasit in einem anderen Bandenmitglied sein nächstes Mahl, zum Entsetzen der ansonsten hartgesottenen Rocker. Der Jäger in seinem schwarzen Ferrari findet Pat und versucht auf unsanfte Weise, von ihr Pauls Versteck zu erfahren. Ohne Erfolg, denn Pat weiß sich zu wehren, wobei ihre Kampfstärke in einem merkwürdigen Kontrast zu ihrer unübersehbaren Weiblichkeit steht. Und dies, bevor Demi Moore ihren Körper durch intensivstes Fitnesstraining für solche Einsätze wie geschaffen werden ließ. Auf einem Spaziergang fällt Paul das Gegenmittel zum Parasitenbefall ein: Hochfrequenztöne. Derweil lässt ein weiteres Bandenmitglied sein Leben, und der Parasit, der immer größer wird, macht sich auf die Suche nach einem weiteren Opfer. So wird Pat fast zu seinem Mahl, doch mit Hilfe von Pauls neuer Technik gelingt es, das Monster zu töten.

Mittels der Hochtonfrequenzen gelingt Paul auch die Selbstheilung: Der zweite Parasit bricht aus seinem Magen aus und versucht sich auf Pats Arm breitzumachen. Paul und Pat können gerade noch entkommen, da steht der mysteriöse Jäger vor ihnen. Diesmal kann er Pat durch ein ungalantes K.o. außer Gefecht setzen. Es kommt zum Kampf mit Paul, der von dem hungrigen Monster auf deftige Weise zugunsten des Wissenschaftlers entschieden wird. Der Parasit schnappt sich den Jäger, wird dann aber von Paul samt einem Tank in die Luft gesprengt, womit gleich zwei Probleme für den Wissenschaftler gelöst sind – oder etwa doch nicht, wie der Film am Ende anzudeuten scheint. Ganz aber scheint Regisseur Charles Band seinem Schluss nicht getraut zu haben, denn er zeigt noch einmal als attraktive Auflösung das mit Blut-Farbe dekorativ verschmierte, weichlichrunde Gesicht von Demi Moore.

PARASITE ereilte das Schicksal aller seiner artverwandten Filme: Nach kurzem Kinoeinsatz verschwand er in den Regalen der Videotheken, in denen er inzwischen auch nicht mehr zu finden ist.

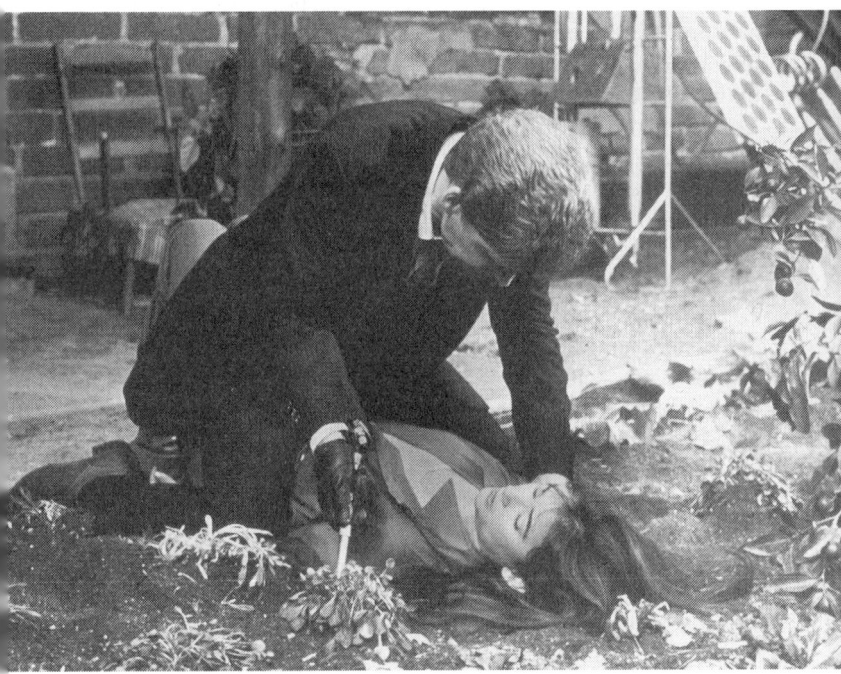

Fehler zu Beginn der Karriere: ›Parasite‹ (1982)

Dennoch bleibt er durch eine Besonderheit erwähnenswert: Er wurde in 3-D aufgenommen. Mit einer Spezialbrille lässt sich Demi Moore so auch erstmals plastisch wahrnehmen, ebenso wie die billig gebauten Pappmaché-Dekors. Ein nicht unattraktives Vergnügen, dem allerdings durch Demis relativ kurze Einsätze Grenzen gesetzt sind. Ansonsten aber kann der Film nur Mediokres aufweisen. Die Geschichte ist ebenso holprig wie die Straßen, über die des Jägers schwarzer Ferrari rollt. Die fehlende Schauspielerführung korrespondiert dabei auf frappierende Weise mit der Unfähigkeit des Regisseurs, Spannung zu erzeugen oder Intelligenz zu zeigen bei seinem ungenierten Zitatendiebstahl aus anderen Science-Fiction-Horrorfilmen wie John Carpenters THE THING (*Das Ding*, 1982) oder SQUIRM (Regie Jeff Lieberman, 1976). Demi Moore aber kann ihr Auftritt als Fehler zu Beginn der Karriere und als misslungener Versuch, sich als Darstellerin eine Reputation zu schaffen, verziehen werden. Doch es dauerte zwei Jahre, bevor sie wieder eine größere Rolle in einem Kinofilm übernehmen konnte, eine Zeit, in der Demi Moore durch die Fernsehserie GENERAL HOSPITAL in den USA bekannt wurde.

Charles Band, Sohn des vorwiegend in Italien tätigen Produzenten und Regisseurs Albert Band, ließ sich durch den Misserfolg von PARASITE ebenfalls nicht entmutigen und setzte seine Karriere fort, wenn auch auf anderem Niveau. Schon vor PARASITE hatte Band die Firma Full Moon gegründet, die (seine) Filme produzierte und sie direkt auf dem Videomarkt lancierte. Die Kinoauswertung dieser billigen Streifen spielte keine Rolle mehr. Band ging höchstpersönlich auf eine große Tournee durch die USA, um seine Produktlinie den Videovertrieben und Ladenbesitzern vorzustellen. Gealterte Stars, deren Namen allerdings noch in jedermanns Erinnerung sind, etwa John Carradine, Christopher Lee oder José Ferrer, spielten die Hauptrollen in Werken wie END OF THE WORLD (1977) oder CRASH! (1977). Nach dem Erfolg einer zweiten Firma, Empire International, erwarb Band in Rom die Studios von Dino de Laurentiis, in denen er emsig drehte und produzierte, darunter Stuart Gordons RE-ANIMATOR (1985), der sogar Festivalpreise erhielt, und den Thriller PRISON (1988) von Renny Harlin (DIE HARD 2). Gelegentlich wird Charles Band, dessen Bruder Richard die Musik für die meisten seiner Produktionen komponiert, sogar verglichen mit Roger Corman, jenem Wegbereiter und Entdecker der wichtigsten Hollywood-Regisseure der siebziger Jahre. Das Ziel von Full Moon, inzwischen erweitert um Laserdiscs, CD-Roms und die Produktion von Kinderfilmen, ist es, bis zur Jahrtausendwende zweihundert Filme herzustellen. Das scheint realistisch, wenn man weiß, dass Charles Band allein 1993 zwölf Filme produzierte. Immerhin darf er sich heute auch zugute halten, mit Demi Moore einen Star der Zukunft am Anfang von dessen Karriere »entdeckt« zu haben.

Demi erhielt im gleichen Jahr nur noch ein Angebot für einen winzigen Auftritt in dem Film YOUNG DOCTORS IN LOVE. Ihre Karriere aber fand dennoch eine erfolgreiche Fortsetzung, ja einen Aufschwung in der TV-Serie GENERAL HOSPITAL, wo sie die größere Rolle der Reporterin Julie Templeton übernahm und sie bald sogar einen Fanclub ihr eigen nennen konnte. PARASITE bleibt in der Rückschau nicht mehr als ihr erster und einziger Auftritt in 3-D und eine folgenlos gebliebene Verirrung in den Bereich der Billigstproduktionen.

Q wie Qualität

Obgleich Demi Moore keine Schauspielausbildung absolviert hat, kann sie als Darstellerin nicht nur immer wieder überzeugen, sie weist auch einen bemerkenswerten Willen zur Qualität auf. Die fand sich selbstredend noch nicht in frühen Streifen wie CHOICES (1981), PARASITE (1982) oder BLAME IT ON RIO (1984), auch in späteren Werken wie NOTHING BUT TROUBLE (1991) nicht, doch ständig war sie bemüht hinzuzugewinnen, an Qualität im Ausdruck, an Sensibilität im Spiel und an Anspruch in den Projekten. »Die ganze Zeit vor GHOST war ich fürchterlich unsicher, bis hin zur Panik. Ich habe niemals Schauspielerei studiert. Ich hatte das Gefühl, dass jeden Augenblick jemand entdeckte, dass ich nur etwas vormachte. Es dauerte lange, bevor ich mir sagen konnte: ›Es scheint ganz gut zu laufen; die Leute sprechen darauf an.‹ Bei jedem Film lerne ich, ich bin ein bisschen klarer, ein bisschen stärker … Am wichtigsten aber ist, dass mein Leben jetzt geregelt ist und meine Arbeit anfängt, mich als jemanden zu zeigen, der viel ausgeglichener ist. Ich möchte viel – eine riesige Karriere, Anerkennung … Ich möchte als ernsthafte Schauspielerin angesehen werden, deren Arbeit Tiefe und Vielfalt besitzt. Aber ich möchte auch ein Filmstar sein.« (Burke, 1990)

Tatsächlich zeigt sich in ihrer schauspielerischen Entwicklung eine Tendenz zu komplexeren Charakteren. Noch zeigen nicht alle Rollen ihre darstellerische Ausdrucksbreite, doch mit jedem weiteren Film erobert sie sich einen neuen Aspekt. 1996 schlüpfte sie in die Rolle eines weiblichen Soldaten, als G. I. JANE, diesmal in Kampfuniform und im kämpferischen Einsatz. 1992 hatte sie schon einmal eine Soldatin verkörpert, in A FEW GOOD MEN, allerdings in weißer Parade-Uniform und ohne Kampfeinsatz. Beide Rollen aber fügen sich zu dem Gesamtbild einer Soldatin, die irgendwann einmal vielleicht in einer weiteren Rolle zu einem vollkommenen Charakter führt. In STRIPTEASE, THE JUROR und THE SCARLET LETTER spielte Demi Moore Mutterrollen. Jede unter einem anderen Blickwinkel, mit anderen Nuancen, noch keine aber völlig überzeugend. Wahrscheinlich ist es ihre nächste oder übernächste Mutterrolle, die zu einer wahrhaft komplexen Person führt.

Demi Moore folgt dabei keinem rationalen Muster. Wie bei ihrem Spiel geschieht dies eher instinktiv. »Meine größte Stärke ist meine Zugänglichkeit. Ich habe in vielen Charakteren, die ich gespielt habe, eine Offenheit, die für Leute einladend ist ... Das ist meine Stärke. Und meine Schwäche, würde ich sagen, ist mein Gefühl, durch meine eigene Erfahrung irgendwie eingeschränkt zu sein. Mir geht's immer besser dabei, Fragen zu stellen, wenn ich etwas nicht weiß. Denn als ich jünger war, hatte ich zuviel Angst, einfach nur zuzugeben, etwas nicht zu wissen. Ich hatte das Gefühl, wenn ich das zugäbe, wäre alles vorbei. In Wirklichkeit spüre ich, gut zu sein. Aber ich bin nicht großartig. Ich habe das Potential, vielleicht einige große Dinge zu machen, aber ich halte mich nicht für extrem begabt. Ein Teil von mir denkt einfach nur: ›Also, ich habe etwas, von dem ich nicht weiß, was es ist oder wie es funktioniert, aber ich bin froh, dass es vorhanden ist, weil mir das, was ich tue, wirklich gefällt.‹ Und dann gibt es einen anderen Teil von mir, der denkt: ›Ich weiß, dass ich wirklich ehrliche Gefühle rüberbringen und Menschen berüh-

Äußerst begabt: Gary Oldman und Demi Moore in ›The Scarlet Letter –
Der scharlachrote Buchstabe‹ (1995)

171

ren kann, aber ich fühle es nicht ...‹ Ich werde Ihnen ein Beispiel geben: Ich habe gerade mit Gary Oldman (THE SCARLET LETTER) gearbeitet, der meiner Meinung nach als Schauspieler äußerst begabt ist. Als ich ihm bei der Arbeit zusah, war ich überwältigt von der Leichtigkeit, mit der er zu den Dingen einen Zugang findet und sie für ihn ... einfach da sind. Ich habe das wohl nicht. Aber ich bin mit Sicherheit darauf vorbereitet, es bei jeder sich bietenden Gelegenheit zu lernen.« (Udovitch)

Obgleich Demi Moore in Hollywood ein Superstar ist, beharrt sie nicht unbedingt auf die ihr dadurch zustehenden Privilegien. Ihre ständige Herausforderung ist der eigene Anspruch an Qualität. Dafür scheut sie sich nicht, wie eine unbekannte Darstellerin, für eine Rolle auch vorzusprechen. »Wenn man dich nach deinem Vorsprechen nimmt, dann *weißt* du, dass du den Job schaffst. Du weißt, dass du es verdient hast. Ich lerne die ganze Zeit dazu. Ein Vorsprechen erlaubt es den Leuten, dieses Dazulernen selbst zu sehen und ihre Entscheidungen nicht nur auf den verschiedenen Projekten beruhen zu lassen, die ich in der Vergangenheit gemacht habe.« (Rhodes)

Die Unterschiedlichkeit ihrer Filmografie zeigt, in welchem Maße, gerade in den letzten Jahren, der Versuch eine Rolle spielt, Qualität zu erarbeiten und abzurunden. Was auf den ersten Blick wie die Abfolge heterogener Elemente einer immer erfolgreicheren Karriere wirkt, ist in Wirklichkeit nur das biografische Mosaik einer Charakterdarstellerin, die bestrebt ist, einem Image oder einer Kategorisierung zu entkommen. Demi Moores Qualität liegt sicherlich darin, dass sie fast bei jedem Film wie ein Chamäleon in eine andere Haut schlüpft. Andere Hollywood-Stars wie Julia Roberts oder Sandra Bullock lassen sich einfacher einordnen als die Fragile mit dem strahlenden Lächeln oder der liebreizende, sympathische Kumpel. Demi Moore wirkt dagegen häufig provozierend und erschreckend, und dies bei strahlender Schönheit. Eben jene Widersprüche sind es, die sie attraktiv machen und ihren Ruhm ständig mehren.

R wie Ruhm

Mit Recht lässt sich sagen, dass Demi Moore eine sehr sensuelle Verkörperung des amerikanischen Traumes ist. Ohne entsprechende Ausbildung, aus einer zerrütteten Familie stammend, zählt sie heute zu den Superstars von Hollywood. Das bringt unweigerlich einen Ruhm mit sich, dessen Auswirkungen störend sein können, denen Demi Moore aber gelassen ambivalent gegenübersteht. »Es gibt Zeiten, da mag ich das. Auf Premieren zu gehen, sich anzuziehen, die Fotografen, die Menge, der Tumult – das kann mich anmachen. Aber wenn Bruce und ich einfach nur essen gehen wollen und Frauen kommen und

Objekt der Begierde: Demi in ›Ghost‹

schlagen ihm auf die Schulter, stört mich das zwar nicht, aber es scheint mir unangemessen. Oder wenn ich allein in Venice Beach spazierengehe oder einkaufe – es rührt mich, wenn Leute Autogramme wollen, aber es fängt an, unangenehm zu werden«, musste sie bereits 1990 nach dem Erfolg von GHOST erkennen (Burke).

Demi Moore ist zweifellos ein Objekt der Begierde, vor allem das von Journalisten und Fotografen, die sich bei jeder Gelegenheit, passend oder nicht, auf sie und ihren Mann Bruce Willis stürzen. 1996 erschienen Fotos, die Demi Moore mit kahlgeschorenem Kopf und Bruce Willis blond gefärbt zeigten, als das Paar in Begleitung seiner Töchter eine Filmpremiere besuchte. Inzwischen hat sich Demi Moore wohl mit ihrem Ruhm und dem ihres Mannes abgefunden, auch wenn sie sich über die vielen verbreiteten Unwahrheiten ärgert. »Es liegt in der Natur dessen, was ich mache, dass man dich ein bisschen größer als das Leben sehen möchte. Aber wenn du zu weit abdriftest, ängstigt das die Menschen. Deshalb ist es im Prinzip so, dass sie dich hochheben, wenn du deine Sache gut machst, wovon sie ja auch leben, doch im gleichen Augenblick dich auch schon wieder runterziehen müssen. Einfach nur, um dich wieder auf den Boden zurückbringen zu können, indem sie Fehler bei dir finden. Aber ganz gleich, was die Leute von dir denken, du musst es dir ankreiden lassen und weitermachen. Weshalb wir nicht jeden Blödsinn, der über mich oder Bruce oder über uns beide verbreitet wird, dementieren wollen.« (Newman)

Immer wieder unternimmt Demi Moore allerdings Versuche, ihren Ruhm ein bisschen zu steuern. So sind ihre öffentlichen Auftritte nicht selten das Resultat einer clever geplanten Imagekampagne und Marketingstrategie. Sie genießt den Reichtum und die Zurückgezogenheit ihrer Position und gewährt Einblicke nur dann, wenn sie es für nötig hält und unter Kontrolle behalten kann. Demi Moore und ihre Berühmtheit, das ist auch das Produkt einer Karriere-Konzeption, die durch gezielte Information nicht nur Demis Ruhm steigert, sondern generell das Interesse an ihrer Person wachhält.

S wie THE SCARLET LETTER
(Der scharlachrote Buchstabe, 1995)

Als der Film im April 1995 in die deutschen Kinos kam, eilte ihm
bereits ein miserabler Ruf voraus – zu Recht, wie sich herausstellen sollte. Was als umso bedauerlicher einzuschätzen ist, waren doch einige interessante Talente an THE SCARLET LETTER
beteiligt, denen man eine derart missratene Klassiker-Adaption
nicht zugetraut hätte. Vor allem Demi Moore musste sich hämische Kritik und bittere Ironie über ihre schauspielerische Leistung und ihre künstlerischen Ambitionen in Verbindung mit
nackter Haut anhören. Auch in Deutschland war die Kritik nicht
eben freundlich. Kein Wunder daher, dass der 50-Millionen-
Dollar-Film an den Kinokassen in den USA und Deutschland
durchfiel und vermutlich Demi Moores Marktwert reduzieren
wird. Zumal wenig später auch der zweite, unter ähnlichen Prä-
missen kalkulierte Erfolg mit STRIPTEASE ausblieb. THE SCAR-
LET LETTER sollte ein sicherer Erfolg allein dadurch werden,
dass man mit dem gleichnamigen Roman von Nathaniel Hawthorne eine Vorlage für die Leinwand adaptierte, die zur Pflicht-
lektüre amerikanischer Schüler gehört und somit eines der be-
kanntesten literarischen Werke in den USA ist. Und Demi
Moore in der Hauptrolle der Hester Prynne versprach eine neue
Sicht auf diese klassische Frauenfigur der Weltliteratur.
Im Jahre 1666 kommt die junge Hester Prynne aus England
nach New Jerusalem in New England, einer britischen Kolonie
an der Ostküste Amerikas. Hester gerät in eine Gesellschaft, die
sich im Kampf gegen die wilde, rauhe Natur und die eingeborenen Indianer befindet, deren Christianisierung nur eine oberflächliche ist, wie ein indianisches Ritual zu Beginn des Films
nahelegt.
Das Unverständnis der Einwanderer gegenüber ihrer Umgebung und ihre fast störrische Behauptung, in religiöser Freiheit
zu leben, zeugen allerdings vom genauen Gegenteil. Die neue
Gesellschaft wird beherrscht von bigotter Frömmigkeit und
starren Anstandsregeln, die Individualität misstrauisch ausschließen. Sofort missfällt den argwöhnisch beobachtenden
Dorfältesten, dass Hester ohne ihren Mann gekommen ist, der

sie vorgeschickt hat, das Heim vorzubereiten. Gleich die ersten Äußerungen der Menschen lassen Hester ahnen, dass ihre Einstellung zum Leben dramatischen Zwängen ausgesetzt sein wird. Ihr Beharren darauf, weiterhin Spitze am Kleid zu tragen und ein abgelegenes Haus zu kaufen, führt bereits zu argwöhnischem Geflüster der Dörfler. Hester aber lässt sich nicht beirren und geht ihren Weg.

Eines Tages beobachtet sie, einem roten Vogel neugierig in den Wald folgend, einen nackten Mann, der im Fluss schwimmt. Wenig später ist es dieser Mann, der ihr dabei helfen will, ihren Wagen auf dem Weg zur Kirche aus dem Schlamm zu ziehen. Als dies nicht gelingt, reiten beide querfeldein ins Dorf. In der Kirche erlebt Hester dann mit Erstaunen, dass der unbekannte Helfer der Reverend Arthur Dimmesdale (Gary Oldman) ist, der durch die Begegnung mit Hester offenbar zu einer leidenschaftlichen Predigt animiert worden ist. Unverkennbar ist, dass sich beide von Beginn an zueinander hingezogen fühlen. Zuerst aber bahnt sich ihre mühsam unterdrückte Leidenschaft nur mittels ausgetauschter Lektüre einen Weg. Doch dann heißt es, dass Hesters Mann Roger (Robert Duvall) ums Leben gekommen ist, als sein Boot bei der Landung von Indianern überfallen wurde. In Wahrheit aber hat Roger als einziger überlebt und wird von den Indianern zu einem der Ihren gemacht. Roger geht in der Lebens- und Denkweise der Indianer auf, setzt dabei aber ihre grausamen Rituale in seine eigene Gewalttätigkeit um, so dass die Indianer ihn am Ende fürchten und zurück in die weiße Zivilisation schicken.

Nachdem also Roger Prynne für Arthur und Hester tot ist, brechen alle Dämme ihrer Leidenschaft. Gierig fallen sie übereinander her und lieben sich. Immer wieder, überall, aber immer heimlich. Hester entdeckt, und mit ihr der Zuschauer dank der Schlüssellochperspektive ihrer stummen Dienerin Mituba (Lisa Jolliff-Andoh), ihren Körper und streichelt ihn beim Baden im Zuber in aller Ausgiebigkeit. Der Zuschauer darf sich dabei an Demi Moores wohltrainierten Proportionen freuen, ebenso die Kamera, die sie von oben nach unten abfährt. Eine für einen Kostümfilm sehr offenherzige Szene, die dramaturgisch wenig Sinn macht, nichts mit dem 17., dafür umso mehr mit dem ausgehenden 20. Jahrhundert zu tun hat, aber schön anzusehen ist. Und

Argwöhnische Dörfler bringen sie hinter Gitter: Demi Moore in ›The Scarlet Letter‹

die vielleicht einzig dazu diente, einen finanziellen Reinfall des teuren Films vermeiden zu helfen.

Doch Hester lässt auch in anderen Dingen ihrer Individualität freien Lauf. So versammelt sie einige Frauen zu regelmäßigen Treffen bei sich, darunter die von allen gemiedene Harriet (Joan Plowright), die als Hexe gilt. Das ruft den Zorn der besonders bigotten Bürger hervor, die nach einem Vorwand suchen, Hester für ihren Eigensinn zu bestrafen. Als sich die Frauen bei einem ihrer Treffen über die Bibel amüsieren, stürmt eine von ihnen hinaus, empört über die Blasphemie, und beschreibt dem Ältestenrat ihre Beobachtung. Sie hat Hester sich übergeben sehen. Hester wird vor den Gouverneur geladen, der zunächst den Charakter der Treffen in ihrem Haus herausfinden möchte, um sie als Ketzerei verbieten zu können. Doch dann konfrontiert er Hester mit der Aussage jener frommen Frau. Sie muss zugeben, schwanger zu sein. Den Vater aber will sie nicht nennen.

Arthur wird Zeuge dieser Szene, kann aber nicht verhindern, dass Hester in den Kerker geworfen wird, wo sie so lange bleiben soll, bis sie den Vater des Kindes genannt hat. Reverend Arthur findet nicht den Mut, sich zu offenbaren. Nach der Geburt ihrer Tochter Pearl wird Hester aus dem Gefängnis entlassen, ohne den Vater verraten zu haben, muss aber in Zukunft den scharlachroten Buchstaben »A« für »Adultery« (Ehebruch) tragen. Gemieden von der Gesellschaft, gelingt es ihr dennoch, erfolgreich ihr Leben zu gestalten, das am Ende einer tödlichen Bedrohung ausgesetzt ist. Denn ihr totgeglaubter Mann Roger ist unter falschem Namen zurückgekehrt und hat das Vertrauen der bigotten Bürger gewonnen. Er zwingt Hester, Stillschweigen zu bewahren, sinnt er doch auf Rache und will herausfinden, wer der Vater des illegitimen Kindes ist. Roger schürt allgemeines Misstrauen und heizt die Atmosphäre so auf, dass es schließlich zum vorhersehbaren Ausbruch von Gewalt kommt. Die Bürger verurteilen Harriet als Hexe und stellen sie mit Hester, die sich durch nichts hat einschüchtern lassen und den gequälten Reverend weiter schützt, unter den Galgen. Endlich findet Arthur die Kraft zu handeln. Gemeinsam mit den Indianern nimmt er die Stadt ein und befreit Hester, die er nun mitsamt Tochter Pearl in die Arme schließen kann. Gemeinsam macht man sich auf in ein freieres Leben.

Vor allem dieses Happyend stieß auf die Ablehnung der gesamten Kritik. Mit »A – for Awful« (entspricht etwa »F für fürchterlich«) wurde der Film klassifiziert, der in der Tat dort endet, wo der Roman eigentlich beginnt, nämlich mit den Ereignissen nach der Geburt des illegitimen Kindes. Roland Joffé begründete die zahlreichen Änderungen, insbesondere den breiten Raum, den das Liebesverhältnis der einsamen Frau und des unzufriedenen Pastors einnimmt – worauf bereits im Vorspann durch den Hinweis einer freien Adaption aufmerksam gemacht wurde –, mit dem zu respektierenden Blickwinkel des Zuschauers der neunziger Jahre. Was die Frage zulässt, weshalb dann überhaupt ein literarischer Klassiker des vergangenen Jahrhunderts verfilmt werden musste. Nur etwa dreißig Minuten Film entsprechen der Vorlage, der Rest entstand in Anpassung an die

»modernen Zeiten« und vor allem an seinen Star Demi Moore. Eine heiße Romanze, Sexszenen, Indianerüberfälle, der Triumph des Guten über das Böse und ein Happyend für die Familie – all das findet sich nicht in Hawthornes Roman, der aus der Sicht und Moral des 19. Jahrhunderts – das Buch erschien 1850 – die Zeit der Pilgerväter im 17. Jahrhundert beschreibt. Hawthorne versuchte eine psychologische Beschreibung der Art und Weise, wie empfindsame Seelen in einer geschlossenen Gesellschaft Ablehnung oder Zustimmung bewältigen. Es ist auch ein Roman über eine Liebe, die in einer freudlosen Umgebung keine Möglichkeit der Entfaltung besitzt. So stirbt Reverend Dimmesdale, nachdem er seine Liebe zu Hester Prynne erklärt hat, während er im Film den Indianeraufstand zu ihrer Befreiung anführt. Und Hester Prynne lustvoll auf einem Pferd reitend ist schwer vorstellbar für eine Person, die moralisch verurteilt wird, so wie der Roman insgesamt moralische und psychologische Dimensionen thematisiert und keine äußeren Elemente für die Stärke seiner Hauptfigur benötigt. Dialoge, Verhalten,

Gary Oldman mit Demi Moore in ›Der scharlachrote Buchstabe‹

Leidensfähigkeit machen aus Demi Moores Hester Prynne ein Sinnbild für das Schicksal der Frauen insgesamt, gesehen mit dem emanzipierten Blick einer modernen Geschäftsfrau des ausgehenden 20. Jahrhunderts.

»In Wahrheit haben nicht viele Menschen das Buch gelesen«, rechtfertigte sich Demi Moore angesichts der verheerenden Kritiken, »oder wenn, dann ist das *sehr* lange her. Wenn sie also das Gefühl haben, dass dies irgendein Betrug an der klassischen Literatur ist, dann wird das für sie niemals funktionieren. Wenn man den Film nur als Film sieht, dann funktioniert es. Denn es gibt kein *völlig* glückliches Danach.« (Millea)

Übersehen wurde dabei von ihr, dass Joffés Mischung aus Jane Campions The Piano und Michael Manns The Last of the Mohicans insgesamt falsche Akzente setzte und aufdringliche Symbole benutzte wie den roten Vogel, der Hester durch den Wald zum nackt badenden Reverend Arthur führt, was nicht gerade von der filmischen Subtilität zeugte, welche man beim Regisseur von The Mission hätte erwarten dürfen. Doch Joffé steht mit seinem Scheitern nicht allein. Zwischen 1910 und 1922 wurde der Roman sechsmal verfilmt, 1926 entstand dann unter der Regie von Victor Sjöström mit Lilian Gish die gelungenste Version, während Wim Wenders 1979 in seiner Adaption mit Senta Berger ebenfalls scheiterte. Die symbolischen Überfrachtungen in Joffés Version sind dabei allein auf das Bemühen zurückzuführen, den Stoff für das Publikum der neunziger Jahre attraktiv zu gestalten. Wie sonst wären Szenen zu erklären, in denen Demi Moore sich ausgiebig wäscht und durch ein Schlüsselloch beobachtet wird, oder eine Parallelmontage zwischen einer Liebesszene im Heu und dem Versenken einer Kerze in einem Badezuber durch Hesters stumme, aber attraktive Sklavin. Alle Anregungen der Fantasie im Roman werden im Film überdeutlich visualisiert, womit der Fantasie kein Raum mehr bleibt. Was bleibt, sind die »Parallelen« zwischen Filmfigur und Hauptdarstellerin. »Manchmal pflegte Demi zu lachen«, schildert Regisseur Joffé seine Beobachtungen. »Ich habe manche der Einstellungen behalten. Etwas ging in einer Szene schief, und dieses Lachen war absolut bezaubernd. Das war die wahre Demi, völlig offen und verletzlich. Aber manchmal entgingen mir die Anzeichen einer tiefen Traurigkeit eben auch nicht. Und die

Die doch noch glücklich vereinte Familie: Betrug an der klassischen Literatur?

stammt aus der Kindheit. Mein Gott, sie hat sich nichts von dem, was sie durchmachte, selbst ausgewählt. Ihr Triumph ist, dass sie all das überstand. Und das ist auch eine Art eines eigenen Happyends.« (Millea)

Die finanziellen Misserfolge von THE SCARLET LETTER und wenig später von STRIPTEASE in den USA aber werden Demi Moores Marktwert nicht steigern. Offenbar ist das Publikum im Kino nicht gewillt, Demis wohlgeformten Körper als einzigen Anreiz hinzunehmen, sich einen Film anzuschauen, in dem sie die Hauptrolle spielt. Aber sie hat es immer geschafft, sich aus den Niederungen ihrer Karriere wieder nach oben zu arbeiten, mit Qualität und nicht mit Spekulation.

S wie THE SEVENTH SIGN
(Das siebte Zeichen, 1988)

Ihren Mut zu unkonventionellen Auftritten vor der Kamera, wie auf dem Titelblatt von *Vanity Fair*, bewies Demi Moore auch in dem Mystik-Thriller THE SEVENTH SIGN über die Warnzeichen der bevorstehenden Apokalypse, übrigens auch dies kein Höhepunkt in ihrer Filmografie. Sie spielt eine Schwangere und war dies auch in Wirklichkeit.

In Haiti marschiert ein unheimlicher Fremder (Jürgen Prochnow) durch ein Dorf der Eingeborenen ans Meer, wo die Fische tot angespült werden. In der israelischen Negev-Wüste findet das Militär ein komplett vereistes Dorf, dessen Bewohner erfroren sind. Ein plötzlich aus dem Nichts auftauchender Priester, der sich als Pater Lucci ausweist (Peter Friedman), erklärt, dass an der Stelle des Dorfes sich früher Sodom befunden habe. Ein brennendes Urwalddorf und ein Fluss in Nicaragua, dessen Wasser zu Blut wird, sind weitere der insgesamt sieben Zeichen der bevorstehenden Apokalypse.

Abby Quinn (Demi Moore) beobachtet derweil nichtsahnend ihr Baby per Ultraschall. Die Hochschwangere hofft ängstlich auf eine komplikationsfreie Geburt, hatte sie doch schon einmal eine Fehlgeburt. Ihr Mann Russell (Michael Biehn) ist Anwalt und verteidigt den jungen, mongoloiden Jimmy (John Taylor), der seine Eltern mit dem Hinweis umgebracht hatte, dies sei die Strafe Gottes für ihr gottloses Verhalten. Jimmys Eltern waren in Wirklichkeit Geschwister, und er ist das Resultat einer inzestuösen Beziehung. Er weigert sich aber, sich einer psychiatrischen Untersuchung zu unterziehen.

Abby empfängt derweil einen namenlosen Fremden (Prochnow), der das Zimmer über ihrer Garage mieten will und der verblüfften Frau mitteilt, ihr Baby komme am 29. Februar zur Welt. Obgleich sie den Fremden ein wenig unheimlich findet, vermietet sie ihm das Zimmer. Später findet sie dort einen Brief mit einem Siegel, wie es bei allen Naturkatastrophen zuvor zerbrochen wurde. Der Fremde erzählt Russell und Abby von der Halle Gottes, dem sogenannten Guf, aus der die Seelen der Neugeborenen stammen. Was er nicht sagt, ist, dass diese Halle nahezu leer ist. Als Abby für ihr Baby einkaufen geht, wird sie von dem Fremden unbemerkt beobachtet. Doch dann scheint sie seinen Blick zu spüren und entdeckt ihn im Regen an einer Straßenecke.

Ihr Blick – die Kamera zeigt nur die Augenpartie – ist fragend und erstaunt. Ein Blick aus Demi Moores grünblauen Augen, der einmal mehr zeigt, welch hypnotische Kraft und Klarheit sie haben und in welch wesentlichem Maße sie ihre Attraktivität ausmachen. Es ist ein Blick, der Sogwirkung besitzt, und so folgt der Zuschauer Abby in eine Synagoge, in der der unheimliche Fremde verschwunden ist. Abby sucht ihn, bemerkt nicht, wie sie dabei von ihm beobachtet wird. Ein Mann weist sie aus der heiligen Stätte. Als Abby die Tür erreicht hat, zerbricht die Hand des Fremden das Siegel auf einem Brief und Abby stürzt von Schmerz überwältigt zu Boden, ihr Gesicht aus Angst vor einem erneuten Verlust ihres Babys verzerrt. Im Krankenhaus

Die Kraft und Klarheit dieser Augen ...

weiß sie schon, dass dieser Schmerz ein anderer ist, von außen kommt und ihr Baby wohl nicht gefährden wird. Wieder zu Hause, untersucht sie die Wohnung des Fremden. Sie findet Zeitungsausschnitte über Naturkatastrophen und andere merkwürdige Ereignisse. Sie entdeckt eine hebräische Schrift, die ihre Neugier weckt, weil sie darauf die Zahlen 2-29 bemerkt, den vorgesehenen Geburtstag ihres Kindes. Als sie die Schrift mitnimmt, zerbricht sie durch Zufall das Siegel eines weiteren Briefes. Wenig später kommt es zu einem Erdbeben.

Abby sucht Rat. Der junge Bibelschüler Avi (Manny Jacobs) hilft ihr weiter. Er entziffert die hebräische Schrift, die vom Untergang der Welt spricht, wenn ein Kind, nach den sieben Zeichen der Apokalypse, ohne Seele geboren wird. Abby versteht und fürchtet um das Leben ihres Kindes.

Demi Moore wirkt gerade in diesen Momenten am glaubwürdigsten und überzeugt durch die Intensität ihres Spiels, dem die bevorstehende eigene Erfahrung anzusehen ist. Überhaupt scheinen Mutterrollen, wie später in THE SCARLET LETTER und in STRIPTEASE, Demi Moore ein intensives Erleben abzufordern, das diese Rollen in ihrer Emotionalität und Warmherzigkeit über andere hinaushebt. So wirkt der Nervenzusammenbruch, den Abby erleidet, als sie verzweifelt und wütend auf den Fremden einsticht, dieser aber nicht stirbt, sondern nur Licht verströmt, denn auch nicht aufgesetzt oder theatralisch. Er legitimiert sich vielmehr aus der zuvorigen graduellen Steigerung ihres gefühlsbestimmten Spiels, das die Dramatik dieser Szene auf eine sentimentale Ebene zurückführt und zugleich verstärkt. Der Fremde hatte sich nämlich als Bote Gottes zu erkennen gegeben und ihr erklärt, dass Gottes Seelenhalle leer sei und ihr Kind das erste Neugeborene ohne Seele sei. Danach gehe die Welt unter, was er als Gottes Bote unbedingt zu verhindern suche.

Nackt und schwanger sitzt Abby später in der Wanne und ist versucht, sich die Adern aufzuschneiden. Doch dann siegt ihr mütterlicher Instinkt. Für Demi Moore war die besondere Herausforderung in diesen Szenen, die an der Grenze zur Lächerlichkeit angesiedelt sind, lässt man sich nicht auf das diffus mysterische Ambiente des Films ein, eine menschliche Glaubhaftigkeit darzustellen, als normale amerikanische werdende Mutter, die sich mit Abgesandten von Gott und Teufel herumschlagen muss. Während auf der Straße dicke Eisklumpen vom Himmel regnen, erfährt sie von Pater Lucci, selbst das siebte Zeichen der Apokalypse zu sein. Als sie seinen Ring bemerkt, steigen Erinnerungsfetzen auf. Abby sieht sich unter Frauen, die Zeuge werden, wie ein römischer Soldat, in dem Lucci erkennbar wird, Jesus (Prochnow) niederschlägt und dafür von Gott zu ewigem Leben verflucht wird, bis die Apokalypse die Welt vernichtet. Was Lucci, der Abgesandte des Satans, auf jeden Fall erreichen und der Bote Gottes eben verhindern will.

Ein weiteres Zeichen entdeckt Abby im Fernsehen. Der Klient ihres Mannes soll hingerichtet werden, während draußen eine Sonnenfinsternis eintritt. Als Abby zusammen mit Avi Jimmys Hinrichtung vereiteln will, kommt es zu einem Schusswechsel. Pater Lucci versucht, Jimmy zu erschießen, doch Abby wirft sich vor die Kugel. Im folgenden Schusswechsel aber wird Jimmy getötet, die Apokalypse beginnt. Noch auf dem Weg ins Krankenhaus setzen bei Abby die Wehen ein. Ihr Kind wird tot geboren, doch Gottes Bote fragt sie, ob sie für ihr Baby sterben würde. Als sie bejaht, beginnt sich das Baby zu rühren, während sie ihr Leben aushaucht. Ihr Kind aber, und damit die Halle Gottes, hat wieder eine Seele. Abbys Opferbereitschaft, ihre Hoffnung hat die Welt schließlich vor dem Untergang bewahrt. Obgleich die schwangere Demi Moore einen bleibenden Eindruck hinterlässt, ist es vor allem die sinistre Erscheinung von Jürgen Prochnow, die den Film des australischen Regisseurs Carl Schultz prägt. Im Hollywood-Kino verkörperte Prochnow, wie in BEVERLY HILLS COP II (1987), häufig den Schurken, was wohl durch seine Darstellung des U-Boot-Kommandanten in DAS BOOT (1981) bedingt war. Doch der Star des Films war Demi Moore, und es zeigte sich, dass sie das Kinopublikum noch nicht in Massen anzog. Der Film, von der Kritik zum Teil heftig verrissen, wurde ein kommerzieller Reinfall. Dennoch ist THE SEVENTH SIGN bei näherer Betrachtung ein Film, der sich innerhalb seines Genres nicht nur bewährt, sondern auch eine gewisse Sonderstellung einnimmt, mildert er den Horror doch durch seine menschliche Geschichte um eine werdende Mutter.

Für diese sentimentale Seite des Films, dessen Katastrophenaufnahmen trotz bescheidener Mittel wirken, als seien sie für

*Das positive Zentrum des Films: Demi Moore in ›The Seventh Sign –
Das siebte Zeichen‹*

eine Großproduktion inszeniert, sorgt allein Demi Moore, die
hier bewies, dass sie schauspielerisch seit ihren Anfängen nicht
nur dazugelernt, sondern ihr Spektrum erheblich erweitert hatte. Ihre Abby wirkt wie eine Figur, mit der sich Demi Moore
identifiziert, wozu sicherlich die eigene Schwangerschaft
beiträgt. Während die Geschichte mit ihren alttestamentari-
schen Verweisen und allerlei anderem Hokuspokus von einem
logischen Loch ins nächste stolpert, dabei mehr Fragen stellt als
beantwortet, bildet Demi Moore das positive Zentrum des
Films. Ihre Ausstrahlung hat Charisma, doch (noch) nicht in dem
Maße, dass es sich selbst im Weg steht. Sie dominiert den Film

allein mit ihrer Präsenz, ohne weitergehende theatralisch-schau-spielerische Mittel einsetzen zu müssen.

Dennoch erlaubt die Figur der Abby ihrer Darstellerin einen ganzen Reigen an Gefühlsausdrücken, die von Moore routiniert und glaubhaft gespielt werden. Doch erst im folgenden Jahr wurden in GHOST ihr natürliches Charisma und ihre starke Präsenz richtig erkannt und vom Publikum geschätzt. Erst dieser Film sollte Demi Moore zum Star machen. Unter der Regie von Carl Schultz reichten ihre Fähigkeiten allerdings nicht, die Schwächen des Films zu überdecken. Zur gleichen Zeit übrigens feierte ihr frischgebackener Ehemann Bruce Willis mit DIE HARD (*Stirb langsam*, 1987) seinen internationalen Durchbruch und avancierte einige Jahre vor seiner Frau zum Superstar. Demi Moore dazu: »Es gibt keinen Grund, Angst zu haben oder unsicher zu sein wegen des Erfolgs des anderen. Es gibt wirklich keinen Grund, miteinander zu konkurrieren. Was für eine Zeitverschwendung … Es gehört nicht zu dem, was uns als Paar vorantreibt. Er gibt mir die Stärke, die ich nicht habe, und ich mache das gleiche für ihn. Mein größter Konkurrent bin ich selbst.« (Wilkinson)

S wie St. Elmo's Fire

(St. Elmo's Fire –
Die Leidenschaft brennt tief, 1985)

Es war für alle Beteiligten der Durchbruch. Regisseur Joel Schumacher drehte in den folgenden Jahren Filme wie BATMAN FOREVER (1995), THE CLIENT (*Der Klient*, 1993) oder den Julia-Roberts-Erfolg DYING YOUNG (*Entscheidung aus Liebe*, 1990). Doch vor allem seine jungen Darsteller, die meisten von ihnen bis dahin nahezu unbekannt, rückten in die Aufmerksamkeit von Publikum und Presse. Emilio Estevez, Rob Lowe, Andrew McCarthy, Ally Sheedy – spätere Trauzeugin von Demi Moore – und Mare Winningham wurden dem sogenannten Brat Pack zugerechnet, eine Bezeichnung der Presse für eine neue, untereinander befreundete Generation von Schauspielern, deren Karrieren in den folgenden Jahren teilweise völlig unterschiedliche Verläufe nehmen sollten. Auch Andie MacDowell, in den achtziger Jahren ein bekanntes Fotomodell, avancierte in den folgenden Jahren zum Filmstar (GREEN CARD, Regie Peter Weir, 1990).

Der Erfolg von ST. ELMO'S FIRE beruht aber vor allem auf seiner Authentizität. Seine Personen wirken typisch und glaubwürdig, repräsentierten zu ihrer Zeit eine ganze Generation. Ihre persönlichen Konflikte sind auch die ihrer Altersgenossen in der Realität. Nach der relativen Sicherheit des College muss sich jeder mit der Unsicherheit neuer Erfahrungen auseinandersetzen, vor denen es keinen Schutz mehr gibt und für die jeder selbst Verantwortung übernehmen muss. Eine entscheidende Veränderung im Leben der Heranwachsenden, die Regisseur Joel Schumacher, der auch für das Drehbuch mitverantwortlich zeichnete, als universelles Drama entwarf und die für das jugendliche Publikum dementsprechend nachvollziehbar wurde. Manche der Dramen sind persönlich und bedingen sich durch das Verhalten der einzelnen Figuren, gespeist von den persönlichen Erfahrungen der Beteiligten. Doch durch diese Subjektivität der Vision erzielte der Film seinen über das Individuelle hinausgehenden Charakter.

Darin liegt die Gemeinsamkeit von Schumachers Film mit einem anderen bestimmenden Film der Generation, THE BREAK-FAST CLUB (*Der Frühstücksclub*, 1985) von John Hughes, in dem Emilio Estevez, Judd Nelson und Ally Sheedy die Hauptrollen spielten.

Hughes' Film schildert die Schwierigkeiten der Jugendlichen auf der High School, ihre Probleme mit den Autoritäten und den Eltern; ST. ELMO'S FIRE – eine Metapher für ein aus der Nautik bekanntes Naturphänomen, eine Art Lichtillusion, die bei stürmischem Wetter auftreten kann – beschreibt die Verwirrung nach dem College, wenn die nunmehr jungen Erwachsenen ihrem Leben einen Sinn geben müssen, wo die äußere Wirklichkeit bislang doch keine Bedeutung für sie hatte. Auf der Suche nach ihrer Bestimmung entdecken die jungen Leute dann ihre Fähigkeiten und Schwächen.

In den Monaten nach Schulabschluss sind die sieben Freunde des Films zwar noch alle in der gleichen Stadt und treffen sich auch immer wieder in ihrer Bar »Saint Elmo's Fire«, doch ihre Leben haben inzwischen einen unterschiedlichen Verlauf genommen, der sie irgendwann einmal zu Fremden werden lässt. Wie häufig in Geschichten über eine Clique sind die potentiellen Verlierer die interessantesten Figuren.

Wie Billy Hixx (Rob Lowe), der betrunken einen Autounfall hatte und nun im Krankenhaus behandelt wird, wo sich alle anderen nach und nach einfinden. Billy ist schon verheiratet und hat ein Kind, kümmert sich aber nicht um seine Familie. Vielmehr hängt er der vermeintlichen Sicherheit des College nach, auf dem er als Sportkanone bewundert wurde. Sein Traum ist, Saxophon zu spielen und frei von jeglicher Verantwortung zu sein. So wie bei dem Autounfall, der mit dem Wagen von Wendy (Mare Winnigham) geschah, Tochter aus wohlhabendem Haus, deren Vater (Martin Balsam, das einzige Elternteil im gesamten Film) sie am liebsten mit einem Mann seiner Wahl verheiratet sähe und ihr dafür ein Cabriolet schenken würde. Doch Wendy ist daran nicht interessiert, hegte sie doch schon seit der Schule eine heimliche Liebe für Billy, den ihre Eltern überhaupt nicht mögen.

Wendy ist die gute, ausgleichende Seele in der Clique, immer hilfsbereit und Ansprechpartner für die anderen. So ist es kein Wunder, dass sie als Sozialarbeiterin tätig ist. Ihr Idealismus verdeckt aber nicht ihr eigenes Problem, die Loslösung vom Elternhaus, bei dem ihr keiner der Freunde helfen kann. Vor allem deshalb nicht, weil Wendys Menschlichkeit und Hilfsbereitschaft auf ihre Freunde schon fast einschüchternd wirken.

Im Krankenhaus begegnet Kirby Kager (Emilio Estevez) seinem heimlichen College-Schwarm Dale Biberman (Andie MacDowell), die angehende Ärztin und schon sehr erwachsen ist. Von nun an wird Kirby alles versuchen, um Dale von sich zu überzeugen, selbst um den Preis der Lächerlichkeit. Dabei ist Kirby, der Jura studiert und nebenbei im »St. Elmo's« kellnert, der Vernünftige in der Gruppe, mit einem klaren Blick auf die Ereignisse und deren Folgen. Doch sein Werben um Dale ähnelt dem ersten Eroberungsversuch eines hoffnungslos verliebten romantischen Teenagers. Fachmann für schwierige Situationen ist Alec Newberry (Judd Nelson), der immer lautstark seine liberalen Ideale vertreten hat und nun um der Karriere willen bei einem republikanischen Senator arbeitet. Er verkörpert den typischen Yuppie; sein Ziel ist ein politisches Amt. Dazu ist er nicht nur kompromissbereit, in den Augen seiner Freunde verkauft er auch seine Überzeugungen.

Alec möchte unbedingt Leslie Humphries (Ally Sheedy) heiraten, eine angehende Architektin, die sich aber noch nicht gänzlich binden und statt dessen lieber eine gewisse Promiskuität ausleben möchte. Das regt Alec ebenso auf wie Leslies beruflicher Ehrgeiz, der die Gründung einer Familie nicht zulässt. Ihre ständigen Streitigkeiten leid, verlässt Leslie Alec und geht zu dessen bestem Freund Kevin Dolenz (Andrew McCarthy).

Kevin ist der träumerische Intellektuelle der Clique. Er hat seine Identität noch nicht gefunden, möchte am liebsten Schriftsteller werden, schreibt aber nur Nachrufe in der Zeitung. Sicher ist er sich nur seiner Liebe zu Leslie, die davon erst erfährt, als sie zu ihm zieht. Ansonsten fällt er nur durch seinen antrainierten Bohemien-Lebensstil auf und sein Desinteresse für andere Frauen als Leslie.

Die problembehaftetste unter den Freunden ist Julianna Van Patten (Demi Moore), von allen Jules genannt. Sie strebt nach Glanz und gesellschaftlicher Anerkennung, die sich für sie ganz selbstverständlich in Luxus äußert. Sie haust in einem überteuerten pinkfarbenen Apartment, das leblos und wie von einem

Der träumerische Intellektuelle und die mondäne Kokserin: Andrew Mc-Carthy und Demi Moore in ›St. Elmo's Fire‹

Innenarchitekten eingerichtet wirkt. Zum Schlafen aber bevorzugt sie die Wohnung von Alex und Leslie, um dem Alleinsein zu entgehen. Doch ihre mondäne Fassade hat Risse, die immer größer werden, wie ihre Freunde merken, ohne helfen zu können. Jules gibt sich weltoffen, schnupft Kokain und trifft sich mit arabischen Geschäftsleuten in einem Luxushotel. Mitten in der Nacht ruft sie dann Alec an und bittet ihn, sie vor den Arabern zu retten. Vollgedröhnt mit Koks und beleidigt darüber, dass Alec sie nicht in ihr kaltes Heim begleiten will, stürzt sie sich noch in der gleichen Nacht ins nächste Abenteuer.

Ihre auf Betäubung ausgerichteten Aktionen dienen dabei allein dazu, ihre augenblickliche Situation zu verdrängen. Denn Jules ist hoch verschuldet, hat ihr Gehalt auf Monate hinaus schon im Voraus erhalten. Und sie kann die Einsamkeit nicht ertragen. Ihren besorgten Freundinnen Leslie und Wendy erzählt sie, ein Verhältnis mit dem Vizepräsidenten der Bank zu haben, in der sie arbeitet. In Wirklichkeit aber ist sie bereits gefeuert und sieht für sich keine Lösung mehr. Immer stärker flüchtet sie sich in eine Scheinwelt, aus Furcht, sich ihren Problemen stellen zu müssen.

Auch Billy wird aus jedem Job geworfen, hat Angst, sich mit seinen Problemen auseinanderzusetzen. So bleibt die Begegnung der beiden »Verlierer« nicht aus. Als Jules ihn eines Nachts nach Hause fährt, kommt es zu einem freundschaftlichen Kuss, nachdem sie beide sich ansatzweise über ihre Probleme unterhalten haben. Billy versucht daraus mehr zu machen, doch Jules weist ihn energisch zurück. Ihr ist an einer sexuellen Beziehung zu Billy nicht gelegen, der doch nur aus Verzweiflung über seine Unfähigkeit, mit seiner Frau zu leben, den Frauenhelden spielt. Jules fährt wütend davon, nachdem sie sich ihren Autoschlüssel wieder erkämpft hat. Zu spät merkt Billy, dass sie in ihm einen Freund suchte, bei dem sie sich aussprechen konnte.

So rutscht Jules immer tiefer in eine Krise, aus der es bald keinen Ausweg mehr geben wird. Als Leslie zu ihr zieht, weil sie sich von Alec getrennt hat und sich weder von ihm noch von Kevin manipulieren lassen will, entdeckt sie ein kokainschnupfendes Nervenbündel, dessen Zusammenbruch kurz bevorsteht. »Ich bin so müde«, sagt Jules, die gerade zweiundzwanzig ist. Völlig aufgelöst hat sie sich schließlich in ihrer Wohnung eingeschlossen und will keinen mehr sehen. Außer Billy, der ihre Situation und ihre Verzweiflung nachvollziehen kann und die richtigen Worte findet, sie aus ihrer Erstarrung zu befreien. Bei der Lösung ihrer Probleme aber kann auch er nicht helfen, muss er doch endlich für sich selbst Verantwortung übernehmen.

Billy hat inzwischen seine Frau verlassen und wird in New York sein Glück als Musiker versuchen. Leslie hat sich entschieden, ohne Alec und Kevin zu bleiben und ihre eigene Karriere in Angriff zu nehmen. Kirby ist es gelungen, von Dale einen Kuss zu erhaschen und zu erkennen, dass er endlich erwachsen werden muss und keinen Pennälerträumen mehr nachhängen sollte. Alec wird Karriere machen, ebenso Kevin, der endlich etwas veröffentlichen konnte. Wendy hat sich von Billy entjungfern lassen und wird ihre sozialen Tätigkeiten fortsetzen.

»St. Elmo's Fire«, ihr Treffpunkt, hat seine Faszination und seine verbindende Wirkung verloren. Ein jeder erkennt jetzt das Leben, das vor ihm liegt, und beginnt sich damit ernsthaft auseinanderzusetzen. Bis auf Jules, die nach der Überwindung ihres Nervenzusammenbruchs zwar neue Kraft geschöpft hat, aber ziemlich sicher in die nächste Krise fallen wird.

Tatsächlich spielt Demi Moore die vielfältigste Rolle in ST. ELMO'S FIRE. Sie ist mal mondäne Lady, mal Hippiemädchen, mal lebensfroh, mal verzweifelt. Ihre darstellerische Bandbreite erreichte hier ein Maß, das sie erst Jahre später wiederfand. In ihrem Charakter finden sich alle Widersprüche jugendlicher Menschen, die verunsichert sind vom Unterschied zwischen ihren Träumen und den Bedingungen der Realität. Demi Moore gelang es, diese Unsicherheit nachvollziehbar und glaub-

(V. l. n. r.) Rob Lowe, Demi Moore, Emilio Estevez, Mare Winningham, Judd Nelson, Ally Sheedy, Andrew McCarthy

haft zu gestalten, weshalb viele Kritiker sie als die eigentliche Entdeckung des Films priesen und konstatierten, dass die Rolle der Jules ihre bis dahin beste sei. Das resultierte sicherlich auch aus ihren persönlichen Umständen.

Denn fast hätte sie die Rolle der kokainschnupfenden, immer mehr über sich die Kontrolle verlierenden Jules nicht bekommen. Bei den Probeaufnahmen hatte sich gezeigt, dass Demi Moore zu wenig Distanz zur Rolle besaß und eigene Erfahrungen ähnlich denen von Jules gemacht hatte. Joel Schumacher spürte, dass sie an einem entscheidenden, gefährlichen Wendepunkt ihres Lebens und ihrer Karriere stand. Beides drohte sich in ein Desaster zu verwandeln. Schumacher stellte sie vor die Alternative, gefeuert zu werden oder aber eine Entziehungskur noch vor Beginn der Dreharbeiten zu machen. »Ich glaube, ich besaß noch einen Funken Gefühl für das, was ich erreichen wollte, und ich wusste, es würde sich in nichts auflösen, wenn ich nicht aufhörte, mir selbst weh zu tun«, erinnerte Demi Moore sich später (Abramowitz).

Alles hatte angefangen, als Demi Moore mit Drogen vollgepumpt zu einer Kostümprobe auftauchte. Das Studio feuerte sie sofort. Wie die Journalistin Holly Millea schrieb, gab ihr Regisseur Schumacher aber noch eine Chance: »Joel rief sie zu sich und sagte: ›Ich mache nicht das, was sie mit John Belushi gemacht haben (der an einer Mischung aus Medikamenten und einer Heroindosis starb, A. d. A.). Ich gebe dir nicht dieses Geld, damit du dich umbringen kannst.‹ Sie heulte und bat ihn, sie nicht zu feuern. Aber alles, was er vor Augen hatte, war dieses großartige, talentierte Mädchen, das auf ihrem Motorrad starb, weil sie bis oben voller Drogen war.«

Schumacher wollte die Rolle der Jules schließlich doch neu besetzen. Da rief ihn Demi Moore an und erklärte, in eine Rehabilitationsklinik zu gehen. Laut Millea, die eine anonyme Quelle zitiert, war Schumacher schließlich damit einverstanden, doch erst, nachdem er die Klinik selbst inspiziert und mit dem Personal geredet hatte. Tatsächlich erschien Demi Moore zwei Wochen später am Drehort: trocken und sauber, bereit zu den Proben und den Aufnahmen. Allerdings war sie nicht alleine zurückgekehrt. Schumacher wollte auf Nummer Sicher gehen und hatte einen der Drogenberater für die Zeit der Dreharbeiten zu ihrer Unterstützung und vermutlich auch Überwachung angeheuert. Schumacher äußerte sich später zurückhaltend über sein damaliges Sorgenkind. »Philosophisch gesprochen, bekommt man jemanden nur dann wieder auf das richtige Gleis, wenn er bereit dazu ist. Glauben Sie mir, bei dieser Besetzung von ST. ELMO'S FIRE hätte sie eine Möglichkeit gefunden, wenn sie einen hätte draufmachen wollen.« (Millea)

Kostar Rob Lowe, selbst für seine Ausfälle berüchtigt, erinnert sich an die Wandlungen seiner Kollegin. »Ich weiß noch, was Demi anhatte. So etwas hatte ich noch nie gesehen. Ihr Haar reichte ihr fast bis an den Hintern. Sie hatte es aber hochgezogen und um den Kern eines Strohhutes gewickelt. Es war so bizarr. Eine Art von Haar-Hut. Und ich sagte: ›Wer *ist* das?‹ (Millea)

Auch für Lowe war ihre Wandlung erstaunlich. Ebenso die verbissene Professionalität, mit der sich Demi ihrer Rolle annahm. »Wir waren alle am Drehort und versuchten dieses Vielpersonen-Stück sinnvoll zu machen«, so Lowe, dessen Billy im Film Jules zunächst anzumachen versucht, dann aber der einzige ist, der mit ihrem Nervenzusammenbruch umzugehen weiß. »Sie hatte solch schwierige Dinge zu bewältigen und fragte sich: ›Wie komme ich lebend durch den Tag und gebe dabei noch irgendeine Art von Darstellung?‹ Ich habe Demi nie anders als aggressiv professionell am Drehort gesehen. Aber vor ihrem Entzug war sie ziemlich verrückt.« (Millea)

Ihre Professionalität beeindruckte schließlich auch Joel Schumacher, der Demi Moore die bei den Dreharbeiten an den Tag gelegte Intensität zuerst kaum zutrauen wollte: »Ich habe sie wirklich bewundert. Ich erinnere mich immer an die Szene, in der Jules dabei ist, Selbstmord zu begehen, indem sie sich zu Tode friert. Sie sitzt mitten in einem leeren Raum, nur mit einem T-Shirt bekleidet. Demi wollte die Szene nackt drehen, weil sie das für realistischer hielt. Und ich dachte, in ihrem Alter sich schon solche Gedanken zu machen … Heute lächele ich immer, wenn ich diese tollen Aktfotos von ihr sehe.« (Millea)

Während der Dreharbeiten lernte Demi Moore ihren Kostar Emilio Estevez privat näher kennen und lebte alsbald mit ihm zusammen. Mehrfach wurde eine Hochzeit angekündigt, aber nie vollzogen. Ihre Beziehung endete etwa zwei Jahre später, als

Demi Moore Bruce Willis kennenlernte. Doch der Grund für ihre Trennung von Estevez lag woanders. Denn der Sohn des Schauspielers Martin Sheen (APOCALYPSE NOW) arbeitete ihrem Gefühl nach zu besessen an seiner Karriere und vernachlässigte darüber Demis Bedürfnisse etwa nach einer Familie. Statt dessen besetzte er sie in seinem ersten eigenen Film WISDOM. Estevez litt darunter, dass das sogenannte Brat Pack einen Ruf als frivole, leichtsinnige Bande hatte, deren Professionalismus als nicht sehr hoch eingeschätzt wurde. Rob Lowe war dabei sicherlich derjenige, der das zwiespältige Image des Brat Packers am ehesten verkörperte. Demi Moore wurde damit nur in Zusammenhang gebracht während ihrer Beziehung zu Emilio Estevez. Das Ende dieser Beziehung war auch das Ende ihrer Brat-Pack-Zugehörigkeit. Von nun an nahm ihre Karriere jenen Verlauf, der sie im Unterschied zu ihren Kollegen in ST. ELMO'S FIRE als einzige zu einem Superstar der neunziger Jahre machte.

S wie STRIPTEASE
(Striptease, 1996)

Ein Film, der Demi Moore erneut in die Schlagzeilen brachte. Mit 12,5 Millionen Dollar Gage avancierte sie zur bis dahin höchstbezahlten Hollywood-Schauspielerin. Und musste, als der Film an den US-Kinokassen durchfiel, eine Menge Häme einstecken. Die Kritik indes war nur zum Teil vernichtend, nur wenige sahen ihr Tanzen als ungelenk, mechanisch oder, boshaft, als choreografiertes Bodybuilding. Die meisten attestierten Demi Moore, deren Choreografin Marguerite Derricks auch für die Striptänze in dem Megaflop SHOWGIRLS verantwortlich war, durchaus anregende Bewegungen, die nicht nur professionell, sondern auch sexy waren. Berichte von den Dreharbeiten erzählten von einem begeisterten männlichen Nachtclub-Publikum, das die Kulisse für Moores mutigen Auftritt abgab, den sie ohne den Einsatz eines Körperdoubles absolvierte, wie es wohl jede andere Schauspielerin ihrer Statur gemacht hätte.

»Sie arbeitet härter als jeder, den ich kenne«, bewunderte sie Regisseur Andrew Bergman gegenüber dem Journalisten Gregory Cerio. »Sie möchte die Kontrolle über ihr Leben haben.« Keine Kontrolle besaß Demi Moore über das Marketing, obgleich das Filmposter, das sie nackt, aber mit kunstvoll verschränkten Armen und Beinen zeigte, mit ihrem Einverständnis für die Werbung genutzt wurde. Doch die Marketingspezialisten wussten nichts mit dem Film anzufangen. Vieles erinnerte an SHOWGIRLS, die vom US-Publikum völlig abgelehnte Geschichte aus dem Stripperinnen-Milieu von Las Vegas, zu wenig aber an eine Komödie, kaum etwas an einen Thriller. Bei Testvorführungen hatte sich herausgestellt, dass die Zuschauer das Ende nicht mochten, in dem Burt Reynolds als sexbesessener Senator die unschuldige Mutter Demi Moore vergewaltigt, was aber dichter an der Romanvorlage gewesen wäre. Schleunigst wurde ein neues Ende gedreht, das dem vermeintlichen Publikumsgeschmack näher kam. Doch die eher skeptische Vorpresse, die unklare Werbung, die offenließ, ob es sich um einen Sexfilm, einen Thriller oder eine Komödie handelte, trugen das Ihre zum Misserfolg von STRIPTEASE in den USA bei.

Das Budget hatte 40 Millionen Dollar betragen, die Werbemaßnahmen kosteten allein 24 Millionen Dollar. Bis Ende Januar 1997 hatte der Film in den USA aber nur 33,1 Millionen Dollar eingespielt. Weshalb sich schnell die Frage stellte, ob die Erfolge von Demi Moore ihr ganz alleine zuzuschreiben waren oder nicht vielmehr nur den Filmen und deren männlichen Kostars. Außerhalb der USA stellt sich die Frage nicht. So spielte STRIPTEASE weltweit bis Ende Januar 1997 laut dem Branchenblatt *Variety* 80,2 Millionen Dollar ein und belegte mit Gesamteinnahmen von 113,3 Millionen Dollar den vierundzwanzigsten Platz unter den hundert kommerziell erfolgreichsten Filmen. Von einem Misserfolg kann in diesem Zusammenhang nur auf die USA bezogen geredet werden, auch wenn der Film für die »Himbeere«, das Gegenstück zum »Oscar«, für das misslungenste Werk nominiert wurde.

STRIPTEASE ist die Verfilmung des 1993 erschienenen Bestsellers von Carl Hiaasen, der sich eine Kultgemeinde aufbaute mit seinen Florida-Thrillern, in denen vor allem Touristen abstruse und makabre Dinge widerfahren. Politiker sind bei Hiaasen immer korrupt und dementsprechend verhasst. Morde ereignen sich in seinen Romanen auf derart fantasievolle Weise, dass die Wirklichkeit sie gelegentlich imitiert. Im Film durfte dies allerdings nicht mehr vorkommen, denn es sollte eine Komödie werden. »Sicherlich haben wir einige im Buch sehr starke, aber fürs Kino einfach zu harte Passagen entfernt. Denn ich bezweifle, dass man zum Beispiel sehen muss, wie jemand in den Scherenblättern eines Plantagenfahrzeugs umkommt. Aber wenn ich von Komik rede, dann meine ich die Macken der Figuren, die man natürlich auch zynisch zerfetzen könnte. Doch ich bin ein humanistischer Regisseur, also lasse ich selbst einem Schwein wie Dilbeck seine Würde«, erklärte Regisseur und Drehbuchautor Andrew Bergman seinen Ansatz (Huschke).

Bergman ist ein erfolgreicher Komödien-Regisseur, dessen Witz selten aufdringlich wirkt. Er ist ein Autor, der es versteht, komische Dialoge zu schreiben. Zudem gelingt es ihm, etwa in HONEYMOON IN VEGAS (1992) oder THE FRESHMAN (1990), Genres zu parodieren und sie dabei doch ernst zu nehmen. In STRIPTEASE findet er mehrere Ansatzpunkte.

Zum einen ist da Erin Grant (Moore), die ihren Job als FBI-Se-

Eine Himbeere statt eines Oscars: ›Striptease‹

kretärin verlor, weil ihr Mann Darrell (Robert Patrick, Schwarzeneggers Gegenspieler T-1000 in TERMINATOR 2) drogensüchtig und kriminell, aber auch ein Polizeispitzel und ehemaliger

Sportstar ist. Deshalb will ihr der Richter nicht das Sorgerecht für ihre Tochter Angela (Moores leibliche Tochter Rumer Willis in ihrer ersten Rolle) anvertrauen. Um sich das Geld für einen Berufungsprozess zu verdienen, jobt Erin in dem Striplokal »Eager Beaver«. Doch auch zu Hause tanzt sie gerne nackt durch die Wohnung. Im »Eager Beaver« hat sie einige Verehrer, vor allem Senator Dilbeck (Burt Reynolds in einem ungewöhnlichen Comeback), der der politischen Rechten nahesteht, von der Zuckerrohrindustrie finanziert wird, aber ansonsten für die konservativen Werte der Familie eintritt. Dilbeck ist passionierter Striptease-Fan, der angesichts von Erin, zur Verzweiflung seiner Referenten, jegliche Vernunft verliert. Als ein Betrunkener zu Erin auf die Tanzfläche steigt, schlägt ihn Dilbeck, kaschiert unter einer blonden Perücke, mit einer Champagnerflasche auf den Schädel. Allerdings wird er dabei fotografiert.

Der Fotograf ist ebenfalls ein Verehrer von Erin und sieht nun eine Möglichkeit, der Unglücklichen zu helfen. Er glaubt, den Senator erpressen und ihn zur Hilfe für Erin bewegen zu können, wie er der Stripperin mitteilt. Wenig später hat ihn der Polizist Al Garcia (Armand Assante) buchstäblich an der Angel. Die Leiche des Fotografen schwimmt im Lake Okeechobee. Schnell ist die Verbindung zu Erin hergestellt, die in Garcia bald nicht nur ein väterlichen Freund, sondern auch einen Helfer für ihren Prozess findet. Einen Beschützer braucht sie nicht, obgleich ihr Mann Darrell immer wieder mal auftaucht und sie bedroht. Darrell fristet seinen Unterhalt durch den Diebstahl von Rollstühlen aus dem Krankenhaus, für die er immer wieder auch die kleine Angela einsetzt. Im Roman endet er in einer Häckselmaschine, im Film ist sein Ende familiengerechter.

Erins eigentlicher Beschützer ist Shad (Ving Rhames, der Gangsterboss aus PULP FICTION, mit dem sich Bruce Willis ein tödliches Duell liefert), der Rausschmeißer des Stripclubs. Der glatzköpfige Shad hat seine eigene Methode, zu Geld zu kommen. Er versucht es mit Erpressung, indem er eine Kakerlake in einem Joghurt unterbringt und deswegen die Molkerei auf Schadensersatz verklagen will, weil daraufhin vor Schreck seine Haare ausgefallen seien. Gerne auch läuft er mit einer Bohrmaschine durch die Gegend und bohrt Löcher in Holztäfelungen.

Obgleich ihr Al Garcia und Shad davon abraten, lässt sich Erin auf ein Angebot des geilen Senators ein. Wenn sie für ihn ganz allein die Hüllen fallen lässt, ist er bereit, den befreundeten Richter anzurufen und sich für sie zu verwenden. So steht er, wenige Minuten vor einem Wahlkampfauftritt vor jungen Christen, in Unterhosen, Cowboystiefeln und mit Vaseline eingefettet da und erwartet sehnsuchtsvoll Erin. Natürlich werden alle, die des Senators politische Karriere gefährden können, umgebracht. Allein die Anwesenheit Shads rettet Erin vor einem ähnlichen Schicksal. Doch damit ist die Gefahr noch nicht vorüber. Bei einem weiteren Rendezvous mit dem Senator taucht nicht nur ihr Mann auf, sondern auch die Killer der Zuckerbarone, die ihren Lobbyisten Dilbeck allmählich überflüssig finden, sollte dieser nicht wieder zurück in die Politik gehen. Beim fälligen Showdown kommt es endlich zur Bloßstellung des sexbesessenen Senators und seiner mordlüsternen Hintermänner und Assistenten. Mehr noch, Erin darf ihr Kind nun ganz behalten, ließ doch auch ihr missratener Gatte sein Leben.

Ein starker Beschützer: Ving Rhames mit Demi Moore in ›Striptease‹

201

STRIPTEASE leidet von Anfang an unter der Unentschlossenheit seiner Macher, die weder eine reine Komödie noch einen Politthriller noch ein Sozialdrama mit Sexeinlagen machen wollten. Die überraschende stilistische Vielfalt und die inhaltlichen Wendungen der literarischen Vorlage finden sich im Film nicht wieder. So liegt der Verdacht nahe, dass die Macher des Films andere Absichten verfolgten.»Ich habe nie gedacht, dies ist ein Vehikel für Demi Moore sich auszuziehen, und wir werden reich damit. So denken wir einfach nicht«, rechtfertigte sich Andrew Bergman, der mit seinem langjährigen Partner Michael Lobell den Film auch produzierte.»Mein Interesse galt nie einem Film mit einer nackten Demi Moore, sondern es war der Stoff, dieses verrückte Buch von Carl Hiaasen.« (Sorensen)

Tatsächlich betonte auch Demi Moore in Interviews, dass es ihre eigene Entscheidung war, sich vor der Kamera auszuziehen. »Zunächst einmal fragten sie mich überhaupt nicht. Es war, auch nach Vertrag, meine eigene Wahl. Und nicht, weil ich strippen musste. Sie fragten mich gar nicht, ob ich überhaupt strippen konnte. Ich habe niemals professionell oder anderswie gestrippt. Es war eine Art stillschweigende Übereinkunft. Ich hatte das Gefühl, dass ich, um die Rolle zu spielen, dies auch wollen und es genauso machen musste, wie sie es machen. Für mich ist das eine Erfahrung, von der ich lerne.« (Anthony)

Nacktheit spielte dabei für die sehr körperbewusste Demi Moore keine Rolle. Schon in ihren zuvorigen Filmen hatte sie damit keine Probleme, zuletzt in THE SCARLET LETTER. Eine gewisse Lust am Exhibitionismus scheint sich dabei anzudeuten, auch wenn Demi Moore das von sich weisen würde. »Bei STRIPTEASE habe ich mir zum Beispiel diese Frage gar nicht gestellt. Die Rolle verlangte das und ich habe meinen Job gemacht. Aber es ist wahr, dass die amerikanische Gesellschaft durch den Puritanismus verdorben ist. Man trichtert uns ein, dass es schlecht ist, sich nackt zu zeigen. So wie man uns sagt, dass man eine wirkliche Schlampe ist, wenn man einen Mann verführen will. Viele Frauen haben Angst, ihren Typ zu verlieren, wenn der eine andere Frau sieht, die besser geformt ist als sie. Eine Striptänzerin zum Beispiel verdient nicht weniger Respekt als irgendeine Frau, die ihren Lebensunterhalt als Sekretärin oder Kellnerin in einem Restaurant verdient. Eine Stripperin ist eine

Mit Kopf, Körper und Knarre zur Gerechtigkeit ...

wahre Feministin. Sie hängt von keinem besonderen Mann ab.«
(Arnaud)
Diesen feministischen Hintergrund wollte Andrew Bergman,
der nur einen unterhaltsamen Film im Sinn hatte, allerdings
nicht sehen. Für ihn verkörpert Erin die Realität, ist sie doch eine sozial schwache Figur, die nur Gerechtigkeit will. Erst im weiteren Verlauf der Geschichte lernt sie, dass sie dazu auch ihren
Körper einsetzen kann, der vielleicht mehr nutzt als alle Kopf-
arbeit. Denn welcher Mann verliert nicht seinen Kopf, wie das
gaffende Publikum im Nachtclub, wenn Demis perfekte Rundungen eine Atmosphäre erzeugen, die alternde Männer glatt in
die Knie zwingt. Kritiker ließen sich zum Teil davon weniger beeindrucken und behielten ihren klaren Kopf. »Wie auch immer,
Moores Narzissmus überlagert am Ende nicht nur die Komik
des Films, sondern ist nicht einmal sexy ... Man kann vielleicht
verstehen, dass es Moore gefällt, ihren fein getunten Körper

auszustellen – das Beste, das Chirurgie, persönliche Trainer und Freizeit kaufen können –, und dass den Buchhaltern der Studios die Dollarzeichen erscheinen, wenn sie eine Peep Show anbieten, aber all diese Eitelkeit täuscht nicht darüber hinweg, keinen kohärenten Film zu haben.« (Buehrer)

Eines indes wurde in den USA deutlich. Das Publikum war offenbar nicht mehr willens, den exhibitionistischen Neigungen von Demi Moore zu folgen. Ihr durchtrainierter Körper, ihre partielle Nacktheit, die Schlagzeilen machte, interessierte immer weniger. Und auch Demi Moore selbst schien zu spüren, in dasselbe Register wie Madonna gesteckt zu werden, die sich mit ihren Sexszenen in BODY OF EVIDENCE (Regie Uli Edel, 1993) blamierte und erst Jahre später mit EVITA (Regie Alan Parker, 1996) ihren schauspielerischen Ruf wiederherstellte. So produzierte Demi Moore das Abtreibungsdrama IF THESE WALLS COULD TALK, in dem sie auch eine Hauptrolle übernahm und das im Oktober 1996 im Kabelkanal HBO Premiere hatte und später auf dem London Film Festival sowie dem französischen Fernsehfest FIPA begeisterte Reaktionen erzielte. Auch ihr folgender Spielfilm, zunächst »Indisclosure«, dann G. I. JANE betitelt, zeigt Demi Moore in einer anderen Rolle, in der ihr trainierter Körper zwar zum Einsatz kommt, doch nur in der Uniform einer Angehörigen eines soldatischen Einsatzkommandos. Die radikale Umkehr ihres Rollenfachs deutet darauf hin, dass Demi Moore erkannt hat, was das Rezept zur Fortschreibung ihrer Karriere ist – die Wiederkehr der schauspielerischen Herausforderung.

T wie Traumfrau

Für viele ist Demi Moore eine Traumfrau oder, wie es die Zeitschrift *Esquire* im Mai 1993 formulierte, das letzte Pin-up oder die gemorphte Version eines Varga-Girls der neunziger Jahre. Eine Frau, die eine erstaunliche körperliche Wandlung durchge-

Eine der Traumfrauen Hollywoods (hier in ›Striptease‹)

macht hat, durch gezieltes Training und vermutlich auch, so legt es jedenfalls ihr Auftritt in STRIPTEASE nahe, durch spezielle operative Maßnahmen. Ihre Wandlungsfähigkeit aber auch in ihren Rollen lässt sie leichter verfügbar werden. Jeder findet bei Demi Moore etwas, von dem er träumen oder was er hassen kann. Sie scheidet die Gemüter, sie provoziert und ist manchmal nur das anschmiegsame Weibchen, das es zu beschützen gilt.

Ihre physische Attraktivität war nicht von Anfang an gegeben. Demi erinnert sich auch an andere Zeiten, als sie noch keine Traumfrau mit Traummaßen war. »Das habe ich nicht vergessen. In meinem Inneren gibt es immer noch die andere Demi. Das beeinflusst immer noch mein Leben. Wenn ich mich in einem Spiegel betrachte, mag ich mich nicht. Ich hasse es, mich im Kino zu sehen. Ich träume davon, mich für eine Rolle hässlich zu machen, denn ich weiß genau, wie man sich dabei fühlt. Ich kenne diese Zerbrechlichkeit in jedem Moment.« (Reins)

Es fällt schwer, sich diese Rolle vorzustellen, denn Demi Moores natürliches Charisma lässt sich kaum von der Leinwand verdrängen, wie selbst ihre missratenen Auftritte zeigen. Ihr eigener Traum sieht dabei ganz anders aus. »Was zählt, ist nicht das Aussehen, sondern Wahrheit auszustrahlen. Denn sonst erscheint die Wahrheit weder auf einem Foto noch in einem Film noch in beidem. Die Wahrheit drückt sich nach und nach mit der Zeit aus. (…) Das Bild, das man von mir behalten soll, ist das einer glücklichen Großmutter, umgeben von ihren Enkelkindern!« (d'Yvoire)

Zuvor jedoch bemüht sie sich weiter, die Rolle und das Bild der Frau auf der Leinwand zu verändern. Nicht dadurch, dass sie ihre Hüllen fallen lässt, sondern durch Seriosität. Demi Moore wünscht sich die Rückkehr eines bestimmten Frauentyps, den auch sie verkörpert. »Frauen im Film waren normalerweise schön *und* klug *und* talentiert *und* stark, und das war *akzeptabel*. Ich möchte gerne wieder bezaubernde, kluge Frauen im Film sehen, und ich möchte daran teilhaben.« (Current Biography)

Die Umsetzung dieses Wunsches wird sicherlich dazu beitragen, dass Demi Moore noch eine Zeitlang zu den Traumfrauen Hollywoods gehören wird.

U wie Unabhängigkeit

Seitdem sie als Fünfzehnjährige ihr Elternhaus verlassen und für sich selbst zu sorgen begonnen hatte, legte Demi Moore auf ihre Unabhängigkeit den größten Wert. Schon früh hatte sie dabei begriffen, dass von dem Maß ihrer künstlerischen und finanziellen Eigenständigkeit auch das Maß ihrer persönlichen Freiheit bestimmt wurde. »Ich arbeitete gern, weil es den Schlüssel zur Freiheit bedeutete. Ich sorgte *gerne* für mich selbst.« (Burke)

Deshalb war es nur folgerichtig, dass sie die Entscheidung über ihre Karriere in die eigenen Hände nahm und sich einen größeren Einfluss auf die Rollen sicherte. Dies macht sie auf unterschiedliche Weise. In all ihren Filmen versucht sie, bei ihrer Rolle eigene Vorstellungen durchzusetzen, weshalb ihr viele nachsagen, schwierig zu sein, was der GHOST-Autor Bruce Joel Rubin halbwegs bestätigte. »Letztendlich ist sie doch ein Mannschaftsspieler, aber sie lässt dich wissen, dass dies Ideen sind, die sie nicht gutheißt. Demi ist ein echter Filmstar, in dem Sinne, dass sie sich selbst als solchen wahrnimmt. Mit Demi zu arbeiten ist wie mit Rita Hayworth zu arbeiten. Du spürst eine Persönlichkeit, die sich um ihre eigene Karriere kümmert, und zwar nicht als Schauspielerin, sondern als Filmstar. Sie schneiderte sich selbst die Karriere und Persönlichkeit eines Stars auf den Leib.« (Abramowitz)

Der Wunsch, die eigene Laufbahn auch selbst zu steuern, führte zwangsläufig dazu, dass Demi Moore begann, die eigenen Filme kozuproduzieren.

»Auch wenn Filme wie THE SILENCE OF THE LAMBS (*Das Schweigen der Lämmer*, 1991, Regie Jonathan Demme) oder SLEEPING WITH MY ENEMY (*Der Feind in meinem Bett*, 1990, Regie Joseph Ruben) viel Geld einspielen, bleibt es nichtsdestotrotz wahr, dass es für Frauen nur wenige gute Rollen gibt und dass man in der Lage sein muss, mit seinen eigenen Rollen fortzufahren. Ich möchte es so machen wie Sally Field, Goldie Hawn oder Jessica Lange, die mit Erfolg ihre eigenen Projekte produziert haben. Ihr Mut und ihre Stärke sind Beispiele für andere.« (Chaillet)

Es ist natürlich nicht allein die Aussicht auf finanziellen Erfolg,

Vor ›G.I. Jane‹ schon einmal in Uniform: Demi Moore in ›Eine Frage der Ehre‹

der aus der Schauspielerin auch die Produzentin Demi Moore werden ließ. Es ist, wie bei dem Film NOW AND THEN, vor allem der Wunsch, Geschichten anders und aus einem anderen Blickwinkel, dem weiblichen, zu erzählen und dabei die Charaktere von ihren Klischees im Kino zu befreien. Die Gründung ihrer Produktionsfirma »Moving Pictures« diente ihr dazu, dies zu verwirklichen und sich gegenüber den Studiobossen unabhängig zu machen. Ihre mittlerweile gewonnene Eigenständigkeit, die sich zum Beispiel auch in dem ambitionierten Fernsehfilm IF THESE WALLS COULD TALK ausdrückte, ließ sie eine von Hollywoods einflussreichsten Persönlichkeiten werden, die sich nicht scheut, Präsident Clinton selbst anzurufen und um Unterstützung ihrer Produktion G. I. JANE zu bitten. Nicht einmal zwanzig Jahre hat sie gebraucht, sich diese Unabhängigkeit zu sichern, die wohl die eigentliche Triebfeder ihrer ungebremsten Energie ist.

V wie Vorbilder

Auch wenn Demi Moore dahin tendieren mag, sich auf der Leinwand selbst zu glorifizieren, ist sie doch bereit, dabei Niederlagen hinzunehmen und Häme einzustecken. Eine Karriere voller Risiken, die einzugehen sie immer wieder bereit ist. Niederlagen sind für Demi Moore Anlass, daraus zu lernen. Als Vorbilder für dieses Verhalten nennt sie zwei von Hollywoods interessantesten und charaktervollsten Stars, Katharine Hepburn und Susan Sarandon. Vor allem Sarandon bewundert sie für deren Mut, nicht nur Rollen anzunehmen, in denen sie einfach nur schön wäre, sondern auch einen Part zu spielen, der über das Äußerliche hinausführt und eine persönliche Stellungnahme bedeutet. Zum Beispiel in dem Drama DEAD MAN WALKING ihres Lebenspartners Tim Robbins über die Grausamkeit der Todesstrafe. Susan Sarandon spielt darin gänzlich unspektakulär eine Nonne. Oder früher in dem Film WHITE PALACE (*Frühstück bei ihr*, 1990, Regie Luis Mandocki), in dem sie eine Kellnerin verkörpert, die als ältere Frau einen sehr viel jüngeren Yuppie-Liebhaber (James Spader) hat. Ihre darstellerische Vielfalt und ihre ständigen, überraschenden Wechsel zeigen sich bei einem Ausschnitt ihrer Karriere. Filme wie THELMA AND LOUISE (1991, Regie Ridley Scott), PRETTY BABY (1978) und ATLANTIC CITY (1980, beide von Louis Malle) oder THE CLIENT (*Der Klient*, 1994, Regie Joel Schumacher) demonstrieren ihren Mut zu abrupten Imagewechseln und den Erfolg, mit dem sie dafür belohnt wurde.

Die 1946 geborene Susan Sarandon ist eine Außenseiterin in Hollywood und hat wohl manches Mal die männlichen Studiobosse mit ihrem Einsatz für die Belange der Frauen erschreckt. Geschützt wird sie dabei vor allem von ihrem weltweiten Erfolg, der nicht nachlässt, seitdem sie die Fünfzig überschritten hat. »Heute schaue ich auf Susan Sarandon, die sich ebenfalls enorm für die Frauen einsetzt«, gab Demi Moore zu. »Sie durchbrach wirklich einige Barrieren, besonders mit der Stärke und der Kraft ihres Images – jetzt, da sie älter wird –, und blieb dabei ein sexuelles Wesen. Sie zeigte, dass dies alles nicht verschwindet, wenn man über Vierzig und Mutter ist. (…) Ich glaube, sie bereitete den Boden für diejenigen von uns, die jetzt nachfolgen.

Heute findet sie ›Bionic Woman‹ nicht mehr cool ...

Und da gab es einen Augenblick in meinem Leben, in dem ich dachte, die ›Bionic Woman‹ (TV-Serie mit übermenschlicher Kunstfrau) sei das coolste Ding auf Erden.« (Udovitch)

Ihr zweites Vorbild war Katharine Hepburn, deren Hollywood-Karriere 1932 begann und die jahrzehntelang, neben Bette Davis, die Rechte der Frau in einer damals ausschließlich von Männern beherrschten Studiowelt forderte und für sich und einige andere auch teilweise durchsetzte. Wie Demi Moore heute zeichnete sich auch Katharine Hepburn durch ihren eisernen Willen und ihre Disziplin aus. Immer war sie bestrebt, die Klischees der Frauen auf der Leinwand zu brechen. Zwar hatte die Hepburn nicht die Möglichkeit, sich wie Demi Moore oder Susan Sarandon durch die eigene Produzententätigkeit größeren Einfluss zu sichern, doch zeichnen sich fast alle ihre Auftritte durch die Menschlichkeit aus, von der ihre Figuren geprägt sind. Immer wieder auch bildete Katharine Hepburn eine dem Mann gleichwertige Partnerin, im Hollywood-Kino der dreißiger bis fünfziger Jahre nicht unbedingt die Regel. Dies zu sein, hat sich auch Demi Moore vorgenommen, und sie arbeitet darauf hin, das Bild der Frau in seiner jeweiligen Eindimensionalität um die wirklichen Aspekte des Lebens zu bereichern, so wie es Katharine Hepburn mit Charme, Humor und Sinnlichkeit auf unnachahmliche Weise vorgemacht hat.

W wie WE'RE NO ANGELS
(Wir sind keine Engel, 1989)

Eigentlich hatte der Film alle Voraussetzungen, ein Erfolg zu werden. Als Vorlage diente ein Klassiker, WE'RE NO ANGELS (*Wir sind keine Engel*, 1955) von Michael Curtiz mit Humphrey Bogart, Peter Ustinov und Aldo Ray als drei flüchtigen Sträflingen. Produzent der Neuverfilmung war Art Linson, der mit THE UNTOUCHABLES (1987, Regie Brian De Palma) einen Riesenerfolg aufweisen konnte. Das Drehbuch schrieb der Dramatiker David Mamet, der unter anderem THE UNTOUCHABLES, THE POSTMAN ALWAYS RINGS TWICE (1981, Regie Bob Rafelson) geschrieben und mit HOUSE OF GAMES (1987, *Haus der Spiele)* sein Regiedebüt gefeiert hatte.

Die Hauptrollen spielten Robert De Niro, Sean Penn und Demi Moore, die durch ABOUT LAST NIGHT bereits Mamets Arbeit kannte und sich die Rolle regelrecht erkämpft hatte. An der Kamera stand der renommierte Franzose Philippe Rousselot (37°2 LE MATIN/*Betty Blue)*, Regie führte der Ire Neil Jordan, der durch seinen Gangsterfilm MONA LISA bekannt geworden war und 1996 durch sein IRA-Epos MICHAEL COLLINS Furore machte. 20 Millionen Dollar standen für die Produktion zur Verfügung, doch alle Voraussetzungen verbanden sich zu einer unglücklichen Mischung, die aus WE'RE NO ANGELS den schlechtesten Film in De Niros Karriere machte und ihn auch in Demi Moores Filmografie keinen besonderen Platz einnehmen ließ.

Unfreiwillig werden die beiden Sträflinge Ned (De Niro) und Jim (Sean Penn) in einen Ausbruch verwickelt, den der Mörder Bobby (James Russo) vor seiner Hinrichtung inszeniert. Nach anfänglichem Zögern nutzen sie ihre Chance, werden von dem schießwütigen Ausbrecher getrennt und gehen ihrer eigenen Wege. Sie wollen über die Grenze nach Kanada und landen zunächst in einer geschäftigen Grenzstadt, wo sie sich neue Kleider organisieren. Dabei erblickt Ned zum ersten Mal Molly (Demi Moore), die sich gerade ihren entblößten Oberkörper wäscht. Die Kamera kann sich des voyeuristischen Blicks auf die wohlgeformte Demi nicht enthalten und offeriert so auch dem Zuschauer einen kurzen, aber prägnanten Auftritt.

In der Stadt hält man Ned und Jim für zwei Priester, Pater Brown und Pater Riley, die von der dortigen Klostergemeinde für eine Marienprozession schon sehnsüchtig erwartet werden. Der clevere Ned sieht eine Chance, sich im Kloster vor den Suchmannschaften zu verstecken und auf eine Gelegenheit zum Grenzübergang zu warten. Das einzige Problem der beiden ist ihre fehlende Bibelfestigkeit. Doch keiner der Mönche zweifelt an ihrer Identität und so beginnen sich Ned und Jim in der Soutane wohlzufühlen.

Zum zweiten Mal begegnet Ned der hübschen Molly in einem Geschäft, in dem sie Mehl einkauft und anschreiben lässt. Sein unverhohlen interessierter Blick veranlasst die junge Frau, den vermeintlichen Priester anzuherrschen, wodurch sie für diesen noch interessanter wird. Die nächste Begegnung findet statt, als Ned einen reumütigen Polizisten zu Molly begleitet, mit der er ein Verhältnis hat. Molly lässt sich nicht einschüchtern, wirft ihren Liebhaber aus der Wohnung und bietet dem Priester an, für fünf Dollar mit ihm zu schlafen. Allerdings ist sie keine Hure, will das Geld nur, um ihre stumme Tochter heilen zu lassen. Als Ned, der falsche Priester, abwinkt, fasst sie ihn resolut am Kragen und wirft auch ihn aus der Wohnung. Später dann macht sie ihm auf der Straße, als er sich gerade vor der Polizei verstecken will, eine Szene und wirft ihm Feigheit vor.

Nach einem weiteren erfolglosen Versuch, als Priester die Grenze zu überqueren, setzen Ned und Jim ihre ganze Hoffnung auf die bald stattfindende, große Prozession mit der weinenden Jungfrau, die von einem Ufer des ländertrennenden Flusses ans andere führt. Bobbys Auftauchen und seine Festnahme durch die Polizei drohen ihren schönen Plan zu vereiteln. Aber in Mollys stummer Tochter erwächst ihnen eine neue Möglichkeit, soll doch die Prozession stattfinden in Begleitung kranker und behinderter Menschen. Ned hat allerdings nicht mit Mollys Geldgier gerechnet, die 100 Dollar dafür verlangt, dass der Priester ihre Tochter mit über die Grenze nehmen darf. Erst durch die ergreifende Predigt von Jim ändert sie ihre Meinung und drängt Ned das Kind jetzt geradezu auf.

Dieser jedoch steckt in ganz anderen Schwierigkeiten, hat er inzwischen doch den gefangenen Bobby befreit und unter dem Kleid der weinenden Madonna versteckt. Aber dann geht alles schief. Bobby wird erschossen, die Madonna fällt in den Fluss, und mit ihr Mollys kleine Tochter. Der verzweifelte Ned springt hinterher. Da das Mädchen plötzlich sprechen kann, wird Ned als Wunderheiler gefeiert. Zusammen mit Molly und deren Tochter kann er endlich unbehelligt nach Kanada, während Jim beschließt, als Mönch ins Kloster zurückzukehren.

Neil Jordans WE'RE NO ANGELS hat nicht mehr viel mit Michael Curtiz' gleichnamigem Film gemein, allenfalls noch die Vorlage, das Theaterstück »La cuisine des anges« von Albert Husson. Autor David Mamet reduziert das Trio auf ein Duo, in dem sich De Niro und Penn gegenseitig die Bälle zuwerfen, und steckt es in eine Soutane. Unerklärlicherweise verlegt er die Geschichte ins Jahr 1935, kümmert sich aber nicht um deren Wahrscheinlichkeit. Der Grund für die Verkleidung als Priester liegt wohl auch nur darin, Witze über Religion und Wunderglauben machen zu können.

Demi Moore hat nur eine kleine Rolle, die sie aber mit einer überzeugenden Darstellung ausfüllt, obgleich ihr die Szenen nur wenig Raum zur Profilierung bieten. Die vom Schicksal gebeutelte Molly, so heißt sie auch im anschließend gedrehten GHOST, ist eine auf sich allein gestellte Frau, die ihr Leben in die eigenen Hände nimmt und Rechtfertigung sucht nur vor sich selbst. Demi Moore spielt diese Molly mit einer pulsierenden Energie und großer Glaubwürdigkeit. Dabei sticht sie die beiden Stars des Films, Sean Penn und vor allem Robert De Niro, der hier eine seiner blassesten Vorstellungen gibt, eindeutig aus. Die Rolle gab ihr die Gelegenheit, aus wenig Anhaltspunkten einen richtigen Charakter zu bilden, eine Person mit einer Vergangenheit und einer Entwicklung, von der harten Arbeiterin zur weichen Mutter.

»Vorher war ich wie ein Kind, das im Dunkeln herumtastet, auf der Suche nach jemandem, der mir sagte, wie ich denn das, was ich hier mache, machen soll«, äußerte sich Demi Moore über ihre Erfahrungen bei den Dreharbeiten. »Wenn man bedenkt, dass ich mit mir selbst arbeiten muss – ich komme nicht einfach zur Arbeit und bringe eine Säge mit. Wenn ich nicht weiß, wie ich mich selbst dahingehend manipuliere, Gefühle zu zeigen, werde ich sehr verletzlich sein. Mir ist jetzt bewusster, wie ich mich selbst einsetze.« (Abramowitz)

Die Arbeit mit zwei Schauspielern, die das *Method Acting*, also das intensive Einleben in eine Figur praktizieren oder ihm nahestehen, verfeinerte offensichtlich auch Demi Moores darstellerische Bandbreite und verlieh ihr eine größere Sicherheit in der Anwendung der eigenen Mittel. Dennoch lässt sich nicht bestreiten, dass die Figur der Molly im Grunde überflüssig ist und nichts Essentielles zur Geschichte beiträgt. WE'RE NO ANGELS wurde kaum überraschend ein Misserfolg. Bedeutsam für Demi Moore war er allein für ihre schauspielerische Entwicklung. In Deutschland kam der Film übrigens nur als Videopremiere auf den Markt.

W wie Willis, Bruce

(Schauspieler und Demi Moores Ehemann)

Als sich die Nachricht von der Hochzeit Demi Moores mit Hollywoods wildem Mann Bruce Willis verbreitete, hatte die Boulevardpresse ein gefundenes Fressen, das sich nach ihren Hoffnungen zu einem Festmahl entwickeln sollte. Keiner gab dieser Beziehung zweier so offensichtlich lebenshungriger, ehrgeiziger und wilder Schauspieler eine lange Dauer. Sie alle irrten sich.

Zum ersten Male begegneten sich die künftigen Eheleute bei einer Filmvorführung. Demi Moore war noch mit Emilio Estevez verlobt, der in John Badhams Actionkomödie STAKEOUT (*Die Nacht hat viele Augen*, 1986) neben Richard Dreyfuss die Hauptrolle spielte, und begleitete ihn zu der Hollywood-Premiere des Films, der bis heute Estevez' größter Erfolg blieb und alsbald auch eine weniger erfolgreiche Fortsetzung erlebte. Auf der anschließenden Premierenfeier kam es zu den ersten Kontakten zwischen Demi und Bruce, dessen Karriere ebenfalls noch unentschieden war. »Es war der reine Zufall, dass wir da waren. Was mir zuerst an Bruce auffiel? Wie charmant er ist. Nach dem Film hängte er sich sofort an mich und bot mir an, einen Drink zu kaufen. Ich sagte: ›Ich trinke nicht.‹ Er sagte: ›Dann kauf ich dir ein Perrier‹, und von diesem Augenblick an sind wir zusammen. Er war so süß, solch ein vollkommener Gentleman.« (Burke)

Ihre Beziehung zu Emilio Estevez hatte zu diesem Zeitpunkt ohnehin keine Zukunft mehr, nicht zuletzt bedingt durch den Misserfolg ihres gemeinsamen Films WISDOM (1986) und die Besessenheit, mit der Estevez an seiner eigenen Laufbahn arbeitete. Demi Moore, die aus einer »zerrütteten« Familie stammte, wollte dagegen neben ihrem beruflichen auch privaten Erfolg, und der verband sich für sie mit dem Begriff »Familie«. Weder ihr erster Mann Freddy Moore noch Estevez schienen die Richtigen gewesen zu sein, eine eigene Familie zu gründen. So war Demi entsprechend skeptisch, als sie Bruce Willis begegnete, dem zudem der Ruf vorauseilte, ein Trunkenbold und Frauenheld zu sein. Doch Willis' öffentliches Image hatte mit der Wirklichkeit nichts gemein und sein heimlicher Wunsch überraschte Demi. »Er wollte geheiratet werden, doch ich war vorsichtiger. Bruce war für mich überwältigend, aber ich kämpfte dagegen an und sagte: ›Das passiert zu schnell, ich muss es verlangsamen. Ich kann ihn zweimal in der Woche nachts sehen, *nur* zweimal.‹ Und in nur vier Monaten waren wir verheiratet! Das war wie ein Wirbelwind, magisch, vorherbestimmt. Bruce war so ernsthaft, so offen, nett, humorvoll, umarmend, so bereit zur Liebe. Unterschwellig war ich es auch.« (Burke)

1987 endete ihre Beziehung zu Estevez, mit dem sie auch heute noch freundschaftlich verbunden ist. Schon im November des gleichen Jahres heirateten Moore und Willis in Las Vegas, wo die spontane, unspektakuläre Vermählung stattfand, obwohl man nur zu einem Boxkampf angereist war. Ort und Zeit der überraschenden Trauung: das Golden Nugget Hotel am 21. November, kurz vor Mitternacht. Trauzeuge war ein Leibwächter von Willis. »Wir hatten es nicht geplant, aber Bruce wollte einen Geistlichen rufen, also sagte ich: ›Okay, ruf an.‹« (Burke) Die eigentliche, dann umso spektakulärere Hochzeit wurde zwei Wochen später vor mehreren hundert geladenen Hollywood-Berühmtheiten in einem Burbank-Studio inszeniert. Zeremonienmeister war Little Richard, und ein Gospelchor bildete den Hintergrund für eine ungewöhnliche Bühnenshow. Trauzeugin war unter anderem Ally Sheedy, wie Estevez Angehörige des Brat Pack und Demis Kostar in St. Elmo's Fire.

Die Beziehung von Demi Moore und Bruce Willis ist sicherlich eine der ungewöhnlichsten in Hollywood, vor allem weil sie seit ihrem Beginn 1987 ohne Skandale geblieben ist. Alle Schlagzeilen, und die gab es reichlich, entspringen der Fantasie und wurden nicht selten von beiden als Marketing-Möglichkeit clever genutzt oder sogar lanciert. Wenn sich zwei Hollywood-Stars begegnen und ein Paar werden, hat dies schon immer die Legendenbildung der Traumfabrik in Gang gesetzt. Clark Gable und die tragisch ums Leben gekommene Carole Lombard, Spencer Tracy und Katharine Hepburn, Douglas Fairbanks und Mary Pickford, Lauren Bacall und Humphrey Bogart – sie sind die berühmtesten Paare Hollywoods. Mit ihnen verbinden sich Träume von gleichrangiger Partnerschaft, Ruhm, Reichtum und immerwährendem Glück. Ihre gemeinsamen Filme zählen zu

Bruce Willis

den Höhepunkten der Filmgeschichte, sind Klassiker, die an Aktualität und Charme nicht verlieren. Demi Moore und Bruce Willis haben bislang nur einen gemeinsamen Film gemacht, MORTAL THOUGHTS, der allerdings keinen Beitrag zur Filmgeschichte geleistet hat.

Doch die Beziehung zwischen Moore und Willis ist ohnehin

wohl eher von persönlichen Elementen geprägt. »Demi hat Bruces Kopf richtig verdreht«, zitierte die Journalistin Audrey Lavin einen anonymen Freund in einem Artikel über Bruce Willis mit der Überschrift »I don't need to drink anymore«. »Und sie wusste, was sie gefunden hatte. Sie kannte schon all das, was er durchmachte, und sie wusste, dass er sich ändern musste. So wurde Demi Bruces Lehrer, Freund, Liebhaberin – sein alles. Keine andere Frau hatte wie Demi den Mut, ihn zur Aufgabe seiner Zecherei aufzufordern, weil alle anderen Angst vor ihm hatten.« (Lavin)

Im gleichen Artikel bestätigte Willis, mit der Hilfe von Demi seine Sauferei unter Kontrolle gebracht zu haben, die drohte, seine Karriere zu gefährden, die mit dem Megahit DIE HARD gerade erst eine steile Kurve nach oben genommen hatte. Das Image des harten Jungen, der mit seinen Kumpanen nächtelang durchzechen konnte, hatte sich ohnehin eher an berühmten Hollywood-Stars wie Humphrey Bogart orientiert und wurde mehr als unabdingbares Element der eigenen Legendenbildung missverstanden, als dass es der Notwendigkeit des Starwesens entsprach. Demi Moore, die selbst der Gefahr des Alkohols fast erlegen wäre und die sich in einem bewundernswerten Akt der Stärke erfolgreich hatte therapieren lassen, kannte die Problematik und deren Auswirkungen auf die Arbeit nur zu gut. Sie konnte ihrem Mann die richtigen Ratschläge geben und hatte Erfolg, wofür dieser besondere Dankbarkeit empfindet. »Ich wurde von Gott gesegnet, als ich Demi traf. Ich war ein Zyniker. Ich suchte nicht nach der Liebe, die ich bei ihr gefunden habe. Was wir füreinander empfinden, ist etwas sehr Seltenes.« *(People Weekly)*

Bruce Willis, am 19. März 1955 im hessischen Idar-Oberstein geboren, macht keine Schlagzeilen mehr durch irgendwelche Eskapaden, sondern durch seine Filme. Inzwischen hat er sich nicht nur zu einem der erfolgreichsten Hollywood-Stars entwickelt, er überzeugt auch schauspielerisch und erstaunt immer wieder durch die Vielfalt und Unterschiedlichkeit seiner Rollen. Schon immer hatte Demi Moore sich anspruchsvollere Rollen für ihren Mann gewünscht, die dieser schließlich in Quentin Tarantinos PULP FICTION und Terry Gilliams 12 MONKEYS fand. Moore und Willis haben sich offensichtlich zum richtigen Zeitpunkt getroffen. Jeder von ihnen stand an einem persönlichen und beruflichen Wendepunkt und jeder von ihnen brauchte anscheinend genau das, was der andere geben konnte. Von ihrem wilden Lebensstil blieb nichts mehr übrig. Statt dessen ergänzten sich beide vorzüglich und sind voll gegenseitiger Bewunderung.

»Wissen Sie, was Bruce von anderen Männern, die ich getroffen

Der Göttergatte in ›Stirb langsam – Jetzt erst recht‹ (1994)

habe, unterscheidet?«, beschrieb Demi Moore ihre Faszination von Willis. »Er hatte keine Angst, mir seine Gefühle zu sagen, gerade heraus. Eine Menge Männer spielen Katz und Maus – sie lassen dich ihre Gefühle nicht erkennen, denn sonst müssten sie möglicherweise mit dir *sein*. Bruce *mochte* mich einfach. Er sagte sofort: ›Wow, du bist wirklich anders. So toll!‹ (…) Ich habe noch nie die Sicherheit gefühlt, die ich jetzt mit Bruce spüre. Er öffnete mich, ich blühte auf, jetzt *kenne* ich mich selbst. Und doch ändert sich mein Blick auf mich ständig. Ich spüre nicht annähernd, angekommen zu sein. Ich bin nicht dumm. Ich kenne dieses Geschäft, ich weiß genau, was man braucht, wer was ist, wie alles funktioniert. Ich warte nicht auf Agenten, Manager – die Entscheidungen treffe *ich*. Ich bin motiviert durch mein Herz, meinen Bauch, meine Instinkte – das hat mich immer vorangetrieben.« (Burke)

Auch geschäftlich bilden Moore und Willis ein Paar. Beide sind neben Arnold Schwarzenegger und Sylvester Stallone beteiligt an der florierenden Restaurantkette »Planet Hollywood«, die auch in Europa existiert, und sie investieren in Immobilien. Gemeinsam bilden sie in den neunziger Jahren das einflussreichste Paar in Hollywood – solange ihre Filme erfolgreich sind. Bleiben die Erfolge aus, mindert sich auch ihre Macht innerhalb der eifersüchtig und argwöhnisch wachenden Branche. Sicherheit finden beide nur miteinander. »Bruce und ich geben uns die Stärke, die wir allein nicht besitzen. Wir haben uns eine tolle Basis geschaffen. Durch ihn weiß ich: Wenn ich falle, dann wenigstens nicht so hart.« (Sereda)

Demi Moore und Bruce Willis haben inzwischen drei Töchter: Rumer Glenn, geboren 1988, Scout LaRue, 1991, und Tallulah Belle, 1994. Die beiden älteren treten inzwischen in den Filmen ihrer Eltern auf. Die Familie bildet einen festen Kern, und die Kinder fordern eine Stabilität, die nicht leicht zu erlangen ist in einer Beziehung zweier Superstars. »Ich fühle mich voller *Gnade*. Bruce und ich haben wirklich etwas Besonderes. Ich weiß, dass ich bei Bruce Priorität genieße, wie er bei mir. Ich weiß, was er macht, wenn ich nicht da bin; und er weiß, was ich mache. In diesem Geschäft gibt es einen solchen Druck, auf Grund unserer exponierten Stellung und der Trennungen. Wenn ich für einen *Tag* mit Bruce um die Welt fliegen muss, tue ich das. Er ge-

nauso. Und ich habe noch nie eine Nacht ohne Rumer verbracht. In dem Augenblick, in dem wir verheiratet waren, sahen die Revolverblätter voraus, dass Bruce und ich uns trennen. Ihre Stories sind überzogen. Eine behauptete, dass während meiner Liebesszenen mit Patrick Swayze in GHOST Bruce mit einem Baseball-Schläger daneben stand. Hysterisch.« (Burke)
Liebesszenen mit anderen Partnern spielen für das Ehepaar keine Rolle. Sie sind eine rein berufliche Angelegenheit. Beide wissen, dass es in solchen Szenen keine Romantik gibt, mit einem anweisenden Regisseur, einem dirigierenden Kameramann und zahlreichen herumlaufenden Technikern. »Nur eines können wir beide nicht ausstehen: wenn der andere dabei am Set zusieht.« (Sereda)
Eifersucht spielt in ihrer Ehe offenbar keine Rolle. Demi Moore weiß, dass angebliche Verhältnisse ihres Mannes Erfindungen der Presse sind. Schon lange haben sie und Willis es aufgegeben, etwa gerichtlich dagegen vorzugehen, sind sie einander doch sicher. Dennoch würde ein Seitensprung ihres Mannes Demi Moore verletzen. »Ich glaube, das wäre sehr, sehr schmerzhaft. Aber ich würde auch gerne denken, dass ich ... einen Standpunkt ... finden könnte ..., der die Angelegenheit besser verstünde ..., und das, was sich dahinter verbirgt. Aber, wissen Sie, ich könnte ihn einfach auch nur umbringen.« (Millea).
Es gibt keinerlei Hinweise auf eine Krise des Ehepaares Moore-Willis. Getragen von der gemeinsamen Passion für ihren Beruf, für ihre Kinder und nicht zuletzt auch füreinander, bleibt diese Ehe eine Ausnahme in Hollywood und eine absolute Seltenheit unter den Superstars. Für Demi Moore ist der Grund dieser Stabilität Bruce Willis. »Ich glaube, Bruce war auch der erste Mann, egal ob Freund, Geliebter oder Liebhaber, der emotional wirklich existent war. Und jemand, der so frei mit sich selbst ist, war auch für mich sehr befreiend. Es ist so, als ob er mir die Erlaubnis gegeben hat, zu lieben und geliebt zu werden.« (Abramowitz).
Ähnlich denkt wohl der so Gelobte auch über seine Angetraute – zum Verdruss der lauernden Yellow Press. Doch zum Verständnis von Demi Moore ist ihre Beziehung zu Bruce Willis und ihre Beschreibung dieser Beziehung von grundlegender Bedeutung.

W wie WISDOM
(Wisdom, 1986)

»Wisdom« bedeutet Weisheit, und weise war es vielleicht nicht von Demi Moore und Emilio Estevez, diesen Film zu machen. Doch persönlich sprach eine Menge Gründe für ihre Entscheidung. Bei den Dreharbeiten zu dem Erfolgsfilm ST. ELMO'S FIRE, dessen eigentliche Hauptfigur von dem Nachwuchsschauspieler Emilio Estevez verkörpert wurde, hatten sich dieser und Demi Moore näher kennengelernt. Aus der Bekanntschaft wurde in der Folge rasch eine Liebesbeziehung, die Demi mit einem Partner zusammenbrachte, der gleichwertig schien und dabei ebenso ehrgeizig seine Karriere verfolgte.

Estevez ist ein Sohn des Schauspielers Martin Sheen, der vielleicht nie der große Star war, dessen Gesicht jedoch vielen Zuschauern vertraut sein dürfte, zum Beispiel aus Coppolas APO-CALYPSE NOW, in dem er der Gegenspieler von Marlon Brando war. Emilios jüngerer Bruder heißt Charlie Sheen und ist möglicherweise der bekannteste der Familie Sheen, deren wirklicher Name Estevez lautet. Vater und Söhne, es gibt auch noch eine schauspielernde Tochter, haben bereits mehrfach zusammen in Filmen mitgewirkt. Emilio und sein Bruder Charlie wurden immer als die führenden Figuren von Hollywoods Brat Pack bezeichnet, einer Gruppe junger Nachwuchsdarsteller Mitte der achtziger Jahre, die durch ihren angeblich wilden Lebensstil zu Lieblingen der Boulevardpresse avancierten, gab es doch immer saftige Eskapaden mit Drogen oder Alkohol und diverse Sexskandale, entweder mit Außenstehenden oder den weiblichen Mitgliedern der Gruppe. Übersehen wurde dabei häufig, dass die Mehrheit der Akteure ernsthafte Arbeiter waren und ehrgeizige Ziele verfolgten. Vor allem eben Emilio Estevez, in den sich Demi Moore verliebte und dem sie bei dessen erstem Film zur Seite stand.

WISDOM ist eine weitere Variante des Bonnie-und-Clyde-Themas, verlegt in die achtziger Jahre und in die Weiten des Mittleren Westens. Das war, in der Rückschau, vermutlich eben keine weise Entscheidung, musste sich das Paar im Film und im Leben nicht nur mit dem unerreichten Originalfilm von Arthur Penn, sondern auch mit dessen zahlreichen Nachfolgern vergleichen lassen. Ein Vergleich, der zu ihren Ungunsten ausfiel, denn WIS-DOM ist zu sehr geprägt von den Unsicherheiten in Inszenierung und Drehbuch, das ebenfalls von Estevez stammte, und – erstaunlicherweise – auch in der Schauspielerführung.

John Wisdom (Estevez) sollte nach dem Willen seiner Eltern Arzt oder Rechtsanwalt werden, doch die Feier nach seinem Schulabschluss hatte fatale Folgen. Statt auf der Universität landete John im Gefängnis, weil er betrunken ein Auto klaute und dann erwischt wurde. Nun, vier Jahre später, ist er wieder auf freiem Fuß und sucht eine Arbeit. Doch seine Vorstrafe steht ihm im Wege. Schließlich findet er einen Job in einer Reinigungsfirma, als Putzmann – froh, überhaupt eine Beschäftigung gefunden zu haben, was ihn leichter die stillen Vorwürfe seiner Eltern und das Misstrauen seines Chefs ertragen lässt. Zunächst noch.

John trifft seine Jugendfreundin Karen (Demi Moore) wieder, die als Floristin arbeitet. Sie nehmen ihre Beziehung mit Vorsicht wieder auf, bemühen sich, die existierende Entfremdung zu überwinden. Wenig später fliegt John aus seinem Job und fängt an, in einem Schnellimbiss zu arbeiten. Karen spürt seine Unzufriedenheit, drängt ihn, sein Leben zu überdenken und ihm einen Sinn zu geben. Kurz darauf verliert John auch seine Arbeit im »City Burger«, dessen Manager gespielt wird von Estevez' Bruder Charlie Sheen.

John überlegt, was er in Zukunft unternehmen kann. Er kommt zu dem Entschluss, die Erwartungen der Gesellschaft zu erfüllen und ein wirklicher Krimineller zu werden. Was ihm dazu fehlt, ist das nötige Verbrechen. Karen hat er davon bis jetzt nichts erzählt. Im Fernsehen sieht er einen Bericht über die Farm-Pleiten und -Versteigerungen im Mittleren Westen und glaubt, den Schuldigen zu kennen – die Banken. Jetzt weiß er, welche Karriere er einschlagen will. Er kauft sich eine Uzi und übt das Schießen. Als er später ein Rendezvous mit Karen hat, merkt diese, dass sich sein Verhalten verändert hat, er entschlossener wirkt. Es kommt zu einer Liebesszene, die – wie alle folgenden auch – sehr persönlich wirkt und die Zärtlichkeit eines frisch verliebten Paares verströmt.

Mit einem selbstgebastelten Sprengsatz in der Tasche und im

Wagen seiner Mutter macht John sich auf zu seinem ersten Banküberfall. Doch der verläuft von Beginn an anders als geplant. Denn das Auto seiner Mutter gibt unterwegs den Geist auf. Zufällig fährt Karen vorbei und sieht den verzweifelten, wütenden John am Straßenrand. Sie hält an und nimmt ihn zur Bank mit, ohne seine Absicht zu kennen. Mit laufendem Motor wartet sie vor dem Gebäude, während John drinnen seinen Überfall in Szene setzt. Er ist nicht interessiert am Geld, von dem er nur ein wenig nimmt. Zum Erstaunen der Kunden und Angestellten vernichtet er statt dessen die Kreditunterlagen, hinterlässt aber unvorsichtigerweise sein Sparbuch.

Die ruhig wartende Karen ist dagegen richtiggehend verstimmt, als sie erfährt, dass John nur 700 Dollar erbeutet hat. Fassungslos ist sie, als sie erfährt, dass er die Kreditunterlagen vernichtet hat. Sie hat Angst, durch ihn zu einer Außenseiterin zu werden, wird aber nachdenklich, als John ihr – ein etwas unpassender Moment – eine Liebeserklärung macht. Ihr Widerstand ist schwach, sie entschließt sich mitzukommen, hat sie doch ohnehin keine Erwartungen mehr an ihr Leben als Floristin. Beide machen sich auf den Weg, ohne ein Ziel zu haben. Die Polizei ist John schon auf den Fersen. Beim nächsten Überfall wird Karen bereits zur aktiven Komplizin, auch wenn ihr vor Angst schlecht wird. Zudem fragt sie sich, ob die Farmer Johns »Arbeit« wirklich schätzen. Erstaunt nimmt sie zur Kenntnis, dass die Kunden in den überfallenen Banken dem räuberischen Pärchen bei seinen Aktionen applaudieren.

Demi Moore in der Rolle der Gangsterbraut Karen wirkt wenig gefordert. Ihre Bewegungen im Film sind funktionell, ihre Mimik sparsam, doch ihre Figur ist weitgehend eindimensional angelegt, und Demi Moore unternimmt keine Anstrengungen, diese ein wenig zu brechen und nachvollziehbar zu gestalten. Dem Zuschauer fällt es schwer, sich mit ihrem Charakter zu identifizieren, spielt dieser dramaturgisch doch nur eine beigeordnete Rolle.

Die Presse stilisiert John und Karen zu Helden, die Erinnerung an Bonnie und Clyde wird ständig evoziert. Das Auto dient ihnen als Hotel und Heim, sie schlafen und sie lieben sich in ihm. Die Menschen gewähren ihnen auf ihrer Flucht Unterschlupf, überreichen ihnen Geschenke und sogar Munition, wenn sie

Wie einst Bonnie und Clyde: Demi Moore und Emilio Estevez in ›Wisdom‹

sich mit ihnen fotografieren lassen. Doch ihr Feldzug gegen die Banken und das Gesellschaftssystem macht ihnen nicht nur Freunde. Vor allem heftet sich natürlich die Polizei auf ihre Spur. Durch einen Tip gelingt es den Polizisten unter der Leitung von Detective Williamson (William Allen Young), das Motel zu umzingeln, in dem sich John und Karen befinden sollen. Durch ein Missverständnis kommt es zu einer Schießerei, bei der das Motelzimmer förmlich zersiebt wird – auch das ist seit BONNIE AND CLYDE gängiger Standard –, doch John und Karen konnten bereits verschwinden.

Karen ist inzwischen überzeugtes Gangsterliebchen, eine gewaltige Veränderung im Vergleich zur braven Floristin, die sie anfangs war. Doch Demi Moore macht diese Verwandlung nicht nachvollziehbar, ihr Spiel bleibt eher statisch, was Karen letztlich um ihre Glaubwürdigkeit bringt. Das wird umso wichtiger, als John bei einem Überfall fast einen Wachmann tötet, was ihm zeigt, jetzt besser aufzuhören. Doch die vormals brave Karen ist es, die nun versucht, ihn zum Weitermachen zu überreden. Immer stärker wird sie zur treibenden Kraft, enthüllt mehr kriminelles Potential als John, der seinem Leben eigentlich nur einen Sinn zu geben suchte und bei seinem Vater (Tom Skerritt) um Verständnis bittet.

Karen hingegen übernimmt die Initiative, wenn John von Verzweiflung gepackt wird. Durch ihr Verhalten gleitet er immer mehr in eine Situation, die er im Grunde seines Herzens zu vermeiden suchte. Auf ihrer Flucht in Richtung Kanada machen sie an einer Tankstelle Halt. Als zufällig ein Sheriff auftaucht und sie erkennt, gerät Karen in Panik und erschießt den Mann. Es ist die beste Szene von Demi Moore in diesem Film. Angst, Verletzlichkeit, Verzweiflung – ein kurzer dramatischer Auftritt genügt, um ihr darstellerisches Potential aufblitzen zu lassen, um zu zeigen, dass sie eine geschriebene Figur in eine menschliche Person transformieren kann. Demi Moore vereint dabei mimische Nuanciertheit mit physischer Präsenz, doch währt diese Szene nur wenige Minuten und wird in ihrer Intensität nicht wieder erreicht, obgleich Demi am bald folgenden Ende des Films eine weitere dramatische Szene hat.

Nach dem Mord am Sheriff überfallen Karen und John eine letzte Bank, um sich diesmal mit ausreichend Geld für ihre Flucht zu versorgen. Doch der Überfall scheitert, das FBI wartet bereits und nimmt die Verfolgung der Flüchtenden auf. Dabei wird Karen angeschossen. John erkennt, dass das Ende naht. Er bringt sie in eine Schule und verabschiedet sich dann von ihr. Mit gebrochenem Blick schaut Karen ihm nach, wohl wissend, dass er nicht mehr zurückkehren wird. Demi Moore zeigt auch hier noch einmal, wenngleich nicht so überzeugend wie in der vorherigen Szene, dass sie zu starkem emotionalem Ausdruck fähig ist und keine Scheu vor Sentimentalität besitzt.

John geht der Polizeimacht entgegen, der finale Showdown steht unmittelbar bevor. Schauplatz ist ein leeres Stadion. Er setzt sich auf einen Rang und beginnt, ein Butterbrot zu essen. Die Polizei unter Williamsons Leitung beobachtet, die Gewehre in Stellung. Die Polizisten wissen nicht, dass John zuvor seine Munition weggeworfen hat, als er jetzt seine Erschießung provoziert, die auch der ahnende Williamson nicht mehr verhindern kann. Emilio Estevez versucht sich als tragischen Helden zu inszenieren, ist sich seiner Mittel aber nicht sicher. Der Film endet mit der Anfangsszene. John sitzt in der Badewanne und man hört seine Off-Stimme: Ist alles nur eine Vorstellung? So wirkt Estevez' Versuch der Selbststilisierung am Ende doch nur peinlich und spiegelt etwas von der Selbstverliebtheit des jungen Allround-Talents.

WISDOM wurde an den Kinokassen ein Misserfolg. Einzig in den Videotheken fristete er ein bescheidenes Dasein. Die Kritik reagierte überwiegend verhalten, wenn sie den Film überhaupt erwähnte. Als »Yuppie-Version« von BONNIE AND CLYDE wurde WISDOM bezeichnet, dessen Hauptdarstellern keiner die kriminelle Energie glauben wollte. Der Film wirkt tatsächlich über lange Strecken wie ein romantisches Road Movie, in dem es zu gelegentlichen Banküberfällen kommt, nach denen sich die Protagonisten umso romantischer verhalten dürfen. Als Actionoder Kriminalfilm bleibt WISDOM zu vorhersehbar und lebt am Ende nur noch von den genretypischen Elementen, die die inhaltlichen Schwächen überdecken sollen. Es war sicher eine noble Geste von Demi Moore, ihrem damaligen Freund und Verlobten bei dessen Regiedebüt unter die Arme zu greifen. Ihrer eigenen Karriere aber war dies eher abträglich. Die folgenden zwei Jahre erlebte sie eine schöpferische Ruhepause, bevor sie mit THE SEVENTH SIGN wieder mit einem Film in den Kinos vertreten war.

WISDOM stellte keinen Fortschritt in ihrer schauspielerischen Entwicklung dar. Ihre Rolle war eher bedeutungslos und kaum fordernd. Man wird den Eindruck nicht los, dass sie einen Teil des erhofften Publikums vor die Leinwände bringen sollte und dass ihre Mitwirkung kaum künstlerische Bewandtnis besaß. In persönlicher Hinsicht aber erlangte WISDOM eine Bedeutung. Wenig später trennte sich Demi Moore von Emilio Estevez und heiratete 1987 Bruce Willis. »Ich habe Emilio wirklich geliebt«, erinnerte sie sich an diese Zeit. »Ich hatte mich in Emilio verliebt, als wäre er mein erster gewesen. Ich hätte gerne gehabt, dass er sich das gleiche wie ich gewünscht hätte, was damals eine Familie war, doch Emilio war viel mehr auf seine Karriere konzentriert.« (Burke)

Im Unterschied zu seiner Ex-Freundin aber hatte Estevez nicht den großen Erfolg, auf den er hinarbeitete. Er rückte ins zweite Glied der Hollywood-Stars, scheute sich nicht, in B-Filmen aufzutreten, inszenierte aber immer wieder auch selbst. In seinen eigenen Filmen erwies er sich nicht als ein bedeutender Filmemacher, beherrschte aber von Film zu Film sein Handwerk besser und darf heute zu den Allround-Talenten der Traumfabrik gerechnet werden. Allerdings stehen seine künstlerischen Ambitionen offensichtlich hinter seinen handwerklichen Fortschritten zurück.

Y wie YOUNG DOCTORS IN LOVE
(Küss' mich, Doc, 1982)

Das Interessanteste an dem Film, der wie der Pilotfilm einer Serie wirkt, sind die daran Beteiligten. Regisseur Garry Marshall war zu dieser Zeit in Hollywood bekannt und geschätzt als Autor und Produzent von TV-Komödien. Erst später reüssierte er mit Kassenerfolgen wie NOTHING IN COMMON (1986) mit Tom Hanks, PRETTY WOMAN (1990) mit Julia Roberts oder FRANKIE AND JOHNNY (1991) mit Al Pacino und Michelle Pfeiffer. Harry Dean Stanton, Sean Young, Hector Elizondo und Dabney Coleman sind Akteure, die anschließend zwar nicht zu großen Stars, aber doch zu renommierten Mimen avancierten. Produziert wurde von Jerry Bruckheimer, der bereits mit AMERICAN GIGOLO (1980) mit Richard Gere und in den folgenden Jahren mit Filmen wie FLASHDANCE (1983), BEVERLY HILLS COP (1984), TOP GUN (1986) oder DANGEROUS MINDS (1995) eine Nase für kassenträchtige Stars und Stoffe unter Beweis stellte.

Demi Moore zählte 1982 noch nicht zu den Stars, und es war auch nicht abzusehen, dass sie es jemals tun würde. Und nicht nur der Tatsache, dass ihre Rolle in YOUNG DOCTORS IN LOVE sehr klein war, ist es zuzuschreiben, dass ihr Name weder im Vor- und noch im Abspann auftauchte. Denn einem größeren Publikum bekannt wurde sie erst im Anschluss, durch ihre Rolle in der TV-Serie GENERAL HOSPITAL. In Garry Marshalls Komödie konnte sie im Grunde nichts beweisen, weshalb ihre Nichtnennung unter den Beteiligten auch berechtigt war. Ob ihre Mitwirkung als Testlauf für die anschließende Krankenhaus-Serie anzusehen ist, bleibt dabei ohnehin ohne Bedeutung.

Der Film will eine Komödie sein und ist dies auch teilweise. Handlung und Figuren wirken bekannt, variieren nur bewährte Schemata, die zu garantierten Lacherfolgen führen. Das Arsenal der Charaktere ist entsprechend bunt gemischt. Zu Beginn des neuen Jahres tritt eine Gruppe von jungen Assistenzärzten ihren Dienst an. Da gibt es den Doktor, der kein Blut sehen kann, die aufrechte und hübsche, ambitionierte Ärztin, die beide zusammen eine Liebesgeschichte haben, in deren Verlauf sie ihre Komplexe gegenseitig beheben. Da gibt es einen Killer, der in immer neue Verkleidungen schlüpft und immer wieder für einen Patienten gehalten wird. Da gibt es die strenge Oberschwester, die sich ausgerechnet in den pillensüchtigen Gigolo unter den Assistenzärzten verliebt. Da gibt es außerdem einen homosexuellen Arzt, der sich in den als Frau verkleideten Killer verliebt, und es gibt das übliche Sammelsurium ausgeflippter Patienten, die jeder für sich komisch sein sollen, es aber nicht sind.

Die Geschichte von YOUNG DOCTORS IN LOVE ist dabei recht einfach. Wie es der Originaltitel deutlich ausdrückt, stehen verliebte Ärzte im Mittelpunkt. Dr. Simon August (Michael McKean) ist angehender Chirurg, hat aber Angst vor Blut und kann dies eine gewisse Zeit lang verbergen. Er bildet in der Folge ein Paar mit Dr. Stephanie Brody (Sean Young), die ebenso hübsch wie ambitioniert ist und später für den dramatischen Höhepunkt sorgt. Sie ist krank und muss operiert werden, ausgerechnet von Simon. Daneben sorgt die Oberschwester Norine (Pamela Reed) für hämische Lacher, wenn sie sich von Dr. Phil Burns (Taylor Negron) umwerben lässt, der nicht an ihre Wäsche, sondern an ihren Medikamentenschrank will. Aus dem Freak-Kabinett stammt Dr. Oliver Ludwig (Harry Dean Stanton), der in seinem Labor mit Vorliebe Urinproben schmeckt. Er sorgt für die Gags am Rande, ebenso wie Hector Elizondo als Mafia-Killer Angelo »Angela« Bonafetti, der keinen Gag auslassen darf, der dumm genug ist. Elizondo zählte in den folgenden Jahren zu Marshalls bevorzugten Schauspielern und ist vielleicht noch als verständiger Hotelmanager aus PRETTY WOMAN in Erinnerung.

Demi Moore taucht zweimal im Film auf, insgesamt nur wenige Sekunden. Ihr erster Auftritt ist so schnell vorbei, dass man sie erst beim zweiten Hinsehen entdeckt. Auf einer Ärzte-Party sitzt sie an einem mit Flaschen übersäten Tisch und lässt betrunken ihren Kopf auf den Tisch fallen. Am Ende des Films, als Dr. Simon glaubt, dass Stephanie unter seinen Händen im OP gestorben ist, und er verzweifelt auf die Straße läuft, wo gerade die nächste Generation von Assistenzärzten eintrifft, sieht er von hinten eine junge Frau mit langen dunklen Haaren. »Stephanie«, sagt er, woraufhin sich die Frau (Demi Moore) umdreht und in die Kamera fragt: »Who?« Mehr gibt es von Demi Moore nicht zu sehen.

Z wie Zigarren

Im Herbst 1996 outete sich Demi Moore, als sie auf einem weiteren Titelblatt zu sehen war. Diesmal aber handelte es sich
nicht um ein Gesellschafts-Hochglanzmagazin wie *Vanity Fair*,
sondern sprach nur einen sehr eng begrenzten Liebhaberkreis

Hier ohne Montecristo Joy: Demi Moore in ›Striptease‹

an, das Zigarren-Magazin *Cigar Aficionado*. Dort gestand sie, leidenschaftliche Zigarrenraucherin zu sein. Auf zwölf Seiten gab sie – im Rahmen der Publicity-Kampagne für STRIPTEASE – kund, seit sieben Jahren zu rauchen und besonders die milden kubanischen Zigarrillos Cohiba Panatela und Montecristo Joy zu schätzen. »Es gibt etwas, wenn man Zigarren raucht, das man irgendwie zelebriert. Wie ein feiner Wein. Es gibt Qualität, Kunstfertigkeit und eine Leidenschaft, die in die Herstellung von Zigarren einfließt«, beschrieb sie ihre Gefühle beim Rauchen. Ihr Interviewer konnte die Frage, ob es sich bei Demi Moore um das typische nette Mädchen von nebenan handelt, dann auch schon gleich selbst verneinen.

Filmographie

UA: Uraufführung; DE: Deutsche Erstaufführung

MASTER NINJA

USA 1978 (TV). *Regie:* Unbekannt. *Darsteller:* Sho Kosugi, DEMI MOORE, Lee Van Cleef, Timothy Van Patten

Auf der Suche nach seiner verschollen geglaubten, entführten Tochter (Moore) gerät ein Vater in einen Kampf um Leben und Tod mit der chinesischen Mafia. Nicht in allen Quellen bestätigt, ist dies vermutlich Demi Moores erster TV-Auftritt.

CHOICES

USA 1981. *Regie:* Silvio Narizzano. *Buch:* Rami Alon. *Produktion:* Edde Entertainment; Alicia Rivera Alon, Rami Alon. *Kamera:* Hanania Baer. *Schnitt:* Max Benedict, Sean »Jack« Sullivan, James A. Stewart, Bert Glatstein. *Musik:* Christopher L. Stone.
Darsteller: Paul Carafotes (John), Victor French (Gary), Lelia Goldoni (Jean), Val Amery (Rizzo), DEMI MOORE (Cori), William Moses (Pat), Michael Alldredge (Toni), George Burrows (Grandpa). 90 Min.

Der junge John hat einen Gehörschaden, weshalb er aus der Football-Mannschaft seiner Schule geworfen wird. Durch eine Bande von Halbstarken droht er auf die schiefe Bahn zu geraten. John spielt aber auch Geige im Schulorchester, wo er der hübschen Cori begegnet. Dank ihr findet er auf den geraden Weg zurück und versteht es, mit seiner Behinderung zu leben. Bei dem entscheidenden Football-Spiel seiner Schule wird er dann doch noch einmal eingewechselt und kann den Sieg seines Teams sichern. So gewinnt er am Ende gleich zweimal, das Spiel seiner Mannschaft und das Herz von Cori.

»Gutgemeintes, doch vorhersehbares Drama wird durch gute Darstellerleistungen unterstützt. Erster Film von Moore.« (Leonard Maltin)

GENERAL HOSPITAL

USA 1982/83 (TV-Serie).
Demi Moore spielte die Rolle der Journalistin Jackie Templeton und brachte das romantische Element in die erfolgreiche Serie.

Parasite / PARASITE
USA 1982. *Regie:* Charles Band. *Buch:* Alan Adler, Michael Shoob, Frank Levering. *Produktion:* Charles Band Productions. *Kamera:* Mac Ahlberg. *Schnitt:* Brad Arensman. *Musik:* Richard Band. *Parasite Effects:* Stan Winston, James Kagel, Lance Anderson.
Darsteller: Robert Glaudini (Dr. Paul Dean), DEMI MOORE (Patricia Welles), Luca Bercovivi (Ricus), James Davidson (Merchant), Al Fann (Collins), Tom Villard (Zeke), Scott Thomson (Chris), Cherie Currie (Dana), Vivian Blaine (Miss Daley), James Cavan (Buddy).
85 Min., DE: 18.11.1982

In der postnuklearen Welt des Jahres 1992 versucht ein Wissenschaftler, in der Abgeschiedenheit eines Dorfes ein Gegenmittel zu Parasiten zu finden, die sich unangenehmerweise durch den menschlichen Körper fressen und dabei zu schleimigen Monstern mutieren. Verfolgt von einem mysteriösen Killer und einer Rockerbande, findet Dr. Dean Hilfe bei der unerschrockenen Pat, die Zitronen anbaut und ansonsten ihr landfrauenmäßiges Auftreten durch vorsichtige Erotik und attraktives Aussehen ad absurdum führt. Am Ende siegen Dr. Dean und Pat gegen alle Widersacher, einschließlich der Monster. Der Billig-Horrorfilm wurde im 3D-Verfahren aufgenommen und inszeniert von Charles Band, dessen Streifen in der Regel direkt für die Videothek konzipiert waren.

»Ohne von größerem Interesse zu sein, hätte PARASITE bei gekonnter Machart, selbst mechanischer, uns helfen können, die anderthalb Stunden ohne Langeweile zu überstehen. Statt dessen aber machten es die Unausgewogenheit des Drehbuches, die Häßlichkeit der Dekors und die Mittelmäßigkeit der darstellerischen Leistungen schwer, diese Dauer zu überstehen.« (R. B., *La Revue du Cinéma – La Saison Cinématographique 1983*)

»Futuristischer Horror-Film: Ein Forscher besteht den Kampf gegen zwei Parasiten, die die Menschheit bedrohen, eine brutale Jugendbande und einen professionellen Killer. Die fadenscheinige Story dient in erster Linie zur Darstellung von widerwärtigen Schockeffekten in ›3-D‹. Inszenierung und Darstellung sind der Technik untergeordnet.« (*film-dienst* 23 738)

Küss' mich, Doc / YOUNG DOCTORS IN LOVE
USA 1982. *Regie:* Garry Marshall. *Buch:* Michael Elias, Rich Eustis. *Produktion:* ABC Motion Pictures; Jerry Bruckheimer, Garry Marshall (Ausführender Produzent). *Kamera:* Don Peterman.

Schnitt: Dov Hoenig. *Musik:* Maurice Jarre.
Darsteller: Michael McKean (Dr. Simon August), Sean Young (Dr. Stephanie Brody), Harry Dean Stanton (Dr. Oliver Ludwig), Patrick Macnee (Dr. Jacobs), Hector Elizondo (Angelo/»Angela« Bonafetti), Dabney Coleman (Dr. Joseph Prang), Pamela Reed (Schwester Norinne Sprockett), Taylor Negron (Dr. Phil Burns), Saul Rubinek (Dr. Floyd Kurtzman), Michael Richards (Malamud), Ted McGinley (Dr. Bucky DeVol), DEMI MOORE (junge Frau).
96 Min., DE: 29.4.1983

»Schauplatz der Handlung ist ein Krankenhaus mit chaotischer Organisation und einem despotischen Chef, in dem neurotische Assistenzärzte ihre ersten Erfahrungen mit dem Beruf, dem Leben und der Liebe machen. Ein Wechselbad aus Situationskomik, Kalauern und parodistischen Filmzitaten, ist der turbulente Ulk für Zuschauer, die sich durch derben Klamauk und alberne Sprüche nicht abschrecken lassen, unterhaltsam, da er immerhin mit Eleganz und Witz am Rande des guten Geschmacks balanciert.« (*film-dienst* 23 997)

Schuld daran ist Rio / BLAME IT ON RIO

USA 1983. *Regie:* Stanley Donen, D. Scott Easton. *Buch:* Charlie Peters, Larry Gelbart. *Produktion:* Sherwood Productions; Stanley Donen, Larry Gelbart. *Kamera:* Reynaldo Villalobos. *Schnitt:* George Hively, Richard Marden. *Musik (Überwachung/Schnitt):* Ken Wannberg.
Darsteller: Michael Caine (Matthew Hollis), Joseph Bologna (Victor Lyons), Valerie Harper (Karen Hollis), Michelle Johnson (Jennifer Lyons), DEMI MOORE (Nicole Hollis), José Lewgoy (Eduardo Marquess), Lupe Gigliotti (Signora Botega), Michael Menaugh (Peter).
100 Min., DE: 1.3.1985

Matthew Hollis und Victor Lyons leben und arbeiten in São Paulo. Sie beschließen einen gemeinsamen Familienurlaub in Rio, doch Victors Frau hat inzwischen die Scheidung beantragt und Matthews Frau Karen fliegt lieber nach Bahia. Also sind beide Männer mit ihren fast erwachsenen Töchtern allein. Während Nicole sich mit den örtlichen Jungen beschäftigt, konzentriert sich die reife Jennifer auf ihren »Onkel« Matthew, der alsbald den Reizen der Tochter seines besten Freundes erliegt. Am Ende löst sich seine Midlife-Crisis im gegenseitigen Vergeben auf und er kehrt zu seiner Frau zurück. Donens Film ist ein Remake von Claude Berris UN MOMENT D'EGAREMENT *(Aller Anfang macht Spaß,* Frankreich 1977) mit

Jean-Pierre Marielle, Victor Lanoux und Agnès Soral in den Hauptrollen.

»Albernes Lustspiel um Ehemüdigkeit, Midlife-Krise und Seiten-
sprünge der Männer, ohne Witz und intelligente Einfälle wie ein
knallbunter Werbeprospekt inszeniert.« (*film-dienst* 24 992)

»Michael Caine und Joseph Bologna sind die Väter, die ihre Töchter (Demi Moore und besonders Michelle Johnson) auf einen ein-
monatigen Ferienaufenthalt nach Rio mitnehmen. Am Strand, wo
sie den barbusigen Schönheiten hinterhergaffen, sehen die Väter
den Rücken zweier Schönheiten, die sich umdrehen und sich als
ihre barbusigen Töchter herausstellen, die zu ihnen kommen, über
ihre Scham lachen und sie umarmen. Es ist, als ob eine Doris-
Day/Rock-Hudson-Komödie der frühen 60er auf einmal barbusig
geworden wäre.« (Kael)

»Unglücklicherweise hat Donen nicht mehr seine Handschrift, die
seine Erfolge ausmachte. Man wünschte sich ein bisschen mehr
Turbulenz, damit der Rhythmus nervöser wäre. Es gibt dennoch
nicht wenige schöne Momente, insbesondere dank der Schauspieler, die mit Glück ein gewisses Gefühl für Gags entwickeln.« (G. P.,
Fiches du Cinéma, Tous les films 1984)

Eine starke Nummer / NO SMALL AFFAIR
USA 1984. *Regie:* Jerry Schatzberg. *Buch:* Charles Bolt, Terence
Mulcahy nach einer Story von Bolt. *Produktion:* Columbia Pic-
tures/William Sackheim Productions/Delphi II Productions; Wil-
lam Sackheim. *Kamera:* Vilmos Zsigmond. *Schnitt:* Priscilla Nedd,
Eve Newman, Melvin Shapiro. *Musik:* Rupert Holmes.
Darsteller: Jon Cryer (Charles Cummings), DEMI MOORE (Laura
Victor), George Wendt (Jake), Peter Frechette (Leonard Cum-
mings), Elizabeth Daily (Susan), Jeffrey Tambor (Ken), Tim Rob-
bins (Nelson), Ann Wedgeworth (Joan Cummings), Jennifer Tilly
(Mona).
102 Min., DE: 17.5.1985

Der sechzehnjährige Schüler und begeisterte Fotograf Charles verliebt sich in die glücklose Rocksängerin Laura, die er zunächst mit
seiner Aufdringlichkeit nervt, dann aber mit einer eigenen Werbekampagne aus ihrer Erfolglosigkeit erlöst. Nach einer gemeinsamen Nacht verlässt Laura die Stadt und geht nach Los Angeles,
während Charles eine Mitschülerin als passendere Begleiterin entdeckt.

»Ein von der Fotografie besessener Sechzehnjähriger startet für eine junge Sängerin mit ebenso beträchtlichem wie originellem Aufwand eine Werbekampagne. Mit jugendlicher Frische und Poesie inszenierte, gut gespielte Unterhaltung.« (*film-dienst* 25 028)

»Als Michael Caines Tochter kann man sie ebenso vergessen wie den Film BLAME IT ON RIO selbst, aber als Laura, eine grüblerische, impulsive Schönheit, die sich als Popsängerin versucht, bleibt sie hier in Erinnerung.« (Leo Seligsohn, *New York Newsday*, 9.11.1984)

»Von sich selbst eingenommener, besserwisserischer, aber noch jungfräulicher Teenager entwickelt eine Besessenheit für eine ›ältere Frau‹ – die nach Erfolg heischende Rocksängerin Moore – und tut fast alles dafür, dass sie ihn mag. Einige gute Momente hier und da, aber die im Grunde nicht ansprechenden Figuren torpedieren die Möglichkeiten dieses Films.« (Leonard Maltin)

St. Elmo's Fire – Die Leidenschaft brennt tief / ST. ELMO'S FIRE
USA 1985. *Regie:* Joel Schumacher. *Buch:* Joel Schumacher, Carl Kurlander. *Produktion:* Columbia Pictures/Delphi IV Productions/Channel Productions; Lauren Shuler-Donner. *Kamera:* Stephen H. Burum. *Schnitt:* Richard Marks. *Musik:* David Foster.
Darsteller: Emilio Estevez (Kirby Kager), Rob Lowe (Billy Hixx), Andrew McCarthy (Kevin Dolenz), DEMI MOORE (Julianna Van Patten, genannt Jules), Judd Nelson (Alec Newberry), Ally Sheedy (Leslie Humphries), Mare Winningham (Wendy Beamish), Martin Balsam (Mr. Beamish), Andie MacDowell (Dale Biberman), Joyce Van Patten (Mrs. Beamish), Jenny Wright (Felicia), Blake Clark (Wally).
108 Min., UA: Juni 1985. DE: 17.4.1986

Nach ihrem Collegeabschluss suchen sieben Freunde nach einem Sinn in ihrem Leben. Noch sind alle in einer Stadt, treffen sich in ihrer Bar »St. Elmo's Fire«, doch im Verlauf des Films entwickelt sich jeder in eine andere Richtung, was ihre Freundschaft am Ende nicht mehr die sein lassen wird, die sie am Anfang war. Demi Moore spielt Jules, die interessanteste, weil problembeladenste Figur, die mit ihren Komplexen und dem Widerspruch zwischen Träumen und deren Realisierung nicht zurechtkommt. Sie flüchtet sich in Drogen, erleidet einen Nervenzusammenbruch und bleibt unter den Freunden die einzige Verliererin.

»Sieben junge Collegeabgänger auf der Suche nach privater und beruflicher Identität. (…) In Episoden erzähltes Gruppenporträt, das zwar ohne Pathos und großen Gestus inszeniert ist, in der Be-

schreibung des Erwachsenwerdens aber allzu gefällig ausfällt.«
(*film-dienst* 25 578)

»Als Jules gibt Demi Moore eine beeindruckende Darstellung, die bis dahin beste ihrer kurzen Karriere. (…) Aber die Authentizität der meisten seiner Charaktere, dargestellt von einem talentierten Ensemble bemerkenswerter, aufstrebender Stars, macht (den Film) erinnernswert und verleiht ihm eine Art von soziologischer Bedeutung als Dokument seiner Zeit.« (*Magill's Survey of Cinema*)

»Die Geschichte von sieben Freunden und Freundinnen, die nach dem Collegeabschluss Schwierigkeiten mit dem Erwachsenenleben haben, präsentiert sich als gefällige, glatte Komödie mit einigen ernsten Anklängen, die aber wegen ihrer Oberflächlichkeit wenig Überzeugungskraft besitzen.« (Just 1987)

Noch mal so wie letzte Nacht / About Last Night
USA 1986. *Regie:* Edward Zwick. *Buch:* Tim Kazurinsky, Denise DeClue nach dem Stück »Sexual Perversity in Chicago« von David Mamet. *Produktion:* Tri-Star Pictures/Delphi IV Productions/Delphi V Productions; Jason Brett, Stuart Oken. *Kamera:* Andrew Dintenfass. *Schnitt:* Harry Keramidas. *Musik:* Miles Goodman. *Fitness-Trainer für Lowe/Moore:* Jackson Sousa.
Darsteller: Rob Lowe (Danny Martin), Demi Moore (Debbie Sullivan), James Belushi (Bernie), Elizabeth Perkins (Joan), George DiCenzo (Mr. Favio), Michael Alldredge (Mother Malone), Robin Thomas (Steve Carlson), Donna Gibbons (Alex), Megan Mullaly (Pat), Tim Kazurinsky (Colin).
113 Min., UA: Januar 1986, DE: 20.11.1986

Dem Film zugrunde liegt das Stück »Sexual Perversity in Chicago« aus dem Jahre 1974 von David Mamet. Erzählt wird von Singles, die nach einer Zeit des Swingens versuchen, eine Beziehung miteinander aufzubauen. Nach einer kurzen gemeinsamen Nacht entdecken Danny und Debbie wider Willen Gefühle füreinander. Sie verlieben sich, ziehen zusammen und versuchen, eine echte Paar-Beziehung aufzubauen. Ihr Versuch aber wird von gutmeinenden Freunden immer wieder sabotiert und am Ende gar zerstört, zumal auch das eigene Verständnis von Liebe und Beziehung zu sehr auf sich selbst gerichtet bleibt. Zwick konzentrierte sich in seinem ersten Kinofilm auf die Angst der Männer, eine feste Bindung einzugehen, und die Suche der Frauen nach einer echten Beziehung. Elizabeth Perkins als Joan debütierte auf der Leinwand.

»Moore zieht aus ihrem auffallend guten Aussehen einen Vorteil, aber wirklich berührt wird man von ihrem Talent zum Sarkasmus – mit ihrer kehligen Stimme und ihrer spitzen Zunge. Sie ist großartig bei ätzenden Dialogen, von denen ihr die Drehbuchautoren reichlich geben. Sie hat mehr als nur ein bisschen von Debra Winger in sich: Sie kann authentisch verletzt, aber nie wirklich von ihrer Traurigkeit bedrückt sein – man weiß, dass ihre Lebhaftigkeit alle erobern wird.« (Paul Attanasio, *Washington Post*, 2.7.1986)

»Ein junges Liebespaar in Chicago sucht nach einer emotionalen Beziehung, während seine Umwelt weitgehend von erotischem Leistungsdruck geprägt ist. Die inhaltlich treffsicheren Beobachtungen zu Identitätskrise und Rollenverhalten werden durch die glatte Inszenierung merklich verwässert.« (*film-dienst* 25 939)

»Moore ist besonders beeindruckend. Es gibt keinen romantischen Ton, den sie nicht in diesem Film spielen soll, und sie spielt sie alle ohne Schwäche. (…) ABOUT LAST NIGHT ist eine warmherzige und intelligente Liebesgeschichte und einer der besten Filme von 1986.« (Roger Ebert)

One Crazy Summer / ONE CRAZY SUMMER

USA 1986. *Regie, Buch, Animationssequenzen:* Savage Steve Holland. *Produktion:* A & M Films; Michael Jaffe, Gil Friesen, Andrew Meyer. *Kamera:* Isidore Mankovsky. *Schnitt:* Alan Balsam. *Musik:* Cory Lerios.
Darsteller: John Cusack (Hoops McCann), DEMI MOORE (Cassandra), Curtis Armstrong (Ack Ack Raymond), Joel Murray (George Calamari), Bobcat Goldthwait (Egg Stork), Tom Villard (Clay Stork), Matt Mulhern (Teddy Beckersted), Mark Metcalf (Aguilla Beckersted), William Hickey (Old Man Beckersted), Joe Flaherty (General Raymond).
93 Min., UA: August 1986, DE: 11.9.1987

Auf der Fahrt in die Ferien nehmen die beiden Collegeabsolventen und Freunde Hoops und Ack Ack die von einem Rocker verfolgte Cassandra mit. Die soll auf Nantucket Island ein Haus erben, das verschuldet ist und einem schrägen Immobiliengeschäft im Wege steht. Hoops gelingt es mit Hilfe seiner skurrilen Freunde, Cassandras Erbe zu retten und dafür von ihr einen Kuss zu bekommen.

»Polternder Klamauk mit schrillen Einfällen und viel Leerlauf. Die bodenlos dummen Späße der dürftigen Geschichte voller irrer Typen machen das Filmchen zu einer nervenaufreibenden Strapaze. Nur einige Zeichentrickteile, die die Handlung einleiten und kommentieren, sind einigermaßen gelungen.« (Hans Messias, *film-dienst*) gute nebensächliche Gags und gelungene Augenblicke, keine Story oder echte Figuren, für die man sich interessierte.« Leonard Maltin)

»... diese schräge, leicht kranke und manchmal dümmlich lustige Komödie ...« (Mick Martin & Marsha Porter)

Wisdom / WISDOM

USA 1986. Regie und *Buch:* Emilio Estevez. *Produktion:* Gladden Entertainment Corp./Cannon Screen Entertainment; Bernard Williams, David Begelman, Robert Wise. *Kamera:* Adam Greenberg. *Schnitt:* Michael Kahn. *Musik:* Danny Elfman.
Darsteller: Emilio Estevez (John Wisdom), DEMI MOORE (Karen Simmons), Tom Skerritt (Lloyd Wisdom), Veronica Cartwright (Samantha Wisdom), William Allen Young (Williamson), Bill Henderson (Theo), Richard Minchenberg (Cooper), Santos Morales (Al Gomez), Ernie Brown (Motel-Manager), Charlie Sheen (Manager City-Burger).
109 Min., UA: Oktober 1986. DE: April 1988 (Video)

Wegen einer Vorstrafe als Jugendlicher findet John Wisdom keine Arbeit. Er beschließt, den gesellschaftlichen Vorurteilen zu entsprechen, und entscheidet sich für eine Karriere als Krimineller. Doch seine Banküberfälle haben vor allem den Zweck, verschuldeten Farmern zu helfen. Unterstützt wird er in seiner Robin-Hood-Attitüde von seiner Jugendfreundin Karen Simmons. Das Pärchen überfällt eine Reihe von Banken im Mittleren Westen der USA und wird in den Augen der Bevölkerung zu Helden à la Bonnie und Clyde. Doch das FBI ist ihnen bereits auf den Fersen und treibt es schließlich in eine tödliche Enge.

»Moderne Robin-Hood-Variante von und mit Emilio Estevez. Narzisstisch veranlagt und dramaturgisch nicht perfekt.« (Just 1989)

»Robert Wise assistierte Estevez in der Regie, die sicherlich kompetenter ist als das verworrene Drehbuch; der Film hat eine der selbstzerstörerischsten Auflösungen, die man je gesehen hat.« (Leonard Maltin)

»Die Geschichte erzeugt zu Beginn einige Lacher, indem sie diese unglaubhaften Kriminellen als Wohltäter präsentiert, die die Kreditunterlagen vor allem vernichten, um dem finanziell in die Enge getriebenen Publikum zu helfen. Am Ende aber wird der Film zu vorhersehbar und verlässt sich auf bekannte Elemente wie Autoverfolgungsjagden und blutige Schießereien, um das Interesse wachzuhalten.« (*Cineman Syndicate*, 1994)

RON REAGAN IS THE PRESIDENT'S SON

USA 1987 (TV). *Regie:* Jim Yukich. *Darsteller:* DEMI MOORE, Ronald Reagan, Judge Reinhold.
30 Min.

Eine halbstündige Fernsehkomödie, in der sich der Sohn des damaligen Präsidenten Ronald Reagan zum Unwillen seines Vaters selbst aufs Korn nahm. Ron Reagan jr. spielt einen TV-Journalisten, der ein anderes Bild von sich bekommt, als sein Doppelgänger, ein Sträfling, ausbricht.

NEW HOMEOWNER'S GUIDE TO HAPPINESS

USA 1988 (TV). *Regie:* Jim Yukich. *Darsteller:* DEMI MOORE, Judge Reinhold.
30 Min.

Zusammen mit RON REGAN IS THE PRESIDENT'S SON gezeigtes Halbstunden-Programm mit Moore und Reinhold, in dem ein junger Mann, der gerade in die Vorstadt gezogen ist, versucht, die Hunde seiner Nachbarn am ständigen Bellen zu hindern. Seine schwangere (!) Frau (Moore) kümmert sich derweil auf ihre Weise um die Nachbarn. Eine schwarze Komödie, die die bereits schwangere Demi Moore kurz vor THE SEVENTH SIGN drehte, in dem ihre Schwangerschaft zum dramatischen Element wurde.

Das siebte Zeichen / THE SEVENTH SIGN

USA 1988. *Regie:* Carl Schultz. *Buch:* W. W. Wicket (= Ellen Green), George Kaplan (= Clifford Green). *Produktion:* Tri-Star Pictures/Interscope Communications/ML Delphi Premier Prods.; Ted Field, Robert Cort. *Kamera:* Juan Ruiz-Anchia. *Schnitt:* Caroline Biggerstaff. *Musik:* Jack Nitzsche.
Darsteller: DEMI MOORE (Abby Quinn), Michael Biehn (Russell Quinn), Jürgen Prochnow (The Boarder/Untermieter), Manny Jacobs (Avi), Peter Friedman (Lucci), John Heard (Reverend), Akosua Busia (Penny), John Taylor (Jimmy Zaragoza), Lee Garlington (Dr. Inness).
97 Min., UA: April 1988. DE: 1.9.1988

In sieben Zeichen, meist Naturkatastrophen, kündigt sich der Untergang der Welt an. Verhindern will dies ein göttlicher Bote, der sich bei der hochschwangeren Abby einmietet. Diese erfährt, dass sie das siebte Zeichen sein soll und ihr Sohn ohne Seele geboren werden wird, was den Ausbruch der Apokalypse bedeutet. Erst als sie ihr eigenes Leben opfert und damit ihrem totgeborenen Baby das Leben schenkt, bleibt die Welt vor dem Untergang bewahrt.

»Die so wirkungsvoll aufgebaute Spannung hält Regisseur Carl Schultz jedoch nicht lange lebendig. Gemeinsam mit der diffusen Story begibt er sich in den wabernden Bereich des Okkulten mit biblischer Quellenangabe. (...) Poltergeist-Pathos aber hebt den Schwangerschafts-Opfergang von Jungstar Demi Moore in die gefährliche Nähe sektiererischer Ideologie. Kein besonders gutes Zeichen.« (Frauke Hanck, zit. nach Just 1989)

»Demi Moore spielt die zentrale Rolle, als eine Frau, die ein Kind während der Schwangerschaft verloren und nun Angst hat, auch das andere zu verlieren. (...) Moore ist stark und klar in der Hauptrolle des Films und beweist einmal mehr, dass sie ein natürliches Charisma besitzt, eine Aura von Intelligenz und Entschlossenheit, verstärkt durch ihre rauhe Stimme. Ich war zuerst nicht sicher, dass sie die richtige Wahl für diesen Film war. Ich dachte, sie sei vielleicht zu stark und dass die Rolle mehr nach jemand verlangt, der schreit. Das war nicht so. Sie gibt dem Film einen starken Mittelpunkt, doch dessen Rest ist, leider, völlig daneben.« (Roger Ebert)

»Der australische Regisseur Carl Schultz demonstriert eine beeindruckende Beweglichkeit und eine bemerkenswerte Fähigkeit, verhängnisvolle Ereignisse mit epischen Ausmaßen im Rahmen eines schmalen Budgets zu inszenieren. Bestrebt, den Weltuntergang zu porträtieren, gelingt ihm eine apokalyptische Atmosphäre mit wenig mehr als Windmaschinen, einigen richtig plazierten Jupiterlamen und einem spektakulären Soundtrack. (...) Moore ist eine brünette Unschuld mit rauher Stimme und Rehaugen, sehr in der Tradition von Kirstie Alley und Susan Saint James.« (*Magill's Survey of Cinema*, 15.6.1995)

»*Das siebte Zeichen* ist ein verquastes Sammelsurium von mystischen Verweisen, die aus verschiedenen Kulturen stammend wahllos zusammengebracht und damit nivelliert werden.« (*Fischer Film Almanach*, 1989)

Wir sind keine Engel / WE'RE NO ANGELS

USA 1989. *Regie:* Neil Jordan. *Buch:* David Mamet nach den Stücken »My Three Angels« von Sam und Bella Spewak und »La Cuisine des anges« von Albert Husson und frei nach dem gleichnamigen Film von Michael Curtiz. *Produzent:* Art Linson für Paramount Pictures. Ausführender Produzent: Robert De Niro. *Kamera:* Philippe Rousselot. *Schnitt:* Mick Audsley, Joke Van Wijk. *Musik:* George Fenton.
Darsteller: Robert De Niro (Ned), Sean Penn (Jim), DEMI MOORE

(Molly), James Russo (Bobby), Ray McAnally (Warden), Hoyt Axton (Pater Levesque), Wallace Shawn (Übersetzer), Bruno Kirby (Deputy), John C. Reilly (junger Mönch), Jay Brazeau (Sheriff), Elizabeth Lawrence (Mrs. Blair).
107 Min., DE: Februar 1991 (Video)

Ned und Jim, zwei entflohene Sträflinge, landen auf ihrem Weg nach Kanada in einer Grenzstadt, wo sie mit zwei Priestern verwechselt werden. Die beiden lassen sich darauf ein, können sie sich doch im Kloster verstecken und versuchen, im Rahmen einer Madonnenprozession über die Grenze zu gelangen. Ned trifft in der Stadt die resolute Molly, eine allein erziehende Mutter, die für gelegentliche Beischläfe Geld verlangt. Ihre Tochter ist stumm und wird von Ned auf die Prozession mitgenommen. Die geht völlig schief, die Madonna, Mollys Tochter und Ned stürzen ins Wasser, und am Ende spricht das kleine Mädchen. Immer noch in Soutane, schreitet Ned mit Molly und deren Tochter über die Grenze, mit der Aussicht auf ein gemeinsames Leben. Michael Curtiz verfilmte 1955 den gleichen Stoff mit Humphrey Bogart, Peter Ustinov und Aldo Ray in den Hauptrollen. Seine im Übrigen weitaus gelungenere Version zählt bis heute zu den beliebten Weihnachts-Programmen der Fernsehanstalten und hat kaum etwas mit der Fassung von Neil Jordan gemein.

»Mit hervorragend disponierten Schauspielern besetzte und mit zahlreichen Action-Elementen angereicherte Gaunerkomödie, die vom gleichnamigen Vorgänger aus dem Jahre 1955 lediglich die Ausgangsposition übernommen hat.« (*zoom*, zit. nach Just 1990)

»Demi Moore hat eine wichtige Nebenrolle als eine Frau mit einem Kind, an der De Niro interessiert ist. Aber weil ihre Figur keinen komischen Drall aufweist, bringen ihre Szenen nicht viel. Sie erzeugen vielmehr eine starke unterschwellige Note, die der Film nicht nötig hat.« (Roger Ebert)

»Die Farce macht dem Slapstick Platz, lässt die religiöse Parodie, die auch vom Ausspielen des Zufälligen gegen das Übernatürliche abhängt, plump bis hin zum schlechten Geschmack erscheinen. (…) Als ob sie die generelle Formlosigkeit kompensieren wollten, liefern De Niro und Penn manierierte Darstellungen ab, überladen mit Verweisen auf die verrückten und übermütigen Helden des Kinos. (…) Unter all dem manischen Grimassieren ist Demi Moores starke und sympathische Darstellung der offenherzigen Molly (…) eine Wohltat.« (Pam Cook, *Monthly Film Bulletin*, Juni 1990)

»Hat man mit einem Bob De Niro und Sean Penn als Stars, David Mamet als Drehbuchautor, Philippe Rousselot als Kameramann, das Recht, einen schlechten Film zu machen? Sicherlich. Das Talent ist keine Sache des Rechts. Nur haben wir anderen die Pflicht, die Welt zu warnen, dass, von der ersten Viertelstunde an, dieser Film im Sturzflug abstürzt. (…) Hier hat ihm (dem Regisseur, A. d. A.) das Talent der Schauspieler kaum geholfen. Sie sind genauso schlecht und uninspiriert wie er. Mehr noch, sie sind keine Engel, man hat keine Skrupel sie in die Hölle zu schicken.« (J.-J. B., *Première – Le Magazine du Cinéma*)

»Sie hat mit allen Mitteln für die Rolle gekämpft und rechtfertigte ihre Auswahl mit einer der wenigen Darstellungen in diesem schwachen Film, die ein gewisses Maß an Überzeugung hat.« (John Parker, *De Niro*, London 1995)

Geschichten aus der Gruft / TALES FROM THE CRYPT, VOL. 3

USA 1990 (TV-Serie). *Regie:* Howard Deutsch, Walter Hill, Arnold Schwarzenegger.
Darsteller: Lance Henriksen, William Hickey, DEMI MOORE, Kelly Preston, Rick Rossovich, Jeffrey Tambor, Kevin Tighe.

Die von Steven Spielberg initiierte Verfilmung eines klassischen Comics aus den fünfziger Jahren, die Horror mit Komik zu verbinden suchte. Im Laufe der TV-Reihe gaben nicht nur viele Schauspieler ihr Regiedebüt, sondern nahezu alle Hollywood-Stars traten vor die Fernsehkamera. In Deutschland lief die Reihe versteckt in Sat 1, sonntags um Mitternacht.

Ghost – Nachricht von Sam / GHOST

USA 1990. *Regie:* Jerry Zucker. *Buch:* Bruce Joel Rubin. *Produktion:* Howard W. Koch Prod./Paramount Pictures; Lisa Weinstein. *Kamera:* Adam Greenberg. *Schnitt:* Walter Murch. *Musik:* Maurice Jarre. *Optische Effekte:* Laura Buff, Bruce Nicholson, Ned Gorman, Katherine Kean, Richard Edlund; Boss Film Studios, Industrial Light and Magic, Available Light.
Darsteller: Patrick Swayze (Sam Wheat), DEMI MOORE (Molly Jensen), Whoopi Goldberg (Oda Mae Brown), Tony Goldwyn (Carl Brunner), Rick Aviles (Willie Lopez), Gail Boggs (Louise), Armelia McQueen (Clara), Vincent Schiavelli (U-Bahn-Geist).
127 Min., UA: 13.7. 1990. DE: 1.11.1990

Der Banker Sam Wheat wird bei einem Überfall getötet und bleibt als Geist vorübergehend auf der Erde. Seine Freundin Molly ist verzweifelt und ahnt nicht, dass Sams bester Freund Carl der

Drahtzieher des Überfalls ist, um seine illegalen Geldwäschen zu verbergen. Sam beobachtet alles, kann aber erst eingreifen, als er in der obskuren Wahrsagerin Oda Mae Brown ein Medium findet, das ihn hört. Mit ihrer Hilfe gelingt es Sam, Molly vor dem Schlimmsten zu bewahren, die Verbrecher ihrer gerechten Strafe zuzuführen und sie ein letztes Mal zu küssen und mit ihr zu tanzen, bevor er ins Jenseits verschwindet. Der Film erhielt eine »Oscar«-Nominierung als bester Film. Bruce Joel Rubin wurde für das beste Original-Drehbuch, Whoopi Goldberg für die beste weibliche Nebenrolle mit einem »Oscar« ausgezeichnet. GHOST spielte weltweit mehr als 400 Millionen Dollar ein.

»Demi Moores unterwürfiger Stil und rauhe Stimme machen aus Molly eine liebenswerte und glaubwürdige Heldin.« (David Sterritt, *Christian Science Monitor*, 22.8.1990)

»Während Demi Moore mit großer Anmut Sams zwischen Zweifeln und Hoffen hin- und hergerissene Freundin spielt und eine erstaunlich disziplinierte Whoopi Goldberg einige wirklich komische Momente hat, engagierte Zucker für die Rolle des körperlosen Geistes einen Schauspieler, der bisher eher geeignet schien, geistlose Körper darzustellen.« (Lars-Olav Beier und Frank Schnelle, in: *tip-Filmjahrbuch*, 1991)

»Ein ums andere Mal sieht man der tränenüberströmten Demi Moore direkt ins Gesicht, leidet mit dem hilflosen Kraftbündel Patrick Swayze mit und wird dank der drastischen Komik von Whoopi Goldberg immer wieder aus dem Tal der Tränen gerettet. Darin liegt vielleicht auch der Riesenerfolg des Films begründet, dass er einen ermuntert, seine Gefühle zu zeigen, jemandem, den man liebt, dies auch zu sagen, ehe es zu spät ist, und sich seiner Tränen nicht zu schämen.« (*Fischer Film Almanach*, 1991)

»Irritierend an GHOST ist, dass Moores Figur so schwer von Begriff ist. Immer wieder erzählt ihr Goldberg Dinge, die nur ihr Freund gewusst haben konnte, und immer wieder misstraut Moore ihr, während sie statt dessen dem Schurken glaubt. Wir befinden uns hier am Rande einer Idioten-Geschichte. Dennoch ist GHOST eine nette Mischung aus Horror und Humor.« (Roger Ebert)

»Überlange, aber vergnügliche Mischung aus Fantasy, Thriller und Romanze.« (Leonard Maltin)

Der Mann ihrer Träume / THE BUTCHER'S WIFE

USA 1990. *Regie:* Terry Hughes. *Buch:* Ezra Litwik, Marjorie Schwartz. *Produktion:* Paramount Pictures; Wallis Nicita, Lauren

Lloyd. *Kamera:* Frank Tidy. *Schnitt:* Donn Cambern. *Musik:* Michael Gore.

Darsteller: DEMI MOORE (Marina), Jeff Daniels (Alex), George Dzundza (Leo), Frances McDormand (Grace), Mary Steenburgen (Stella), Margaret Colin (Robyn), May Perlich (Eugene), Miriam Margolyes (Gina), Christopher Durang (Mr. Liddle), Helen Hanft (Molly).

104 Min., UA: 25.10.1991. DE: 10.9.1992

In ihren Träumen sieht sich Marina mit dem ersten Mann verheiratet, der auf ihre Insel kommt. Der Zufall lässt dies den New Yorker Metzger Leo sein, der daher überraschend mit einer Frau aus den Ferien zurückkehrt. Marina arbeitet in seiner Metzgerei und verwirrt durch ihre hellseherischen Fähigkeiten sämtliche Kunden, die allerdings in der Folge zu ihren wahren Bestimmungen finden. Auch Marina findet so den wahren Mann ihrer Träume, den Psychiater Alex, der durch ihre »Therapien« fast arbeitslos geworden wäre.

»… eine verheerend unspontane Schauspielerin für diese Art von Rolle …« (David Denby, *New York*, 4.11.1991)

»Filmmärchen mit einer Überportion an Banalität und vorhersehbarem Ende.« (Just 1993)

»Terry Hughes, den seine TV-Serie GOLDEN GIRLS weltberühmt machte, wandelt mit dieser Komödie auf Woody Allens Spuren. Das liebenswert-verrückte Völkchen der Künstlerkolonie im Herzen New Yorks findet sich zwischen Leos und Marinas Schweinehälften porträtiert. Allerdings hat Hughes kein Interesse daran, die Komik seiner Figuren bis in die Tiefe, die bei Allen schwarz zu sein pflegt, auszuleuchten. Ihm genügt es, einige skurrile Personen durch gemäßigte Wirren des Lebens zu führen und sie schließlich mit einem Happyend nach Haus zu schicken.« (*Fischer Film Almanach*, 1993)

»So seltsam – es beginnt schon mit Moores Goldlocken –, dass es einen Blick fast wert ist.« (Leonard Maltin)

»Demi Moore ist warmherzig und knuddelig als Marina, eine einfache, sanfte Frau.« (Roger Ebert)

Tödliche Gedanken / MORTAL THOUGHTS

USA 1990. *Regie:* Alan Rudolph. *Buch:* Claude Kerven, William Reilly. *Produktion:* New Visions/Polar Entertainment/Rufglen Films; John Fiedler, DEMI MOORE, Taylor Hackford, Stuart Benjamin

(Ausführende Produzenten). *Kamera:* Elliot Davis. *Schnitt:* Tom Walls. *Musik:* Mark Isham.
Darsteller: DEMI MOORE (Cynthia Kellogg), Glenne Headly (Joyce Urbanski), Bruce Willis (James Urbanski), Harvey Keitel (Det. John Woods), John Pankow (Arthur Kellogg), Billie Neal (Linda Nealon).
104 Min., UA: April 1991. DE: 19.9.1991

Detective Woods untersucht den gewaltsamen Tod von James Urbanski und verhört dazu Cynthia Kellogg, die mit James' Frau Joyce befreundet ist. Ihre Aussagen ergeben ein widersprüchliches Bild der Ereignisse, zeigen aber, dass Joyce die stärkste Motivation hatte, ihr Ekel von Mann umzubringen. Doch die Wahrheit ist komplexer und einfacher, als der Polizist denkt, und der Schein ist ebenso trügerisch wie die Wahrheit.

»Wie ein roter Faden ziehen sich die Motive der Täuschung und des Verrats durch die Filme von Alan Rudolph. Zumeist treiben die Figuren ein falsches Spiel miteinander, manchmal jedoch führt auch Rudolphs Inszenierung den Zuschauer hinters Licht. Rudolphs ganzer Film ist eine riesige Flunkerei, zurück bleibt ein Gefühl der Verunsicherung und der Irritation. So radikal ist im Kino das Wesen der Bilder selten hinterfragt worden; Rudolph lässt den Zuschauer am Ende allein mit einem Haufen Fragen.« (*Fischer Film Almanach*, 1992)

»Mit routiniertem Können inszeniertes und gut gespieltes Verwirrspiel um eine Ehehölle, zwei Morde und die Freundschaft und Loyalität zweier Frauen, das sich vom Schluss her als allzu konstruiert erweist.« (*zoom*, zit. nach Just 1992)

»Interessanter, durch Rückblenden strukturierter Film mit einigen guten schauspielerischen Leistungen, doch mit Figuren, für die man sich kaum interessiert.« (Leonard Maltin)

»Demi Moore ist sehr überzeugend, in einer Rolle so weit weg wie möglich von GHOST.« (Jean-Paul Chaillet, *Premiere*, Dezember 1991)

Valkenvania / NOTHING BUT TROUBLE
USA 1990. Regie und *Buch:* Dan Aykroyd, nach einer Story von Peter Aykroyd. *Produktion:* Applied Action/Warner Bros. Pictures; Robert K. Weiss. *Kamera:* Dean Cundey. *Schnitt:* Malcolm Campbell, James Symons. *Musik:* Michael Kamen.
Darsteller: Dan Aykroyd (»J. P.«/Bobo), Chevy Chase (Chris

Torne), John Candy (Dennis/Eldona), DEMI MOORE (Diane Lightson), Valri Bromfield (Miss Purdah), Taylor Negron (Fausto), Bertila Damas (Renalda), Raymond J. Barry (Mark), Brian Doyle Murray (Brian), Peter Aykroyd (Portier).
88 Min., UA: Februar 1991. DE: 28.2.1992 (Video)

Bei der Verfolgung ihres Ex-Liebhabers geraten die Anwältin Diane, der Börsenspezialist Chris und ein brasilianisches Geschwisterpaar wegen eines vermeintlichen Verkehrsvergehens in die Fänge des verrückten Richters Reeve, »J. P.«, und dessen schwergewichtiger Enkel. Dort erleben sie einen merkwürdigen Alptraum inmitten mechanischer Überraschungen und eines lebenden Schrottplatzes. Es wird getötet, angeekelt, verbrannt und geheiratet, ein heftiges Durcheinander, aus dem Diane nahezu ohne einen Kratzer hervorkommt.

»Ein Börsenspekulant, eine Anwältin und ein exzentrisches Paar geraten auf einer Autofahrt in die Hände eines Sheriffs und eines verrückten Richters. Ein überdrehtes Fantasy-Spektakel, von einer Handvoll Star-Komikern lustvoll und kauzig interpretiert.« (Just 1993)

»Enttäuschende, plumpe Komödie ...« (Mick Martin & Marsha Porter)

Eine Frage der Ehre / A FEW GOOD MEN
USA 1991. *Regie:* Rob Reiner. *Buch:* Aaron Sorkin nach seinem gleichnamigen Stück. *Produktion:* Castle Rock; Andrew Scheinman, David Brown, Rob Reiner. *Kamera:* Robert Richardson. *Schnitt:* Robert Leighton. *Musik:* Marc Shaiman.
Darsteller: Tom Cruise (Lieutenant J. G. Daniel Kaffee), Jack Nicholson (Colonel Nathan R. Jessep), DEMI MOORE (Lieutenant Commander JoAnne Galloway), Kiefer Sutherland (Lieutenant Jonathan Kendrick), Kevin Bacon (Captain Jack Ross), Kevin Pollack (Lieutenant Sam Weinberg), James Marshall (Private First Class Louden Downey), J. T. Walsh (Lieutenant Colonel Matthew Markinson), Christopher Guest (Dr. Stone), J. A. Preston (Judge Randolph), Matt Craven (Lieutenant Dave Sprading).
138 Min., UA: Dezember 1992. DE: 14.1.1993

Der Tod eines Soldaten auf dem US-Stützpunkt Guantanamo Bay auf Kuba, der unter der Leitung von Colonel Jessep steht, führt zur Mordanklage gegen zwei Soldaten. Die beiden Militärgerichts-Verteidiger Daniel Kaffee und JoAnne Galloway untersuchen den Fall und decken einen Skandal auf. In der Base herrscht ein absurder Ehrenkodex. Verstöße lässt Jessep mit einem besonderen »Code

Red« brutal ahnden. Die ehrgeizige, aber auch wahrheitssuchende JoAnne überzeugt schließlich den zögernden Daniel, Colonel Jessep vorzuladen und durch Provokation so weit zu bringen, dass dieser seine Schuld eingesteht.

»Rob Reiner macht aus dem Bühnenstück einen formal und dramaturgisch überzeugenden Gerichtsfilm, in dem es um die Ausleuchtung militärischer Hierarchien geht, um den Unsinn des Kadavergehorsams und die Relativität jeder Rechtsprechung. Der Film verzichtet auf voyeuristische Action-Orgien, lebt von Milieuschilderung, Dialogen und überzeugendem Schauspiel.« (*zoom*, zit. nach Just 1994)

»A Few Good Men ist ein Film der Worte und der Darstellerleistungen, nicht der Aktion. (…) Demi Moores JoAnne Galloway ist vielleicht eine der überflüssigsten Darstellungen im Film. In mehreren Interviews erklärte Moore, wie sie versuchte, mehr Menschlichkeit in eine Figur zu bringen, die als kontrolliert und pedantisch konzipiert war. Was an Menschlichkeit sie auch immer einbringen wollte, ist weitestgehend verloren. (…) In vielerlei Hinsicht ist A Few Good Men eine der großen Produktionen, die Hollywood zu dem Phänomen machen, das es ist. Es gibt kaum Überraschungen, tatsächlich scheint für viele Zuschauer das Ende zu passend. Dennoch ist der Film ohne Frage unterhaltend und anregend anzuschauen wegen seiner Präzision in Erzählung, Inszenierung und Spiel.« (Roberta F. Green)

»Rob Reiners A Few Good Men ist einer der Filme, der einem sagt, was er machen wird, es dann macht und dir dann erzählt, was er gerade gemacht hat. Er hält das Publikum nicht für sehr gescheit. (…) Die Schwächen sind überwiegend durch das Drehbuch bedingt; der Film bezieht uns nicht mit ein, erlaubt uns nicht, uns die Dinge auszumalen, befürchtet, dass wir etwas verpassen, wenn es nicht ausgesprochen wird. (…) Demi Moore ist attraktiv und ehrgeizig als seine (Kaffees) Vorgesetzte, die ihm etwas beibringen will.« (Roger Ebert)

»Demi Moore redet zwar hart, prägt sich aber auf der Leinwand nicht ein. Um Kummer zu zeigen, beißt sie sich auf die Oberlippe. Cruise und Moore spielen den üblichen Mann-Frau-Antagonismus: Sie haßt ihn anfangs, aber respektiert ihn dann immer mehr. Unglücklicherweise haben Cruise und Moore ähnlich leere, grüne Augen und einen offenmundigen Ausdruck, der null zum Bereich der zwischenmenschlichen Chemie beiträgt.« (*Baseline's Motion Picture Guide Review*)

»*Eine Frage der Ehre* ist in den USA außerordentlich erfolgreich gelaufen, weil sich dort im Fight Cruise–Nicholson der Machtwechsel von Bush zu Clinton symbolisierte. Das ist bei uns kaum nachvollziehbar. Als Gerichtsfilm ist er so flach wie Cruises Grinsen, so kalt wie die Schädel der Ledernacken und so leicht zu verspeisen, wie es Demi Moore mit den frutti di mare vormacht.« (*Fischer Film Almanach*, 1994)

Ein unmoralisches Angebot / INDECENT PROPOSAL
USA 1992. *Regie:* Adrian Lyne. *Buch:* Amy Holden-Jones, William Goldman nach dem Roman von Jack Engelhard. *Produktion:* Sherry Lansing Prods./Paramount Pictures; Sherry Lansing. *Kamera:* Howard Atherton. *Schnitt:* Joe Hutshing. *Musik:* John Barry. *Darsteller:* Robert Redford (John Gage), DEMI MOORE (Diana Murphy), Woody Harrelson (David Murphy), Seymour Cassel (Mr. Shakelford), Oliver Pratt (Jeremy), Billy Connolly (Sheena Easton), Herbie Hancock (Pianist).
117 Min., UA: April 1993. DE: 20.5.1993

Als sie Job und Einkommen verlieren, können Diana und David Murphy die Hypothek für ihr Strandgrundstück und das darauf geplante Haus nicht mehr bezahlen. In Las Vegas hoffen sie auf den großen Gewinn, doch sie verlieren alles. Der Millionär John Gage sieht Diana und bietet eine Million Dollar für eine gemeinsame Nacht. Tatsächlich lässt sich Diana darauf ein, doch ihre Ehe geht anschließend in die Brüche. Sie wird die Freundin des Millionärs, kann aber ihren Mann nie vergessen. Als dieser sie wegen der Scheidung noch einmal trifft, weiß Diana, was zu tun ist.

»INDECENT PROPOSAL steht in einer sehr alten Tradition, in der die Liebe der Prüfung von Bedürfnis und Lust unterzogen wird und am Ende triumphiert. Es ist künstlich und manipuliert, und in der wirklichen Welt wird so etwas nicht passieren, aber deshalb stehen wir ja auch Schlange an der Kinokasse: Wir möchten die wirkliche Welt hinter uns lassen, wenigstens für ein paar Stunden.« (Roger Ebert)

»Die emotionale Richtigkeit, die der Film besitzt, beruht auf Moores Darstellung, die lebendig, tief empfunden und glaubhaft ist, bis das Drehbuch sie daran hindert.« (*Variety*, 12.4.1993)

»Ein klischeehaftes Pseudo-Drama, das die Macht des Geldes und seinen Einfluss auf jeden menschlichen Lebensbereich nur als Folie für eine letztlich verlogene Love-Story benutzt.« (*Lexikon des internationalen Films*)

»So unmoralisch sein Angebot auch sein mag, erscheint die Figur von Robert Redford nie zwiespältig oder beunruhigend. Und die Folgen dieser dunklen Angelegenheit sind viel zu vorhersehbar und an der Grenze zur Groteske. Adrian Lyne sollte doch wissen, dass schöne Bilder nicht ausreichen, eine Geschichte zu erzählen. (…) Wie kann man zum Beispiel nur eine Sekunde lang glauben, dass Demi Moore (schöner als je zuvor) zögern könnte, mit Robert Redford zu schlafen, wo doch die Hälfte der Frauen bereit sind, eine Million dafür zu *zahlen*, an ihrer Stelle zu sein.« (Laurent Tirard, *Studio Magazine*, Mai 1993)

»Unmoralisch ist das Angebot, dezent, fast brav und prächtig in der Kameraarbeit die Darbietung. Die Allerweltsmoral lässt die Handlung unverbindlich und banal erscheinen. Was ihn dennoch anziehend und unterhaltsam bleiben lässt, ist das faszinierende Spiel von Demi Moore und Robert Redford.« (*Fischer Film Almanach*, 1994)

Enthüllung / DISCLOSURE

USA 1994. *Regie:* Barry Levinson. *Buch:* Paul Attanasio nach dem gleichnamigen Roman von Michael Crichton. *Produktion:* Warner Bros. Pictures/Baltimore Pictures/Constant © Prods.; *Kamera:* Tony Pierce-Roberts. *Schnitt:* Stu Linder. *Musik:* Ennio Morricone. *Production Design:* Neil Spisak.
Darsteller: Michael Douglas (Tom Sanders), DEMI MOORE (Meredith Johnson), Donald Sutherland (Bob Garvin), Caroline Goodall (Susan Hendler), Roma Maffia (Catherine Alvarez), Dylan Baker (Philip Blackburn), Rosemary Forsyth (Stephanie Kaplan), Suzie Plakson (Mary Anne Hunter), Dennis Miller (Marc Lewyn), Nicholas Sadler (Don Cherry), Jacqueline Kim (Cindy Chang). 127 Min., UA: November 1994. DE: 5.1.1995

Der Computerspezialist Tom Sanders erwartet, zum Vizepräsidenten seiner Firma befördert zu werden, bevor diese mit einer anderen fusioniert. Überrascht aber stellt er fest, dass statt seiner seine frühere Freundin Meredith als Außenseiterin den Job erhalten hat. Bei einem abendlichen Treffen in ihrem Büro versucht sie, ihn zu verführen, und reagiert voller Hass, als Tom sich im letzten Moment verweigert. Am nächsten Tag sieht er sich mit der Beschuldigung konfrontiert, sie sexuell belästigt zu haben. Tom entschließt sich, juristisch dagegen vorzugehen. Er gewinnt die Verhandlung dank seiner cleveren Anwältin, erfährt aber dann durch Zufall, dass Meredith ihn auch beruflich endgültig bloßstellen will. In letzter Minute gelingt es Tom, dies zu verhindern, auch dank der elektronischen Botschaften eines anonymen Freundes. Meredith muss gedemütigt die Firma verlassen. Als Vorlage diente der gleichnamige Roman von Michael Crichton, der das in den USA vieldiskutierte Thema der sexuellen Belästigung am Arbeitsplatz durch den Rollentausch von Täter und Opfer geschickt und attraktiv variierte.

»Demi Moore spielt eine enger definierte Rolle als kaltherzige, ambitionierte Frau, die Sanders versucht fertigzumachen. Sie bietet sicherlich das Benehmen und den Stil einer leitenden Angestellten, doch ihr gelingt es nicht, die Gründe ihres Verhaltens auszuspielen.« (Jack Garner, *Gannett News Service*, 6.12.1994)

»Was ist diese Sex-Kampf-Szene nicht alles: Sie ist eine Show für uns Zuschauer, vorgeführt von Demi Moore und Michael Douglas. Sie ist aber auch schon Show auf der Handlungsebene des Films, eine Inszenierung für hochgekochte Emotionen. In ihrer Direktheit und Körperlichkeit bedeutet sie in der aseptischen Computer- und Businesswelt auch einen Sündenfall. Sie ist der einzige Akt von Entblößung in *Enthüllung*.« (Hans Schifferle, *epd Film* 2/95)

»Die Besetzung ist fehlerlos, obgleich Demi Moores Vamp eine eindimensionale Klischeeskizze ist. (...) Meredith ist eine klassische *femme fatale*, die ihren Körper benutzt, Männer entsprechend zu manipulieren, um zu bekommen, was sie will. Ihr Archetyp kann zurückverfolgt werden durch fünfzig Jahre Filmgeschichte bis zu der männerfressenden Figur des *film noir*. Sie ist ein klassischer Film-Bösewicht, und das Publikum ist zufrieden, wenn es ihr an den Kragen geht.« (James M. Welsh, *Salem Press*)

»DISCLOSURE lässt recht schnell den Blutdruckmesser des Zuschauers sinken. Warum? Weil der Film falsch ist. Falsch, weil er sich auf eine frühere Beziehung Douglas–Moore stützt, die das Problem abschwächt, falsch, weil er sich um den Prozess drückt, einen wirklich neuralgischen Punkt der Geschichte, falsch, weil er sich technologischem Nippes zuwendet (...), falsch schließlich wegen der Drehbuchfehler (...), die die Geschichte zu einem schwerfälligen Unternehmens-Krimi und die sexuelle Belästigung zu einer (...) computermäßigen verändern.« (Michel Rebichon, *Studio Magazine*, Februar 1995)

»Es gibt nur wenig amerikanische Filme, die sich heutzutage dieser faszinierenden Dimension des modernen Lebens annehmen. Auch wenn die Figur von Demi Moore, vor allem, eine bessere Entwicklung verdient hätte, anstatt einer leider politisch korrekten Moral geopfert zu werden, die den Zuschauer glauben machen soll, er könne weiterhin in einer Firma arbeiten, ohne den Stress eines Soldaten im Dschungel.« (Marc Weitzman, *Premiere*, Februar 1995)

»Moores Drachenlady ist eine strikt eindimensionale Kreation, definiert durch Manipulation und Habgier. Kein Versuch wird unternommen, in ihre Psychologie einzutauchen, aber ihr Aussehen einer schwarzen Witwe und ihr bösartiges Verhalten tragen perfekt zur Intention des Films bei.« (Todd McCarthy, *Variety*, 5.–11.2.1994)

Der scharlachrote Buchstabe / THE SCARLET LETTER
USA 1995. *Regie:* Roland Joffé. *Buch:* Douglas Day Stewart nach dem Roman von Nathaniel Hawthorne. *Produktion:* Hollywood Pictures/Lightmotive/Allied Stars/Cinergi/Moving Pictures; Andrew G. Vajna, Roland Joffé. *Kamera:* Alex Thompson. *Schnitt:* Thom Noble. *Musik:* John Barry.
Darsteller: DEMI MOORE (Hester Prynne), Gary Oldman (Arthur Dimmesdale), Robert Duvall (Roger Prynne), Robert Prosky (Horace Stonehall), Edward Hardwicke (John Bellingham), Joan Plowright (Harriet Hibbons), Roy Dotrice (Thomas Cheever), Dana Ivey (Meredith Stonehall), George Aguilar (Johnny Sassamon). 135 Min., UA: 9.10.1995. DE: 18.4.1996

Hester Prynne wurde von ihrem Mann in die englischen Kolonien, nach New England, vorgeschickt, wo sie Mitte des 17. Jahrhunderts ein neues Heim vorbereiten soll. Schnell hat sich Hester in den Reverend Arthur Dimmesdale verliebt und gibt sich ihm auch heimlich hin, als sie vom Tod ihres Mannes erfährt. Sie wird schwanger und ins Gefängnis geworfen, weil sie den Vater nicht preisgibt. Trotz aller Drohungen der bigotten Bürger verrät sie selbst auf dem Scheiterhaufen nicht die Identität des Vaters ihrer Tochter. Im letzten Moment aber gibt sich Arthur zu erkennen und kann mit Hester und der Tochter in ein neues Leben aufbrechen. Der Roman von Nathaniel Hawthorne wurde schon mehrfach verfilmt, meist ohne Erfolg.

»Eine Heldin, die sich beim Gemüseanbau auf der eigenen Scholle die Fingernägel schmutzig macht? Bäh, nichts für Ms. Moore und ihre Fans. Eine Heldin, die bei Kerzenschein im Holzbottich badet und ihre prallen, feuchten Brüste stolz der Kamera entgegenreckt? Jau, das wollen die Leute sehen. *Der scharlachrote Buchstabe*, vom Autor verkaufshindernd als dunkle Meditation über den Preis der Sünde angelegt, geriet in den Händen sich für clever haltender Geschäftemacher zum erotisierten Kitschfest über eine alleinerziehende Mutter und ihren holprigen Weg ins Glück.« (Karl-Heinz Schäfer, *Cinema* 4/96)

»Was der Roman als in Handlung gespiegeltes Innenleben aus-

255

drückt, wird von Joffé plump sichtbar gemacht. Der Darstellung von Hesters Vereinzelung ist nicht mit ihrem Leben in Einsamkeit Genüge getan, Hester muss von teiggesichtigen Frauen denunziert und von groben Männerhänden in den Kerker geworfen werden. (…) Wo immer spektakuläre Bilder es erfordern, hat der Film mit grober Hand Hawthornes sorgfältig eingefädelte Motivierungen seiner Akteure gekippt.« (Nadia Abun-Nasr, *Frankfurter Allgemeine Zeitung*, 22.4.1996)

»Demi Moores Hester ist keine unglücklich vom rechten Weg abgekommene Frau, die für ihre Untreue bestraft wurde. Statt dessen wird sie zum Modell für jede unabhängige Frau in der Geschichte, die für sich selbst einstand und sich deswegen einen Niederschlag einhandelte.« (Marshall Fine, *Gannett News Service*, 13.10.1995)

»Tatsächlich ist Hawthorne nicht wiederzuerkennen in dieser *Melrose Place*-Version der Puritaner, bis zur letzten Unwürdigkeit eines Happyends, das alles negiert, was der Autor mit seiner Geschichte sagen wollte. Moore scheint völlig fehl am Platze, was bei einem Film kaum überrascht, der außer großartigen Sets und Kostümen nichts aufweist, das das 17. Jahrhundert andeutet.« (Pat Dowell, *Air Force Times*, 30.10.1995)

»Die Dialoge sind beispiellos pointenarm und reich an Klischees. Und die Hauptdarsteller versuchen alle dem durch ein etwas verkrampftes Engagement entgegenzuarbeiten. (…) Demi Moore strahlt eine vernünftige 20.-Jahrhundert-Sachlichkeit aus, und Gary Oldmans weichgezeichnete Rollenfigur wirkt ihr in keiner Weise gewachsen. (…) Joffés ehrgeizigstes Ziel schließlich, den Ursprung der amerikanischen Bigotterie und Doppelmoral aus dem Geiste des Puritanismus zu zeigen, wird zu keinem Moment ernsthaft umgesetzt.« (Simone Mahrenholz, *epd Film* 5/96)

»Selbstbewusst, wie sie mit dem flammenden Zeichen der Gebrandmarkten auf ihrer Kleidung durch die Menge der moralischen Besserwisser schreitet, den Namen des Kindsvaters tapfer verschweigend, ist die Hester Prynne dieses Films ein Kind des 20. Jahrhunderts, und es wäre wohl besser gewesen, man hätte die Story dann erst gar nicht in der Kolonialzeit angesiedelt. (…) Wie penetrant und unsensibel das alles gemacht ist, demonstriert nicht nur die Tatsache, dass sich Joffé nicht einmal die Einstellung auf Demi Moores sattsam bekannte Playboy-Pose versagt, sondern auch, dass er Hawthornes Symbol der Versündigung noch ein weiteres in Form eines scharlachroten Vogels aufpfropft.« (Franz Everschor, *film-dienst* Nr. 8, 9.4.1996)

»Als brustkorbbewegendes Melodrama ist all das so gewichtig, dass es albern ist, während es als Geschichte den typischen PC-Ära-fühl-dich-gut-Revisionismus verkörpert. (…) Moore identifiziert sich offensichtlich mit dem offenen, Kümmere-dich-um-dich-selbst-Geist von Hester Prynne und gestaltet die Figur auf dieser Basis respektabel, auch wenn ihre eigene Badeszene dem puritanischen Leben ein Element verleiht, das mehr *Vanity Fair* ist als Hawthorne.« (Todd McCarthy, *Variety*, 16.–22.10.1995)

Damals und Heute / NOW AND THEN
USA 1995. *Regie:* Lesli Linka Glatter. *Buch:* I. Marlene King. *Produktion:* Moving Pictures; Suzanne Todd, DEMI MOORE. *Kamera:* Ueli Steiger. *Schnitt:* Jacqueline Cambas. *Musik:* Cliff Eidelman. *Production Design:* Gershon Ginsberg, Anne Kuljian.
Darsteller: Christina Ricci (Junge Roberta), Thora Birch (Junge Teeny), Gaby Hoffman (Junge Samantha), Ashleigh Aston Moore (Junge Chrissy), DEMI MOORE (Samantha Albertson), Rosie O'Donnell (Roberta Martin), Rita Wilson (Christina Dewitt), Melanie Griffith (Tina Tercell), Bonnie Hunt (Mrs. Dewitt), Janeane Garofalo (Wiladene), Lolita Davidovich (Mrs. Albertson), Walter Sparrow (Crazy Pete), Brendan Fraser (Vietnam-Veteran).
96 Min., UA: 20.10.1995. DE: 2.5.1996

Anläßlich der bevorstehenden Niederkunft von Christina Dewitt kommen ihre Jugendfreundinnen Samantha, eine Schriftstellerin, Roberta, die lokale Ärztin, und Tina, ein Filmstar, in ihrer Heimatstadt zusammen und erinnern sich an den Sommer des Jahres 1970, der das Leben der zwölfjährigen Mädchen entscheidend veränderte und ihren Wechsel von der Kindheit zum Erwachsenenleben initiierte. Die Mädchen entdecken nicht nur die Sexualität, sondern auch die verborgenen Probleme ihres scheinbar idyllischen Daseins. Verbindende Elemente der unterschiedlichen Vignetten sind nächtliche spiritistische Sitzungen auf dem Friedhof und die Suche nach einem vermeintlichen Mörder.

»Vielleicht sollten wir NOW AND THEN einfach genießen: als ernstgemeintes, trostreiches Sommermärchen, in dem die Mädchen einmal nicht nur die Prinzessinnen spielen dürfen, sondern auch ein paar bescheidene Abenteuer erleben. Traumfutter, das es gestattet, sich für versunkene anderthalb Kinostunden nostalgischen Gefühlen hinzugeben, ohne sich von ärgerlichen Männerfantasien, grob aufgetischten Plattheiten und allzu dick aufgetragener Moral den süßen Genuss verderben zu lassen.« (Simone Hallensleben, *epd Film*, 5/96)

»Now gelingt die Beschreibung des Endes der Kindheit viel besser als die Präsentation der Erwachsenenbeziehungen. Es ist nicht sonderlich glaubhaft, dass diese vier Erwachsenen sich bemüht haben, miteinander in Kontakt zu bleiben, bedenkt man, dass sie am Ende des Sommers von 1970 bereit scheinen, unterschiedliche Lebenswege einzuschlagen. Gegenwarts-Prolog und -Epilog wirken mehr als Zusätze (oder verzweifelte Zugabe von Star-Power) denn als integrale Bestandteile der Erzählung. Die Erwachsenen bemühen sich nach Kräften, haben aber nur Abziehbilder und keine leibhaftigen Charaktere zu spielen.« (Joe Leydon, *Variety*, 23.–29.10.1995)

»Doch leider, trotz lobenswerten Ansatzes und erfreulicher Prämisse, ist Now and Then kein Meisterwerk, sondern nur ein netter kleiner Film. (…) Die entscheidende Schwäche des Films liegt in seiner ausgeprägten formalen Zaghaftigkeit. Anspruchsvoll sind der Episodencharakter, die Verteilung der Aufmerksamkeit auf vier Charaktere und überdies die Verknüpfung mit einer Rahmenhandlung. Diese Elemente zusammenzubinden, wäre die Kunst gewesen, ihnen entweder einen emotionalen Rhythmus zu geben, sie ästhetisch oder gedanklich aufeinander zu beziehen. Statt dessen wird alles sorgsam addiert, ohne die Kraft eines definierten künstlerischen Zugriffs spüren zu lassen.« (Marion Löhndorf, *Frankfurter Allgemeine Zeitung*, 3.5.1996)

»Vorsicht vor nostalgischen Filmen, die mit Tom Wolfes Beobachtung beginnen, nicht wieder heimkehren zu können.
So wie Now and Then, eine formelhafte Gefühlsübung, die wie eine reduzierte Version von Stand By Me daherkommt: Mit dem Satz von Tom Wolfe zu Beginn bleiben nur zwei Möglichkeiten. Entweder hat er Recht oder er hat Unrecht. In diesem Falle hat er Unrecht: Du kannst zurückkehren, wenn du eine starke helfende Bande von Freundinnen hast. Denn wie könnte Produzentin Demi Moore ansonsten diesen vorhersehbaren Ausflug in weibliche Kumpanei rechtfertigen? (…) Also, wenn Frauen die Möglichkeit haben, Standpunkt zu beziehen, weshalb dann so flach und leblos wie hier? Abgesehen von Gesprächen über Sex und Jungs, erfahren wir kaum etwas über die Mädchen, was nicht schon offensichtlich wäre. Das, was sie lernen – die Dinge sind nicht immer so, wie sie scheinen, die Eltern haben nicht immer Recht –, ist wohl kaum weltbewegend.« (Marshall Fine, *Gannett News Service*, 20.10.1995)

»Als Erzählerin liefert Demi Moore Grußkarten-Weisheiten.« (John Anderson, *Newsday*, 20.10.1995)

Nicht schuldig / THE JUROR

USA 1995. *Regie:* Brian Gibson. *Buch:* Ted Tally nach dem Buch von George Dawes Green. *Produktion:* Irwin Winkler. *Kamera:* Jamie Anderson. *Schnitt:* Robert Reitano. *Musik:* James Newton Howard.

Darsteller: DEMI MOORE (Annie), Alex Baldwin (Teacher), Joseph Gordon-Levitt (Oliver), Anne Heche (Juliet), James Gandolfini (Eddie), Lindsay Crouse (Tallow), Tony LoBianco (Louie Boffano), Michael Constantine (Judge Weitzel), Matt Craven (Boone). 166 Min., UA: 26.1.1996. DE: 30.5.1996

Die Künstlerin Annie wird Mitglied einer Jury, die einen Mafiaboss wegen Mordes verurteilen soll. Der Killer Teacher soll die ledige Mutter dazu bringen, gegen einen eventuellen Schuldspruch zu votieren. Er hört sie ab, setzt sie zunehmend unter Druck, dem sich Annie aus Furcht um ihren Sohn schließlich beugt. Dennoch kann sie sich nicht sicher sein, die Nachstellungen des psychopathischen Killers zu überleben. Deshalb nimmt sie das Gesetz des Handelns in die eigenen Hände.

»Dies ist ein solider, zunehmend spannender Film, wie ihn Hollywood vor zehn, fünfzehn Jahren noch reihenweise herstellte, der heute aber schon einer Rarität gleichkommt. Das ist einerseits ein Vorteil, weil der Film sich selbst genügt; andererseits leidet der von Brian Gibson inszenierte Thriller darunter, dass derzeit von jeder Großproduktion etwas Besonderes erwartet wird, besonders dann, wenn jemand wie die schlagzeilensüchtige Demi Moore mitwirkt. Deshalb gleich die Warnung: Es gibt wenig Sex & Detonationen, und Demi Moore überlässt Alec Baldwin die Show.« (Milan Pavlovic, *Kölner Stadt-Anzeiger*, 1./2.6.96)

»Moore ist als Frau in Gefahr glaubhaft verängstigt. (…) Unter dem engen Blickwinkel des Kassenerfolges mag Moore zur Zeit ein bisschen zu präsent sein, mit drei Filmen innerhalb von zwölf Monaten.« (Brian Lowry, *Variety*, 5.–11.2.1996)

»Demi Moore erweist sich in der Rolle des Racheengels als glatte Fehlbesetzung. Anstatt den behaupteten inneren Zwiespalt mimisch zu vermitteln, schaltet sie auf Autopilot. Dass die biedere Hausfrau zur Furie geworden ist, merkt man allenfalls an den bebenden Nasenflügeln und demonstrativ zuckenden Mundwinkeln. Die Aktrice absolviert mit müdem Desinteresse ihre Auftritte und verwechselt fehlenden Einsatz mit schauspielerischem Minimalismus.« (cs, *Cinema*, 6/1996)

»Man muss mehr als nur seinen Unglauben beiseite legen, um sich an die Stelle von Demi Moore zu setzen, die in THE JUROR die Titelrolle spielt. Man muss allen Verstand ablegen, vorbereitet sein, alles zu schlucken, was die Story dahin bringt, wohin sie will, und entschlossen der Justiz gegenüber blind sein. (…)
Wenn man dazu bereit ist (…), ist THE JUROR ein anständig unterhaltsamer Thriller. Moore, völlig bekleidet übrigens, absolviert einen netten Starauftritt als Geschworene, die während eines Mafia-Mordprozesses unter Druck gesetzt wird.« (Jack Mathews, *Newsday*, 2.2.1996)

»Dem Film von Brian Gibson gelingt es einen Augenblick, eine authentische Spannung zu schaffen, ermöglicht durch das Porträt eines veritablen ›Bösewichts‹, bevor die Aktion verlangsamt wird und sich nach und nach verliert. Im Augenblick der Wahrheit, in Guatemala angesiedelt, man weiß nicht warum, hat der Zuschauer schon lange abgeschaltet.« (Jean-François Rauger, *Le Monde*, 20.6.1996)

»THE JUROR ist eine Seltenheit heutzutage, ein kleiner Studiofilm mit gewitzten Dialogen und einem Plot, der sogar eine Struktur hat.« (Barbara Cramer, *Films in Review*, 1.5.1996)

»… ist das Resultat ein öder und steriler psychologischer Thriller, der wie sein Star Demi Moore das Publikum auf einer derartigen emotionalen Distanz hält, dass der Film keine Spannung und sicherlich nur wenig Sympathie für unsere Frau in Not erzeugt.« (Patricia Kowal, *Magill's Survey of Cinema*, 19.11.1996)

Der Glöckner von Notre-Dame / THE HUNCHBACK OF NOTRE-DAME
USA 1996. *Regie:* Gary Trousdale, Kirk Wise. *Produktion:* Disney Studio; Gary Trousdale, Kirk Wise. *Musik/Songs:* Alan Menken, Stephen Schwartz
Stimmen: DEMI MOORE (Esmeralda), Tom Hulce (Quasimodo), Kevin Kline (Phoebus), Tony Jay, Jason Alexander, David Odgen Stiers.
90 Min., UA: 21.6.1996. DE: 28.11.1996

Der von Walt Disney produzierte Animationsfilm, als Realfilm gleich mehrfach existierend, konnte nicht ganz an die letzten Erfolge des Studios wie THE LION KING (*König der Löwen*) anknüpfen. Wie immer sicherte man sich die Stimmen einiger Hollywood-Stars, die nur zur offiziellen Grundgage für Schauspieler mitmachten. Demi Moore verleiht Esmeralda, dem Traumobjekt des Glöckners von Notre Dame, mit ihrer dunklen rauchigen Stimme eine für eine Zeichentrickfigur überraschend erotische Ausstrahlung.

Striptease / STRIPTEASE

USA 1996. Regie und *Buch:* Andrew Bergman, nach dem gleichnamigen Roman von Carl Hiaasen. *Produktion:* Lobell/Bergman Production für Castle Rock Entertainment, Columbia Pictures, Sony Entertainment; Mike Lobell. *Kamera:* Stephen Goldblatt. *Schnitt:* Anne V. Coates. *Musik:* Howard Shore. *Choreografie:* Marguerite Pomerhn Derricks.

Darsteller: DEMI MOORE (Erin Grant), Armand Assante (Al Garcia), Ving Rhames (Shad), Robert Patrick (Darrell Grant), Burt Reynolds (Dave Dilbeck), Paul Guilfoyle (Malcolm Moldovsky), Jerry Grayson (Orly), Rumer Willis (Angela), Robert Stanton (Erb Crandal), Dina Spybey (Monique Jr.), Pasean Wilson (Sabrina Hepburn), Pandora Peaks (Urbana Sprawl).

115 Min. UA: Juni 1996. DE: 15.8.96

Ihren Job als FBI-Sekretärin hat Erin Grant durch die kriminelle Laufbahn ihres drogensüchtigen Ex-Mannes verloren. Ebenso das Sorgerecht für ihre Tochter Angela. Um den Berufungsprozess bezahlen zu können, arbeitet Erin als Striptease-Tänzerin. Einer ihrer Verehrer ist der Senator Dilbeck, der es sich in den Kopf gesetzt hat, sie zu seiner Geliebten zu machen. Ein anderer ihrer stummen Verehrer versucht, den Senator zu erpressen, und landet als Leiche in jenem Fischteich, an dem sich Detective Al Garcia gerade erholen will. Der findet schnell die Verbindungen heraus, weiß aber nicht, wie er die Schuldigen festnehmen soll. Al wird Erins Freund und Helfer und wacht darüber, wie diese versucht, den Senator dazu zu bewegen, ihr bei der Erlangung des Sorgerechts zu helfen. Dabei bringt sie eine Kette von Ereignissen ins Rollen, an deren Ende sie fast selbst unter die Räder gerät. Der Film von Andrew Bergman entstand nach der gleichnamigen Vorlage des Kult-Autors Carl Hiaasen, der sich durch seine makaber-bizarren Florida-Thriller eine wachsende Gemeinde schafft.

»… dabei ist der Film, der so sehr negativ im Schatten von SHOWGIRLS und mit so viel Vorab-Publicity herauskommt, dann gar eine positive Überraschung. Die (relativ raren) Stripszenen haben Klasse, da Miss Moore sich am liebsten zu den Klängen von Annie Lennox entkleidet. Obwohl man ihre nackten Brüste (zwei Minuten insgesamt, risqué auch nur in Bezug auf einen Film-Star) und die gut trainierten Beine sieht, ist die erotischste Szene eine, in der sie sich nach einem Duschbad anzieht.« (Andreas Fuchs, *Filmecho/Filmwoche*, 13.7.1996)

»Betrachtet man Demi Moores jüngste kommerzielle Pleiten, insbesondere mit dem überhitzten THE SCARLET LETTER, und die geistige Verbindung, die das Publikum zwischen diesem und SHOWGIRLS herstellen wird, wird STRIPTEASE zu einem leichten Angriffsziel und muss erhebliche Skepsis überwinden, damit ihn die Leute überhaupt anschauen. (…) Bei Moores tänzerischer Routine hat man das Gefühl von reichlicher Überkalkulation und Disziplinierung, während die Schauspielerin auf der anderen Seite eine ihrer glaubwürdigeren Darstellungen liefert, als erfrischend pragmatische Frau, die sich weigert, das Opfer zu spielen bei ihrem Bemühen, die Verantwortung für ihr eigenes Leben unter höchst widrigen Umständen zu übernehmen.« (Todd McCarthy, *Variety*, 24.–30.6.1996)

»Hat Demi Moore ihre Karriere als (gute) Schauspielerin zugunsten der eines Superstars beiseite gelegt? THE SCARLET LETTER und THE JUROR schienen dies anzudeuten, STRIPTEASE bestätigt es. (…) Im Mittelpunkt eine Art Leere: Durch den starken Willen, nur mutige und positive Heldinnen zu verkörpern, nutzt Demi Moore ebenso wenig dramatische Nuancen wie eine Stripperin ihren Büstenhalter. Für diesen Film, in dem sie (zwei Minuten) ihre Rundungen entblößt, erhielt Demi Moore zwölf Millionen Dollar. Der Körper ist tadellos, er ist, leider, auch nur so erotisch wie eine Buchführung.« (Henri Béhar, *Le Monde*, 8.8.1996)

»Bergmans Versuch, Familiendrama, Thriller und Komödie mit einem Schuss Erotik zu einem unterhaltsamen Film zusammenzubacken, wirkt bemüht und zwischenzeitlich auch ziemlich langatmig. In seinen zahlreichen Gags und den Seitenhieben auf das amerikanische Alltagsleben versprüht er aber gewissermaßen nebenbei viel Esprit und bösen Witz.« (Raimund Gerz, *epd Film* 8/1996)

»STRIPTEASE ist keine Satire, sondern eine krude Genre-Mixtur mit Stimmungsschwankungen. Die Anflüge von Humor sind nicht mehr als ein laues Lüftchen und Bergmans satirische Attacken gegen heuchlerische Moral eher aufdringlich als komisch. Die dramatischen Aspekte wirken erst recht an den Haaren herbeigezogen. Und die spekulativen Szenen der Mooreschen Fleischbeschau treiben vielleicht in Amerika ein paar verklemmte Tugendwächter auf die Barrikaden, hierzulande dürfte es bei einem müden Gähnen bleiben. Der bestbezahlten Hollywood-Heroine aller Zeiten haben die hautnahen Recherchen in einschlägigen Lokalen wenig genutzt. Als Publicity-Coup dienen sie allenfalls der egogeilen Selbstvermarktung des Superstars. Dessen Talente liegen eindeutig beim vollen Körpereinsatz und nicht in differenzierter Schauspielkunst.

Den Slip routiniert zwischen den Schenkeln durchzuziehen, ergibt noch lange keine Charakterstudie.« (Dorothée Lackner, *Cinema* 8/96)

»Die Autoren wollen uns außerdem weismachen, dass Erin lediglich die Gaben nutzt, die ihr die Natur gegeben hat. Moores Körper aber erzählt etwas anderes: dass es harte Arbeit war, Po, Busen, Bauch und Schenkel so hinzukriegen, und dass darin eine Menge Ehrgeiz steckt. Das hätte interessant werden können. Die vermeintlich sichere Stil-Mischung ist vor allem langweilig: kein Wunder freilich, wenn alles so offensichtlich und so harmlos ist.« (Martina Knoben, *Süddeutsche Zeitung*, 15.8.1996)

»Das Hauptproblem von STRIPTEASE liegt bei seiner Hauptdarstellerin, Demi Moore, die sich weigert, das Spiel des Films und seine Vulgarität mitzumachen, nur um sich hinter dem uninteressantesten Aspekt der Figur (die mutige Mutter) zu verbergen. Millimetergenau gehorcht sie den strikten Choreografien, um sich nur ein Minimum zu entblößen. Mit einer etwas ehrlicheren und ›sexier‹ Schauspielerin hätte STRIPTEASE vielleicht sein Ziel erreicht.« (N. S., *Cahiers du cinéma*, September 1996)

IF THESE WALLS COULD TALK

USA 1996 (TV). *Regie:* Nancy Savoca (»1952«, »1974«), Cher (»1996«). *Buch:* »1952«: Nancy Savoca nach einer Story von Pamela Wallace, Earl Wallace und Savoca. »1974«: Susan Nanus, Savoca. »1996«: I. Marlene King, Savoca nach einer Story von King. *Produktion:* Moving Pictures für HBO NYC; DEMI MOORE, Suzanne Todd.
Darsteller: DEMI MOORE (Claire Donnelly), Cher (Dr. Beth Thompson), Anne Heche (Christine), Sissy Spacek (Barbara), Craig T. Nelson.
90 Min. UA: Sept. 1996 (Toronto Film Festival), 13.10.1996 (HBO)

Ein für das amerikanische Kabel-Fernsehen produzierter »Frauenfilm« in drei Episoden. Demi Moore spielt eine junge Krankenschwester in den fünfziger Jahren, die schwanger wird und abtreiben lassen will. Sissy Spacek hat das gleiche Problem in den Siebzigern, Cher wird damit in den neunziger Jahren konfrontiert. Der Film stieß auf ein sehr positives Echo, schockierte aber durch einige sehr drastische Abtreibungsszenen.

G. I. JANE

USA 1996/97. *Regie:* Ridley Scott. *Buch:* David Twohy, Danielle Alexandra. *Produktion:* Scott Free Productions, Moving Pictures;

Roger Birnbaum, Ridley Scott, DEMI MOORE, Suzanne Todd für Largo Entertainment, Buena Vista. *Kamera:* Hugh Johnson. *Schnitt:* Pietro Scalia.

Darsteller: DEMI MOORE, Viggo Mortensen, Anne Bancroft, Jason Beghe, Daniel Van Bergen, John Michael Higgins.

Demi Moore spielt die Angehörige einer militärischen Spezialeinheit, einen (in Wirklichkeit nicht existierenden) weiblichen *Navy Seal.* Erste Schlagzeilen machte der Film, als berichtet wurde, dass Demi Moore als Koproduzentin vergeblich mit Präsident Clinton zu telefonieren versucht habe, um sich von diesem direkt die Unterstützung der Armee zu sichern. Trotz einer Entschuldigung aus dem Weißen Haus für die rüde telefonische Abweisung bekam der Film keine offizielle Unterstützung der Navy.

Projekte

Demi Moore über ihre gescheiterten Projekte: »Meine größte Niederlage war, dass ich die Rolle in SLEEPLESS IN SEATTLE *(Schlaflos in Seattle)* nicht bekommen habe. Ich habe sogar den Studioboss angerufen, aber umsonst: Die wollten Meg Ryan. Und Catwoman in BATMAN FOREVER *(Batmans Rückkehr)* wollte ich spielen. Auch vergebens. Die Rolle von Sharon Stone in BASIC INSTINCT habe ich ebenfalls nicht bekommen. Dabei war ich damals sogar blond!« (Sereda)

PINCUSHION

Die Geschichte einer mutigen, tapferen Frau, die in einer postapokalyptischen Zeit alle Gefahren überwindet, um ein Gegenmittel zur Pest wohlbehalten durchzubringen. Für die Rolle war lange Zeit Cher im Gespräch, Regie soll Rob Cohen (DRAGONHEART) führen.

NOTES FROM THE COUNTRY CLUB

Die Geschichte einer Frau, die des Mordes an ihrem gewalttätigen Ehemann verdächtigt wird und sich nun in psychiatrischer Untersuchung befindet, um ihre Schuld oder Unschuld herauszufinden.

DECONSTRUCTING HARRY

1996 sollte Demi Moore in einem BATMAN-Film mitwirken, drehte aber statt dessen G. I. JANE. Julia Roberts war für die gleiche Rolle im Gespräch. 1997 wird Demi Moore in einem Woody-Allen-Film eine Nebenrolle spielen. In dieser Komödie sollen außerdem Billy Crystal, Robin Williams, Elisabeth Shue und Julie Kavner mitwirken. Vielleicht gelingt ihr unter der Regie von Woody Allen endlich der richtige Komödienton.

Bibliographie

Rachel Abramowitz: Reason to Believe. In: *Premiere* (USA), Vol. 4/ No. 8, April 1991

Nancy Anderson: Bruce, Demi, & Baby Makes Three. How Demi Moore Made Bruce Willis a Family Man. In: *Good Housekeeping*, No. 207, November 1988

Michael Angeli: The Last Pinup. In: *Esquire*, Mai 1993

Rick Anthony: Demi Moore, Interview!; Online-Interview aus Demi Moores Homepage im Internet, 22.5.1996

Henry Arnaud: Demi Moore, Bruce Willis – True Romance. In: *Max*, Juni 1996

Peter Biskind: A Few Good Menshes. In: *Premiere* (USA), Vol. 6, No. 5, Januar 1993

Tom Burke: The Haunting Magic of Demi. In: *Cosmopolitan*, Dezember 1990

Jean-Paul Chaillet: Demi Moore – Star à tout prix. In: *Premiere* No. 177, Dezember 1991

Roger Ebert: Roger Ebert's Video Companion, 1985–1995

Roberta F. Green: A Few Good Men. *Magill's Survey of Cinema*, 15.6. 1995

Bill Higgins: Into the Night/RSVP. Definitely, a Girl's Night on Town. In: *Los Angeles Times*, 10. Oktober 1995

Roland Huschke: Die Nackten und die Idioten. Am Set des neuen Demi-Moore-Films. In: *Cinema* 5/1996

Lothar R. Just (Hg.): Film-Jahrbuch, div. Jahre, München

Stephanie Laubenheimer: Sex-Symbol als Männerschreck. In: *Petra* 1/1995

Audrey Lavin: Bruce Willis: I don't need to drink anymore. In: *Redbook*, Vol. 171, August 1988

Leonard Maltin's Movie and Video Guide 1997, New York 1997

Mick Martin & Marsha Porter: Video Movie Guide 1995, New York 1994

Holly Millea: Anywhere But Here. Demi Moore Is Ready for Her Close-up. In: *Premiere* (USA), September 1995

Bruce Newman: Truth Behind »These Walls«, *Los Angeles Times*, 13.10.1996

Scott Orlin/cs: Demi Moore – feministisch und kritisch. »Jede Frau sollte strippen«. In: *Cinema* 6/1996

O. A.: Demi Moore. In: *Current Biography Yearbook*, 1993

O. A.: Demi Moore – sie hat ihre Mutter aufgegeben. In: *Gala* 32/1.8.1996

Patrick Pacheco. In: *New York Newsday*, 18. April 1991

People Weekly (div. Autoren): They Heard It Through the Grapevine. In: *People Weekly*, No. 34, 12. November 1990

Sascha Reins: Raupe und Schmetterling. Die Enthüllungen der Demi Moore – über Männer, Frauen, Sex und Karriere. In: *Focus* 6/1995

Joe Rhodes: 10 Most Beautiful Women – Moore. In: *Harper's Bazaar*, Juni 1992

Horst Schäfer, Walter Schobert (Hg.): Fischer Film Almanach, div. Jahre, Frankfurt/Main

Karl-Heinz Schäfer: Der Megastar vom Reißbrett. In: *Cinema* 4/1996

A. Schipprack/U. Zahn: Seelen-Striptease. Superstar ohne Tabus: Demi Moore über ihre neuen Filme »Nicht schuldig« und »Striptease«, Nacktheit und ihren Status in Hollywood. In: *Focus* 23/3.6.1996

Elisabeth Sereda: Spezialisiert auf heiße Eisen. In: *TV Today* 26/94

Holly Sorensen: It Could Happen to Them. In: *Premiere* (USA), Juni 1996

Mim Udovitch: Demi Moore. In: *Rolling Stone*, 9. Februar 1995

Peter Wilkinson: Why Demi Wants More. In: *Redbook*, Januar 1993

Christophe d'Yvoire: Demi Moore – La Scandaleuse. In: *Studio Magazine* No. 73, Mai 1993

Register

270